Repensando o Círculo de Bakhtin:
NOVAS PERSPECTIVAS
NA HISTÓRIA INTELECTUAL

Conselho Editorial
Ataliba Teixeira de Castilho
Carlos Eduardo Lins da Silva
José Luiz Fiorin
Magda Soares
Pedro Paulo Funari
Rosângela Doin de Almeida
Tania Regina de Luca

Proibida a reprodução total ou parcial em qualquer mídia
sem a autorização escrita da editora.
Os infratores estão sujeitos às penas da lei.

A Editora não é responsável pelo conteúdo da Obra,
com o qual não necessariamente concorda. O Autor conhece os fatos narrados,
pelos quais é responsável, assim como se responsabiliza pelos juízos emitidos.

Consulte nosso catálogo completo e últimos lançamentos em **www.editoracontexto.com.br**.

CRAIG BRANDIST

Repensando o círculo de Bakhtin:
NOVAS PERSPECTIVAS
NA HISTÓRIA INTELECTUAL

Organização e notas
Maria Inês Campos e Rosemary H. Schettini

Tradução
Helenice Gouvea e Rosemary H. Schettini

Revisão de tradução
Maria Inês Campos
Rosemary H. Schettini
Nathalia Salinas Polachini

Copyright © 2012 do Autor

Todos os direitos desta edição reservados à
Editora Contexto (Editora Pinsky Ltda.)

Montagem de capa
Gustavo S. Vilas Boas

Diagramação
Claudio Filizzola

Preparação de textos
Maria Inês Campos
Nathalia Salinas Polachini
Silvia Fernanda Corrêa

Revisão
Evandro Lisboa Freire

Dados Internacionais de Catalogação na Publicação (CIP)
(Câmara Brasileira do Livro, SP, Brasil)

Brandist, Craig
Repensando o círculo de Bakhtin : novas perspectivas
na história intelectual / Craig Brandist ;
organizadoras Maria Inês Campos e Rosemary H. Schettini ;
tradutoras Helenice Gouvea e Rosemary H. Schettini. –
São Paulo : Contexto, 2012.

ISBN 978-85-7244-728-7

1. Bakhtin, Mikhail Mikhailovitch, 1895-1975
2. Bakhtin, Mikhail Mikhailovitch, 1895-1975 –
Crítica e interpretação I. Campos, Maria Inês.
II. Schettini, Rosemary H. III. Título.

12-06076   CDD-891.709

Índice para catálogo sistemático:
1. Escritores russos : Apreciação crítica :
Literatura russa 891.709

2012

EDITORA CONTEXTO
Diretor editorial: *Jaime Pinsky*

Rua Dr. José Elias, 520 – Alto da Lapa
05083-030 – São Paulo – SP
PABX: (11) 3832 5838
contexto@editoracontexto.com.br
www.editoracontexto.com.br

Sumário

Apresentação...7

A grande narrativa de Bakhtin: o significado do Renascimento.......................13

O dilema de Voloshinov: sobre as raízes filosóficas
da teoria dialógica do enunciado..35

O direito e os gêneros do discurso: a teoria da linguagem
do Círculo de Bakhtin e a fenomenologia da razão..................................65

Os círculos de Vygotsky e Bakhtin: explicando a convergência.......................91

As origens da sociolinguística soviética...113

Primeiros projetos soviéticos de pesquisa e o desenvolvimento
das ideias bakhtinianas: uma visão a partir dos arquivos.........................135

Linguística sociológica em Leningrado: O Instituto
de Estudos Comparados das Literaturas e Línguas do Ocidente
e do Oriente (ILJaZV) 1921-1933..155

O autor..183

As organizadoras..185

Agradecimento especial a Silvia Fernanda Corrêa e Nathalia Rodrighero Salinas Polachini, alunas de Pós-Graduação do Programa de Filologia e Língua Portuguesa da Universidade de São Paulo, pelo indispensável apoio técnico na elaboração da obra; a Helenice Gouvea, tradutora incansável, pelo zelo das revisões.

A Craig Brandist, que, gentilmente, permitiu a organização deste livro e pelo seu apoio incondicional durante o processo de produção, completando as informações dos artigos, entrando em contato com os diferentes editores a fim de viabilizar esta publicação brasileira.

As organizadoras

APRESENTAÇÃO

Os artigos que compõem a presente coletânea foram originalmente publicados entre 1999 e 2008. O primeiro data de um período em que eu, como um pesquisador pós-doutor relativamente jovem, estava trabalhando, na Universidade de Sheffield, Reino Unido, em um projeto para investigar os contextos do trabalho do Círculo de Bakhtin. Essa era uma boa continuação para o que eu havia realizado em minha tese de doutorado, uma das primeiras tentativas sistemáticas de examinar as fontes das ideias do Círculo. Desde o início dessa pesquisa, o campo avançou consideravelmente, com muitos pesquisadores dando importantes contribuições para o entendimento das ideias de Bakhtin, Voloshinov, Medvedev e outros membros do Círculo. A imagem que temos atualmente desse grupo de estudiosos é bastante diferente das idealizações suavizadas da década de 1980, quando muitos de nós fomos atraídos pelas personalidades que encontrávamos nas primeiras traduções (frequentemente repletas de graves falhas) e esboços biográficos hagiográficos. Como muitos ocidentais que conheceram os trabalhos do Círculo na década de 1980, fui atraído por suas ideias porque elas lidavam com as mesmas questões que, na época, eram tendências de pensamento em voga, mas de uma forma que me pareceu muito mais responsável. Em lugar da celebração do relativismo, indeterminação e ambiguidade que dominava a teoria cultural no final da década de 1980, com as ideias pós-estruturalistas e pós-modernas em ascensão, ali apareciam trabalhos provenientes de uma versão não stalinizada do marxismo e bastante compatíveis com ele. Inevitavelmente, minha avaliação da relação entre essas tendências mudou ao longo dos anos. Por estar muito interessado na história do início da época soviética, aprendi russo e busquei meu objetivo com algum entusiasmo e persistência, passando dois anos na Rússia, no início da década de 1990 e, desde então, fazendo visitas regulares a esse país. Sempre suspeitei que as reivindicações da autoria de Bakhtin para trabalhos explicitamente marxistas, publicados sob os nomes de Voloshinov e Medvedev, fossem motivadas ideologicamente e, quanto mais eu trabalhava nos textos originais, maior se tornava minha suspeita. Encontrei práticas autorais diferentes e argumentos divergentes, apesar dos pontos de convergência óbvios e significativos, e me pareceu que tínhamos ali um grupo de estudiosos dialogando entre si. Penso que isso foi comprovado por pesquisas subsequentes. Entretanto, não tinha uma real consciência dos vários grupos intelectuais aos quais pertenciam os diferentes membros do Círculo de Bakhtin nem de como toda a noção de haver um Círculo de "Bakhtin" era, na verdade, problemática. O que hoje, na ausência de uma expressão melhor, chamamos de Círculo de Bakhtin é, na verdade, apenas um ponto no qual diferentes pensadores se intersectavam e não é de modo algum certo que, para qualquer dos participantes, esse fosse o mais importante dos agrupamentos a que eles pertenciam. Somente após muitos meses de trabalho nos arquivos das instituições nas quais essas personalidades trabalharam tive essa percepção.

Na época em que realizei a maior parte de minha pesquisa arquival, meu foco não era mais o Círculo e eu não estava tão convencido da pan-originalidade do trabalho de seus membros, especialmente das alegações feitas a respeito do próprio Bakhtin. Com o foco em outro lugar, a independência de Voloshinov e Medvedev tornou-se muito mais clara e houve uma percepção maior de que eles levaram algo para as discussões do Círculo que Bakhtin não apenas não podia fornecer, mas com o qual ele aprenderia. Entre minhas primeiras explorações históricas das ideias e o trabalho arquival, diversos pesquisadores, eu inclusive, escavaram as fontes de ideias de Bakhtin que antes se pensava serem de sua própria autoria. Ficamos sabendo, também, que Bakhtin não era o personagem idealizado em que havíamos sido levados a crer: seus empréstimos frequentemente ultrapassaram os limites que aceitaríamos de estudantes de graduação e, às vezes, poderiam com justiça ser chamados de plágio. É claro que existiam circunstâncias atenuantes, mas isso é algo que não encontramos em Voloshinov e Medvedev. Descobriu-se que Bakhtin mentiu sobre seu passado em várias ocasiões, e somente alguns desses casos podem ser explicados pelo que sabemos das circunstâncias. Contudo, ao contrário das recentes asserções de determinados pesquisadores suíços, isso não faz dele um charlatão mais do que as concepções hagiográficas anteriores fizeram dele um santo. O que vemos é que um grupo de pensadores muito mais interessante estava surgindo, encravado nas condições de seu tempo e época, e não figuras heroicas e excepcionais. Desmistificar não é o mesmo que desmascarar.

Como acontece com qualquer coletânea de artigos escritos ao longo de um período, ela contém trabalhos que não seriam escritos hoje e, se fosse escrever um artigo sobre qualquer desses tópicos específicos, ele seria, com certeza, muito diferente. O distanciamento é um aspecto, assim como a perspectiva alterada dada por trabalhos meus e de outros autores realizados nesse ínterim. Os artigos mostram como, em vários pontos, me envolvi com as ideias do Círculo de Bakhtin, busquei entendê-las quanto às suas fontes e avaliá-las em relação ao que eu podia ver a partir de um ponto de observação muito diferente. O leitor, sem dúvida, fará o mesmo ao ler estes artigos e terá razão. Significativas mudanças de perspectiva ocorreram ao longo do período em que os artigos foram escritos, sendo importante a compreensão de que, enquanto eu havia abordado os trabalhos de Bakhtin inicialmente pensando que eram intervenções materialistas, eles, na verdade, revelaram-se a obra de um filósofo idealista. Desse modo, embora contenham numerosos *insights* e formulações valiosas, os trabalhos foram também marcados por formações transientes, nas quais certos aspectos não foram levados em consideração. Talvez as mais óbvias sejam Bakhtin ter excluído o surgimento de uma classe média educada e da indústria da publicação ao moldar o romance como um gênero e a forma pela qual mesmo as formas do enredo, digamos, dos romances de Dostoiévski, foram afetadas pela maneira como foram publicadas em episódios, em periódicos, os assim chamados "tabloides". Não vou explorar o assunto aqui, porque já escrevi sobre isso em outro lugar. É suficiente dizer que, no contexto da urss da década de 1930, refugiar-se no idealismo quando se está cercado por um positivismo reducionista mascarado de marxismo é, no mínimo, compreensível. Como observou Marx em *Teses sobre Feuerbach* (1845), quando o materialismo torna-se mecânico, o lado ativo é desenvolvido pelo idealismo e, é claro, isso significa que há algo valioso embutido no próprio idealismo.

O primeiro trabalho da coletânea trata precisamente dessa questão. A perspectiva de Bakhtin sobre o Renascimento é, ao mesmo tempo, reveladora e limitada. Ela recorre a uma série de fontes geralmente não reconhecidas e apresenta uma narrativa que de modo algum era original, mas Bakhtin vai além de suas fontes, construindo, a partir de seus aspectos produtivos, uma nova maneira de pensar a história da cultura literária dessa época. Entretanto, importantes características das formações sociais discutidas não são levadas em consideração, o que significa que precisamos tratar o trabalho de Bakhtin com cautela e ir além de suas limitações, exatamente como ele parcialmente transcendeu suas próprias fontes.

Uma área na qual desenvolvi perspectivas sobre o trabalho do Círculo que ainda não tinham sido utilizadas anteriormente foi trabalhando a questão da natureza da atividade discursiva. Dois dos artigos da coletânea contêm uma cuidadosa consideração das fontes da concepção de Voloshinov sobre o enunciado e como isso foi posteriormente desenvolvido por Bakhtin. Em "O dilema de Voloshinov" rastreei as fontes da teoria de Voloshinov, inclusive dois dos mais importantes e subestimados escritores que trataram da atividade discursiva, Anton Marty e Karl Bühler. Voloshinov refere-se a ambos e estava até mesmo traduzindo um artigo deste último. Um exame mais apurado leva-nos a ver que o núcleo da ideia do enunciado pode ser encontrado em seus trabalhos. A contribuição de Voloshinov foi sociologizar a ideia e, ao fazê-lo, fornecer uma estrutura de acordo com a qual a inicial fenomenologia dos atos subjetivos e suas ideias sobre a relação entre autor e herói puderam ser remodeladas como interação dialógica. Surgem diferenças específicas entre a abordagem ambivalente de Voloshinov à relação entre os reinos discursivo e extradiscursivo e a desconsideração que Bakhtin dá a esse último. Aqui, temos a distinção central entre a fenomenologia "realista" subjacente à concepção de enunciado e o neokantismo de Bakhtin, de acordo com o qual o objeto do conhecimento é produzido por e no pensamento.

Em certo sentido, Bakhtin continuamente tentou subordinar o primeiro ao último, mas nunca foi capaz de consegui-lo completamente. Com frequência, acho esse o aspecto mais interessante do trabalho de Bakhtin e ele é um exemplo da forma pela qual não é necessariamente o lado mais harmonioso e completo do trabalho de um pensador que é o mais valioso, e sim como podemos aprender com a maneira pela qual um pensador trabalha determinados problemas. Em "O direito e os gêneros do discurso" exploro como a adesão de Bakhtin à ideia da Escola de Marburg, de que as ciências humanas são baseadas na ética e a jurisprudência é sua "matemática", interage com sua teoria do enunciado, com algumas implicações fascinantes.

A partir de 2003, o Círculo de Bakhtin deixou de ser o centro da minha pesquisa, embora eu tenha tentado me manter atualizado com os trabalhos no campo e inevitavelmente realizasse minhas novas investigações sempre com o Círculo no fundo da minha mente. Certa vez, preparei material para algumas conferências e publicações que enfocavam o Círculo e penso que esse material nos ajuda a ter uma visão mais precisa do lugar do Círculo em seu contexto histórico. Um resultado desse novo foco foi meu estudo em 2007 exatamente sobre por que as ideias do

Círculo e do psicólogo Lev Vygotsky pareceram semelhantes a muitos estudiosos. A razão disso, eu descobri, foi não apenas o fato de que Bakhtin, Voloshinov e Vygotsky frequentemente leram os mesmos livros, mas que Voloshinov e Vygotsky também realizavam projetos de pesquisa coletivos em instituições com objetivos compartilhados. Entretanto, o neokantismo de Bakhtin e a adesão de Vygotsky às principais ideias de Spinoza tornaram suas orientações filosóficas incompatíveis. Tais diferenças exigem que os estudiosos que desejam empregar as ideias dos dois abordem a implicação dessa divergência, em vez de ficar satisfeitos em combinar características que só superficialmente são semelhantes.

A originalidade de Bakhtin indubitavelmente foi exagerada quando se trata de seu trabalho sobre a estratificação social da linguagem [A teoria do romance]. Atualmente, fica claro que o estudo da linguagem no início da URSS fez avanços significativos exatamente nessa área. Não apenas Bakhtin teve conhecimento e foi influenciado por essas concepções, mas a maior parte dos trabalhos importantes nesse campo era desconhecida além de um pequeno círculo de especialistas. Havia razões históricas para isso, sendo uma delas a intervenção de Stalin na linguística, em 1950, dentro da URSS, e outra, a lógica dos estereótipos da Guerra Fria sobre os estudos soviéticos, fora da URSS. Embora Bakhtin frequentemente seja apresentado como uma heroica exceção às tendências predominantes no início dos estudos soviéticos, nessa área, parece que ele estava bem inserido na tendência dominante. Em "As origens da sociolinguística soviética" (2003), delineei as principais tendências na área e argumentei que a sociolinguística que se desenvolveu nos EUA, na década de 1960, não foi menos condicionada pelas circunstâncias sociopolíticas e ideológicas que aquela desenvolvida na URSS, na década de 1920. Em certos aspectos, as teorias soviéticas podem ser consideradas mais produtivas. Um entendimento desses trabalhos é importante ao avaliar o que, exatamente, Bakhtin acrescentou, se é que acrescentou, a essa área e o que tais ideias trazem para seu trabalho sobre o romance.

Os dois artigos restantes colocam o trabalho do Círculo de Bakhtin no contexto das instituições nas quais a maioria deles trabalhou nas décadas de 1920 e 1930. Em minha contribuição de 2005 à conferência sobre Bakhtin, na Finlândia, mostrei como Voloshinov e Medvedev estavam engajados em projetos dentro de instituições em Leningrado que tinham uma relação direta com suas próprias publicações e, subsequentemente, com os trabalhos de Bakhtin. O projeto de desenvolver uma poética sociológica foi central tanto para o *Método formal* de Medvedev como para o *Marxismo e a filosofia da linguagem* de Voloshinov, e fica bem claro a partir de material arquival que ambos eram especialistas reconhecidos em seus campos. Eles trouxeram ideias que desenvolveram em seus projetos institucionais para as discussões do Círculo e levaram ideias das discussões do Círculo de volta para seus institutos. Isso também permitiu que Bakhtin traduzisse suas ideias iniciais sobre autor e herói para os termos dos projetos de pesquisa da época e, então, publicasse o estudo resultante sobre Dostoiévski na mesma série institucional de monografias que seus colegas. O próprio trabalho dentro do instituto foi precursor em algumas áreas e Bakhtin continuou recorrendo às ideias desenvolvidas por outros estudiosos do instituto, principalmente Lev Iakubinski, Viktor Zhirmunski, Olga Freidenberg e Izrail Frank-Kamenetski, em sua obra sobre o romance da década de 1930. O artigo de 2008, "Linguística sociológica em Leningrado", apresenta uma visão geral dos estudos linguísticos no instituto, fornecendo referências incidentais sobre o lugar de Voloshinov e Medvedev e é suplementado por um resumo do trabalho que Voloshinov estava realizando no instituto na década de 1920.

Juntos, os artigos mostram como meu trabalho foi desenvolvido, mas espero que eles também apresentem o trabalho do Círculo de Bakhtin sob uma nova luz. Obviamente, é importante entender como um pensador olhava para o mundo e definia o objeto de sua pesquisa, mas também é importante sair da esfera da pessoa estudada e ver o que estava disponível a ela, levando em consideração as áreas de que tal pensador desviou os olhos. Bakhtin certamente tinha seus pontos cegos e aqueles que estudam seu trabalho também têm os seus, eu inclusive. Há, geralmente, algo valioso e único em cada ponto de vista e esse deve, talvez, ser nosso ponto de partida. Entretanto, não é aí que a pesquisa termina.

Craig Brandist
Helsinki, março de 2012

A grande narrativa de Bakhtin: o significado do Renascimento

O objetivo deste ensaio[1] é fornecer uma necessária análise crítica da grande narrativa que percorre todo o trabalho de Bakhtin sobre história literária e cultural. Não sou daqueles que se perturbam diante de qualquer grande narrativa aberta, mas gostaria de sugerir que o conhecimento da forma pela qual a grande narrativa de Bakhtin é construída deve informar nossa compreensão de seu trabalho e condicionar o modo pelo qual buscamos aplicar suas ideias ao estudo da cultura e sua história. Até recentemente, uma abordagem historicista a esse tipo de trabalho não seria possível, porque as tradições filosóficas subjacentes ao pensamento de Bakhtin permaneceram obscuras, em parte em decorrência de sua própria atitude pouco cuidada em relação às suas fontes. Um novo trabalho arquival mudou essa situação. O valor dessas novas informações serviu para desmistificar o trabalho de Bakhtin, abrindo suas coordenadas intertextuais ao escrutínio e localizando-o dentro de determinados debates históricos. Isso deve finalmente esclarecer aspectos centrais de seu trabalho que têm sido objeto de muita confusão e que levaram a uma frágil apropriação de seu pensamento. Estamos em uma posição muito mais favorável para avaliar a originalidade desse pensador contra o pano de fundo dos pensadores a que ele recorreu para sua inspiração. Entretanto, nossa admiração pela originalidade não deve nos ofuscar diante dos significativos pontos-cegos e hipóteses em seu trabalho que derivam de tradições com as quais ele estava engajado e que têm grande importância para nossa tentativa de aplicar produtivamente seu trabalho nos dias de hoje.

---

* Artigo publicado pela primeira vez na revista inglesa *Dialogism*, n. 3, 1999, pp. 11-30, com o título em inglês "Bakhtin's Grand Narrative: The Significance of the Renaissance".

A categoria do Renascimento é fundamental em seu trabalho posterior e, portanto, é adequado que eu a tenha escolhido como centro ao redor do qual gira a discussão sobre sua narrativa histórica. Sua exposição apresenta um retrato vigoroso e em muitos aspectos convincente de um importante período no desenvolvimento europeu, como o mundo rigidamente bifurcado da Idade Média produziu uma perspectiva moderna, na qual a experiência e a razão suplantaram os dogmas religiosos, o indivíduo emergiu de estados sociais predefinidos, a festividade popular baniu as alarmantes proibições oficiais e o vernáculo irrompeu pela hegemonia de línguas mortas e ossificadas. Todavia, gostaria de argumentar que há problemas, cujas raízes podem ser vistas em algumas das fontes-chave de seu trabalho histórico posterior na forma pela qual foi superimposto em uma metodologia que derivou de uma análise estática, fenomenológica, das relações intersubjetivas. Tal metodologia individualista não poderia suportar a carga exigida pelo historicismo neo-hegeliano de que está imbuído o trabalho de Bakhtin na década de 1930. O efeito disso é que as questões socioinstitucionais centrais no idealismo de Hegel são eclipsadas e, em seu lugar, um *continuum* não problemático é estabelecido entre formas de consciência popular e trabalhos literários. O resultado não é menos idealista, mas menos fundamentado historicamente.

O DESENVOLVIMENTO FILOSÓFICO DE BAKHTIN: DE KANT A HEGEL

Para compreender a atitude de Bakhtin em relação ao Renascimento, é crucial examinar o lugar que essa categoria veio a ocupar em sua perspectiva filosófica. Seus trabalhos éticos e fenomenológicos iniciais, de modo geral, não se preocupavam com o desenvolvimento histórico. Os temas da responsabilidade individual e relações intersubjetivas são centrais, levando Bakhtin a se concentrar na fenomenologia da emergência individual do curso da existência comunal. No fragmento geralmente chamado de *Toward a Philosophy of the Act (Para uma filosofia do ato responsável)*, o foco está na ética da intersubjetividade, enquanto em "Author and Hero in Aesthetic Activity" (O autor e a personagem na atividade estética), a tarefa do autor, cujo papel é mais do que estreitamente artístico, é completar o indivíduo (personagem) de fora, elevando a pessoa acima do curso da consciência comunal e concedendo-lhe a dádiva da completude (*zavershennost*).[2] A aplicação original de Bakhtin da fenomenologia "personalista" de Max Scheler à questão da autoria,[3] com conotações religiosas presentes, revela uma preocupação com a elevação do indivíduo acima do todo social que será mais tarde traduzida em termos históricos. A narrativa de Scheler é ontogenética, preocupada com o desenvolvimento da criança individual a partir de um "curso psíquico inicial de indistinção":

> Extasiada, por assim dizer, e hipnotizada pelas ideias e sentimentos desse seu ambiente concreto, as únicas experiências que conseguem cruzar o limiar de sua consciência interna são aquelas que se encaixam em padrões sociologicamente condicionados que formam um tipo de canal para o curso de seu ambiente mental. Só muito lentamente ela levanta sua cabeça mental, por assim dizer, acima do fluxo que a inunda e encontra-se como um ser que também, às vezes, tem sentimentos, ideias e tendências próprias. Além disso, isso só ocorre na medida em que a criança objetifica as experiências de seu ambiente, no qual ela vive e partilha, ganhando destacamento dele. (Scheler, 1954: 247)

A responsabilidade moral e a autoconsciência individual emergem juntas do "curso psíquico", à medida que o indivíduo se destaca da imediação da "Vida" e abraça o reino do "Espírito". Essa união das questões estava, ao mesmo tempo, sendo desenvolvida por Ernst Cassirer, cujo trabalho se tornaria um ponto de referência central no pensamento posterior de Bakhtin. A narrativa ideal de Cassirer era filogenética, preocupada com o desenvolvimento da consciência social a partir do "pensamento mítico" primitivo, totalmente destituído de autoconsciência ética e responsabilidade moral individual. O mais claro exemplo do estágio inicial é o sistema de tabus, no qual o crime de um indivíduo marca toda a família ou tribo, de tal forma que a obrigação é experimentada como uma força puramente externa. Somente quando esse estágio é superado o indivíduo "virá a" emergir e a consistência desse ato define a personalidade.

O livro de Scheler, *Problems of a Sociology of Knowledge* (1924), mostrou que ele, como Cassirer, estava preparado para aceitar a ontogênese e a filogênese como análogas. A concepção filogenética desse último foi precisamente elaborada no segundo volume de *The Philosophy of Symbolic Forms* (A filosofia das formas simbólicas), publicado em 1925, no qual a função "expressiva" do simbolismo está ligada a uma falta de qualquer distinção entre a imagem e o fenômeno representado. O mundo do mito é investido com espíritos e demônios, assim como era para Scheler (1980: 71-2).[4] Cassirer observou que o mundo do mito é "um mundo dramático – um mundo de ações, forças, poderes conflitantes", é uma percepção em relação à qual "todos os esforços do pensamento científico são dirigidos" com o objetivo de "obliterar qualquer traço dessa primeira visão" (Cassirer, 1949: 857-80). Cassirer e Scheler concordaram que o homem não deve simplesmente viver dentro do mundo, mas se elevar acima dele e objetificá-lo, uma capacidade negada ao animal ou aos níveis mais baixos da consciência mítica. Houve, contudo, diferenças significativas entre os dois pensadores que ilustram a importância da reorientação filosófica de Bakhtin, de Scheler para Cassirer. Em um artigo de 1930, Cassirer abordou o dualismo "Vida"/"Espírito" (objetificação) de Scheler, argumentando que a verdade da última concepção está na afirmação de que "não é pela mera acentuação, intensificação ou aumento quantitativo da Vida que podemos alcançar o reino do Espírito, mas que, para ganhar o acesso a essa esfera, são necessários uma viravolta e retorno, uma mudança da 'mente'".* De acordo com Cassirer, isso se consegue por meio da criação autoconsciente de formas no processo de simbolização. "Essa atividade formativa começa por manter, por assim dizer, o mundo a certa distância e por erguer uma barreira entre o Eu e o mundo". Isso, porém, é apenas o primeiro estágio, pois o homem deve voltar ao mundo:

> Cada vez mais o homem aprende a colocar o mundo de lado para trazê-lo para si e cada vez mais essas duas direções antitéticas básicas da ação eficiente fundem-se, para ele, em uma atividade homogênea, cujos dois lados, como inspirar e expirar, reciprocamente se condicionam. O homem deve se recolher no mundo da "irrealidade", no mundo da aparência e do jogo para, desse lugar e desse modo, conquistar o mundo da realidade.

Vida e Espírito não são mais tratados como "essências substanciais" opostas, como em Scheler, mas como antíteses em uma "atividade funcional". "Por isso", conclui Cassirer, invocando Hegel, "o Espírito não é apenas como Scheler o define... aquele que é capaz de dizer 'Não' a toda a realidade orgânica; ele é o princípio que dentro de si mesmo pode negar a si mesmo".

É significativo que o que poderíamos chamar de crítica neo-hegeliana de Cassirer a Scheler tenha sido escrito como parte de um volume incompleto sobre estética que viria a compor o quarto volume de *The Philosophy of Symbolic Forms* (A filosofia das formas simbólicas). A arte, para Cassirer, partilhava a atividade bidirecional de todas as formas simbólicas e, com aprovação incondicional, ele citaria a máxima de Goethe de que "não há forma mais segura de se evadir do mundo do que por meio da arte e não há forma mais segura de se vincular a ele do que por meio da arte" (Cassirer, 1949: 870). O Renascimento passou a ser visto como a época na qual a recusa da "realidade orgânica", característica da Idade Média, negou a si mesma na arte, literatura, linguagem e filosofia.

No final das décadas de 1920 e 1930, Bakhtin seguiu os idealistas alemães ao se afastar da ênfase kantiana "estática" na ética e nas regras de cognição e se moveu em

---

* N. O.: Os textos originais apresentam algumas imprecisões nas referências das citações. Quando possível, as organizadoras completaram a informação com os dados faltantes.

direção a uma perspectiva histórica inspirada por uma leitura "kantiana" de Hegel. Cassirer pode ser visto como a figura central nessa transição. Como neokantiano, Cassirer objetou a dialética de Hegel, porque as noções de justiça e direito que, como pensador na tradição do liberalismo burguês, ele havia visto como absolutas, foram relativizadas e reduzidas a manifestações passageiras e incompletas do espírito do mundo. A escola de Marburg, cujo trabalho Bakhtin respeitava muito e da qual Cassirer emergira, havia substituído o monismo dialético de Hegel pela ética da liberdade de Kant, em uma concepção da história e da política vistas como um processo de educação guiado pela razão e pela ideia moral do homem livre, exercendo seus direitos e responsabilidade em um estado livre. À medida que suas ideias se desenvolveram, porém, especialmente no trabalho de Paul Natorp, as operações lógicas da mente foram cada vez mais tratadas como absolutos ontológicos, na medida em que a mente, de fato, produzia sua própria realidade. Assim, o criticismo kantiano foi deixado para trás, quando eles se aproximaram de um reminiscente neo-hegeliano dos filósofos do final do século XIX. Em seu *Vorlesungen über Philosophie* (Lectures on Philosophy), publicado postumamente em 1925, Natorp introduziu uma dialética do conhecimento similar à de Hegel, mostrando como as verdades teóricas e morais emergem, em um processo de três estágios, da possibilidade, por meio da necessidade, para a realidade. Como Hegel, Natorp havia saído de uma ética da liberdade para penetrar a lógica do espírito imanente (Willey, 1978: 120). Cassirer continuou o movimento. *The Philosophy of Symbolic Forms,* afirma Cassirer, "em seus princípios fundamentais, concorda com a formulação de Hegel [da fenomenologia do espírito], tanto quanto deve diferir em sua formulação e em seu desenvolvimento". Aqui, a pluralidade das formas simbólicas progressivamente se desdobra, da matriz comum do mito, em uma história ideal, na qual a "essência" necessariamente "aparece" no final de um curso de desenvolvimento. Para Cassirer, o Renascimento representou um estágio crucial nesse processo que ele examinou em dois livros de central importância para Bakhtin: *The Individual and the Cosmos in Renaissance Philosophy* (1927) (*O indivíduo e o cosmos na filosofia do Renascimento*) e *The Platonic Renaissance in England* (1953 [1932]).[5]

A TRADIÇÃO BURCKHARDTIANA

A periodização histórica de Cassirer foi tirada de uma tradição mais antiga de historiografia que havia sido sintetizada em *The Civilization of the Renaissance in Italy* (1860) (*A civilização do Renascimento na Itália*) por Jacob Burckhardt's. Embora sujeito a rigorosa crítica na década de 1930, esse trabalho, sem dúvida, estabeleceu o tom dos estudos sobre o Renascimento por muitas décadas, ao defender que ele representou a emergência do mundo moderno e a autonomia do indivíduo. A concepção que Burckhardt tinha deste último era extremamente vaga, sugerindo "o reconhecimento do indivíduo como um valor, o consentimento da singularidade, autonomia moral... autoasserção [e]... o que é mais corretamente chamado de subjetividade" (Nelson, 1933: 316-34), mas essa não foi uma preocupação frequente de seus seguidores, inclusive Cassirer. Embora essas ideias já existissem há algum tempo, "ninguém havia desenvolvido a concepção do individualismo do Renascimento tão plenamente em relação a todos os aspectos da cultura da época. Burckhardt fez disso o ponto central, em torno do qual toda a sua síntese foi construída" (Ferguson, 1948: 190). A concepção de Burckhardt forneceu a Bakhtin uma periodização que emprestou à sua fenomenologia personalista inicial uma base histórica. Em uma famosa passagem que Cassirer citou com aprovação e que Bakhtin viria a ecoar claramente, Burckhardt (1990: 98) defendeu o seguinte:

> Na Idade Média, ambos os lados da consciência humana – o que era voltado para dentro e o que era voltado para fora – assentavam-se sonhando ou meio despertos sob um véu comum. O véu era tecido com fé, ilusão e preconceito infantil, e por meio dele o mundo e a história eram vistos como cobertos de estranhos matizes. O homem era consciente de si mesmo apenas como membro de uma raça, povo, partido, família ou corporação – somente por meio de determinadas categorias gerais. Na Itália, esse véu pela primeira vez se dissipou em um ar fino; tornou-se possível uma consideração e tratamento objetivos do estado e de todas as coisas deste mundo. O lado subjetivo, ao mesmo tempo, afirmou-se com ênfase correspondente; o homem tornou-se um indivíduo espiritual e se reconheceu como tal.[6]

O "véu" de Burckhardt tornou-se, no ensaio de Bakhtin sobre o *Bildungsroman*, a "neblina" na qual tudo além do mundo imediato se desvaneceu. O resto do mundo era "confuso e enredado com... o separado, ideal, fantástico e utópico" que "combinava e continha esse fragmento de realidade em um todo mitológico... desorganizava e esvaía essa realidade disponível". No Renascimento, "o 'mundo todo' começou a se condensar em um todo real e compacto, não mais sendo 'esvaído por um invólucro do além-mundo'" (Bakhtin, 1979: 224; 1986: 43-4).* A humanidade decisivamente levantou-se do que Cassirer havia chamado de "consciência mítica", na qual "o eu sente e conhece a si mesmo apenas na medida em que se toma como um membro da

---

* N. O.: Tradução em português: M. M. Bakhtin, "O romance de educação e sua importância na história do realismo", em *Estética da criação verbal*, São Paulo, Martins Fontes, 2003, pp. 205-58.

comunidade... um organismo social" (Cassirer, 1955: 175). A habilidade de objetificar e a habilidade de ganhar autoconsciência são partes do mesmo processo: o crescimento da consciência crítica, a partir da indiferenciada inteireza da vida. Como já defendi em outro trabalho, a análise que Cassirer faz do mito é de fundamental importância para compreender o trabalho central de Bakhtin (Brandist, 1997: 20-7), mas, nesse ponto, a concepção converge para uma periodização histórica específica delineada por Burckhardt.

Um dos aspectos mais extraordinários dessa visão compartilhada do Renascimento é, de um lado, o enraizamento da concepção na filosofia da história de Hegel e, de outro, a falta de crédito ou, no caso de Bakhtin e Burckhardt, a refutação de qualquer influência hegeliana. Tanto em *The Philosophy of History (A filosofia da história)* como em *The History of Philosophy (A história da filosofia)*, Hegel havia mostrado que o feudalismo e a Igreja tinham trabalhado juntos para rebaixar o espírito e destruir a liberdade. Só no final da Idade Média a antítese fez-se sentida, com a emergência dos Estados-nações que suplantaram tanto o feudalismo quanto muitas das funções da Igreja. Simultaneamente, a contemplação do "mundo suprassensível", roubado de seu conteúdo espiritual, começou a perder seu domínio sobre a consciência humana, à medida que a atenção, mais uma vez, voltou-se para a natureza externa e para o ser interno do homem. Como argumenta Wallace Ferguson, "A lacuna entre o secular e o eclesiástico foi fechada e 'o elemento secular se espiritualizou em si mesmo'. Isso Hegel interpretou como o retorno do espírito à consciência da liberdade, ou seja, a si mesmo". No que é talvez ainda a mais completa pesquisa dos escritos históricos sobre o Renascimento a partir da década de 1940, Ferguson (1948: 172) observa:

> Onde quer que a influência do idealismo alemão se tenha feito sentir, o Renascimento foi identificado, mais ou menos, com as ideias de reação contra o transcendentalismo medieval e de autoconsciência do homem, sua autonomia moral e intelectual, e sua reconciliação espiritual com o mundo presente. O Renascimento, desse modo, tornou-se uma fase necessária da progressão destinada do homem em direção à liberdade, tal como esse termo foi entendido pela filosofia idealista.

O trabalho de Bakhtin, como o de suas fontes diretas, está indelevelmente marcado pela tradição hegeliana. No Renascimento, ele afirma, no livro de Rabelais, a representação hierárquica do mundo legada por Aristóteles foi destruída: "Todos os fenômenos e coisas no universo, dos corpos celestes aos elementos, perderam seu antigo lugar na hierarquia do universo e mudaram para um único plano horizontal do mundo do 'vir a ser', onde começaram a procurar novos lugares, a fazer novas conexões e criar novas formações". Ele, então, continua descrevendo a negação da concepção medieval do cosmos nos trabalhos de Pico, Patrizzi, Ficino, Bruno e outros, os mesmos escritores que são apresentados no volume de Cassirer sobre a filosofia do Renascimento como precursores do sistema hegeliano. "Essa filosofia exprime teoricamente a nova sensação do *cosmos* visto como a *habitação familiar do homem*, de onde todo temor é excluído, e que Rabelais traduz igualmente na língua das suas imagens, num plano cômico" (Bakhtin, 1990: 405; 1984: 365).* Essa conexão, como veremos, também deriva de Cassirer.

A REVELAÇÃO DA INDIVIDUALIDADE: GEORG MISCH

Bakhtin outorga à literatura de modo geral, e ao romance em particular, muitas das funções que Hegel havia visto como características da filosofia. Desse modo, o trabalho sobre Rabelais representou a maturação do sujeito novo, moderno, e foi a "maior tentativa de construir uma imagem do homem *crescendo* em uma *época histórico-popular folclórica*", na qual "o homem já não se situa no interior de uma época mas na fronteira de duas épocas, no ponto de transição de uma época a outra. Essa transição se efetua nele e por meio dele. Ele é obrigado a tornar-se um novo tipo de homem, ainda inédito" (Bakhtin, 1979: 203-4; 1986: 23, 25).** Assim, enquanto Cassirer havia ampliado a análise de Burckhardt por meio de um exame da base filosófica da emergência da individualidade, Bakhtin estava preocupado com a revelação literária dessa emergência que ambos expressaram e que facilitou o crescimento da autoconsciência individual. Entretanto, a questão foi complicada pelo caráter dualístico da concepção do Renascimento como o nascimento do mundo moderno e, ao mesmo tempo, o renascimento da antiga civilização, um tema que Bakhtin explorou extensamente em seu ensaio de 1938 "Forms of Time and of the Chronotope in the Novel" (1975: 234-402)*** (Formas de tempo e de cronotopo no romance).

---

* N. O.: Em português, M. M. Bakhtin, *A cultura popular na Idade Média e no Renascimento*: o contexto de François Rabelais, 3. ed., trad. Yara Frateschi, São Paulo/Brasília, Hucitec/Ed. UnB, 1996, p. 321.

** N. O.: Trad. em português: M. M. Bakhtin, "O romance de educação e sua importância na história do realismo", em *Estética da criação verbal*, trad. Paulo Bezerra, São Paulo, Martins Fontes, 2003, p. 222.

*** N. O.: Trad. em português: M. M. Bakhtin, *Questões de literatura e de estética*: a teoria do romance, 4. ed., São Paulo, Hucitec, 1981, pp. 85-258.

A discussão de Bakhtin sobre a emergência da individualidade autoconsciente na antiguidade deriva principalmente do estudo de Georg Misch, *A History of Autobiography in Antiquity* (1950 [1907]),[7] um livro que catalogou a apresentação da autoconsciência na literatura, da "descoberta" da individualidade, da Grécia pós-homérica às confissões de Santo Agostinho. Ao longo do caminho, Misch deu particular ênfase ao diálogo socrático, à autobiografia política e à emergência da "literatura realista" nos tempos helênicos, voltando-se para escritores como Luciano, Sêneca, Apuleio, Cícero, Marco Aurélio e Boécio, na verdade, todas as principais personalidades discutidas na "pré-história" do romance de Bakhtin. Misch argumentou que a "descoberta da individualidade" estava associada ao "crescimento da cultura material e espiritual" que foi a "súbita consequência da extensão do campo de visão a povos previamente desconhecidos, com diferentes formas de viver". Isso foi facilitado na época helênica pela expansão do império em direção ao oriente, "para abraçar os diferentes modos de vida de indivíduos e povos": as mentes dos cidadãos helênicos tornaram-se "o local de encontro de vários conteúdos, tanto de passados nacionais como do presente muito ampliado" (Misch, 1950: 69). Bakhtin correlacionou esse desenvolvimento com episódios na história da linguagem, argumentando que quando o grego homérico começou a encontrar outras línguas, chegando a um estágio decisivo no período helênico, por meio da interação de culturas e modos de vida, a linguagem, pela primeira vez, tornou-se autoconsciente. A monoglossia absoluta da cidade-estado desenvolveu-se para uma consciência poliglota da diversidade da língua, levando-a a evoluir em relação a outras línguas, em vez de ficar ossificada em seu isolamento.

Misch também observa outro desenvolvimento sociológico na sociedade helênica que facilitou a liberação do indivíduo: o crescimento do estado burocrático que excluiu a maioria da condução da sociedade e permitiu "'a existência privada do indivíduo... pela primeira vez'. Livre da participação convencionalmente imposta na vida da cidade-estado", que "havia dado à sua vida o caráter de parte integrante do todo", o indivíduo, agora, precisava estabelecer uma unidade de personalidade a partir de dentro. As noções filosóficas não mais expressavam a cultura nacional, mas forneciam bases sistemáticas para a conduta, na vida de indivíduos que recentemente tinham emergido da massa; diferentes escolas de pensamento, representando diferentes modos de conduta na vida. A "comunidade de perspectiva" substituiu aquela que anteriormente derivava do "cenário social" (Misch, 1950: 180-2).[8]

De modo semelhante, Bakhtin argumentava que na praça pública grega, que constituía o Estado e todos os órgãos oficiais, não havia "nada 'para alguém sozinho', nada que não estivesse sujeito ao controle e à causa do estado público. Ali, tudo era inteiramente público". Com o colapso desse cronotopo, resultante da quebra de um estrato oficial, "[...] surgiram muitas esferas e objetivos, cuja natureza não era pública [...], e dos quais apenas se falava na intimidade da alcova e em termos condicionais. A imagem do homem tornou-se múltipla e composta" (Bakhtin, 1975: 283, 286; 1981: 132, 136).* Desse modo, novos gêneros começaram a substituir aqueles expressivos da inteireza – o épico e a tragédia; esses foram os precursores do romance. A literatura não canônica e, em última análise, o romance, tornaram-se, então, o órgão para a revelação do indivíduo com multicamadas e multifacetado que tanto Misch como Bakhtin viram em primeiro lugar emergindo na autobiografia antiga.

Misch chegara a traçar paralelos entre esse processo e aquele vislumbrado no Renascimento, elogiando abertamente Burckhardt e citando a descrição de Dilthey de como sempre que uma cultura desaparece e surge uma nova, o mundo das ideias que veio da cultura antiga empalidece e se dissolve. A experiência individual é, por assim dizer, emancipada por um tempo dos grilhões do pensamento conceitual: ela se torna um poder em si mesmo sobre a mente dos homens (Misch, 1950: 67, 72).

O Helenismo e o Renascimento foram, portanto, considerados limiares entre ordens sociais estabelecidas, nas quais a experiência individual veio a constituir-se e onde é possível encontrá-la na literatura da época. Bakhtin segue a fórmula de Dilthey, vendo o Renascimento como um hiato, pois no século XVII desenvolveu-se uma nova cultura oficial, dentro da qual "as tendências à estabilidade e à completude do ser, à singularidade do significado e à monotonia das imagens prevalecem" (Bakhtin, 1990: 115; 1984: 101).** O trabalho de Misch encaixou-se perfeitamente na tradição burckhardtiana de pensamento sobre o Renascimento, pois nele o crescimento da individualidade estava claramente ligado à erosão das relações sociais convencionais e fixas da Idade Média. Burckhardt argumentava que a quebra de estados sociais rígidos era crucial para a emergência da individualidade e a redescoberta da cultura da Antiguidade:

> É indispensável que o nobre e o burguês aprendam antes a conviver juntos em termos de igualdade e que um surja um mundo social que sinta o desejo de cultura e tenha lazer e meios para obtê-la. Mas a cultura, assim que se liberou dos vínculos fantásticos da Idade Média, não podia imediatamente e sem ajuda encontrar seu

---

* N. O.: Trad. em português: M. M. Bakhtin, *Questões de literatura e de estética*: a teoria do romance, 4. ed., São Paulo, Hucitec, 1981, p. 254.

** N. O.: Trad. em português: M. M. Bakhtin, *A cultura popular na Idade Média e no Renascimento:* o contexto de François Rabelais, trad. Yara Frateschi Vieira, São Paulo/Brasília, Hucitec/Ed. UnB, 1987, p. 87.

caminho para o entendimento do mundo físico e intelectual. Ela precisava de um guia e encontrou-o na civilização antiga, com sua riqueza de verdade e conhecimento em todas as questões espirituais. (Burckhardt, 1990: 123)

Mais uma vez Bakhtin adotou as visões da quebra de ordens sociais estabelecidas descritas por Misch e Burckhardt, e correlacionou-as com desenvolvimentos na história da linguagem. A quebra do todo social integral e a "liberação" de diferentes esferas da vida, características da época helênica, forneceram ao indivíduo uma pluralidade de mundos em relação aos quais a própria identidade individual de alguém poderia ser forjada. Desse modo, a "linguagem" de diferentes posições sociais começou a emergir, refletindo o estilhaçar do todo social ao longo de linhas profissionais. Na Idade Média, esses estados sociais se cristalizam em mundos sociais separados que interagem somente dentro de parâmetros formais e convencionais. Somente com a alvorada do Renascimento que essas diferentes linguagens sociais começam a interagir com qualquer liberdade ou sentido de igualdade. Assim, a poliglossia, nascida da expansão helênica, é complementada pela heteroglossia, nascida do colapso ou transcendência das relações sociais da Idade Média.

Dessa forma, às concepções sociológicas de Misch e Burckhardt, Bakhtin acrescentou uma dimensão linguística extraída da teoria humboldtiana da variedade linguística como sinônimo de variedade de visões do mundo. Bakhtin encontrou essas concepções aplicadas ao desenvolvimento cultural no trabalho de Vossler e Spitzer, mas complementadas com uma progressão ideal tirada do primeiro volume de *Philosophy of Symbolic Forms*, de Cassirer. Ali, o filósofo havia descrito, de modo notavelmente hegeliano, o desdobramento e a chegada à autoconsciência do pensamento linguístico, à medida que a forma simbólica progressivamente se liberta do mito. No início, quando não há autoconsciência sobre o que falar, não há nenhuma diferença admitida entre o signo e a coisa significada, o signo é visto como a expressão direta da coisa. De acordo com Cassirer, nas sociedades primitivas, as palavras são vistas como portadoras de propriedades mágicas que afetam diretamente o mundo material. Isso se quebra por meio da interação de línguas e culturas, bem como da crítica interna da língua, um exemplo da qual Cassirer vê no método socrático de questionamento (1953: 294).[9] O entendimento primitivo da linguagem, assim, dá lugar a uma concepção de linguagem como representativa, baseada em tornar a existência real. Finalmente, porém, o caráter simbólico da interpretação chega à plena realização e aplicação. Esse "processo simbólico" defende Cassirer, "é como um único curso de vida e pensamento que flui pela consciência e que, com esse movimento, produz a diversidade e coesão... da consciência" (1957: 202). Esse "processo", que

Cassirer havia desenvolvido a partir do Espírito de Hegel e da forma interna da linguagem de Humboldt, transformou-se, no trabalho de Bakhtin da década de 1930, em dialogismo, a relacionalidade das línguas. Para Bakhtin, todas as línguas são inerentemente dialógicas, um fato que só é plenamente reconhecido no final de um período de desenvolvimento, quando a heteroglossia em si mesma torna-se a heteroglossia por si mesma (Bakhtin, 1975: 211; 1981: 259-422). Enquanto para Cassirer, seguindo Hegel, é a filosofia que incorpora a chegada do espírito à autoconsciência, para Bakhtin, o romance é o "órgão" por meio do qual a cultura alcança a autoconsciência. É no Renascimento que o romance "torna-se o que ele realmente é". Desse modo, quanto mais forte a negação romanesca da atitude poética à linguagem, mais positivo o *insight* que flui dela, exatamente como para Cassirer, o ceticismo na filosofia da linguagem solapa a teoria da cópia da verdade e estabelece a noção de verdade em uma nova base.

FESTIVIDADE E RISO

A negação da hierarquia medieval e da autoridade da posição social foi, portanto, um aspecto central da mudança, da Idade Média para o Renascimento, tal como foi entendido no pensamento idealista alemão. Foi Burckhardt quem pela primeira vez enfatizou a importância dos festivais para esse processo, ao facilitar a união do nobre e do burguês em uma sociedade urbana fundamentada em riqueza e cultura, em vez de nascimento. Embora isso ainda esteja longe do carnaval de Bakhtin, a quebra do isolamento dos mundos sociais é um aspecto-chave da concepção de Bakhtin do Renascimento e das mudanças socioculturais necessárias para a emergência do mundo moderno: ele forma uma ligação decisiva entre a festividade popular e a visão do mundo social. Sobre isso foi enxertada uma noção que muito provavelmente derivou do trabalho de Viacheslav Ivanov, cuja leitura muito meticulosa do *Birth of Tragedy* (*O nascimento da tragédia*), de Nietzsche, na época, influenciou extremamente os estudiosos soviéticos. Embora isso fuja ao âmbito do presente artigo, deve-se observar que a noção russa de sobornost' (comunidade) foi um ingrediente importante do pensamento de Bakhtin na época, como foi a filosofia vitalista de Bergson e a *Lebensphilosophie* de Simmel.

Foi Cassirer, porém, quem estabeleceu a conexão filosófica entre comédia, riso e realismo crítico que se mostrou decisiva para o trabalho central de Bakhtin sobre o Renascimento. No capítulo final de seu livro de 1932, *The Platonic Renaissance in*

England, Cassirer argumenta que "nossa concepção do Renascimento permaneceria fragmentária e incompleta" se tivéssemos esquecido que "foi primeiramente no reino do cômico que esse [Renascimento] espírito celebrou seus maiores triunfos e obteve suas vitórias decisivas", pois a "emancipação renascentista de todas as forças que a ligavam ao passado, à tradição e à autoridade somente foi alcançada de fato quando ela conseguiu refletir essas forças no espelho cômico". A dialética cômica nega o poder do velho mundo, mas o faz transcendendo simultaneamente a amargura dessa negação; "ela não alimenta sentimentos de ódio em relação ao mundo que seu jogo livre está destruindo e que ela só pode negar; ao contrário, o espírito cômico forma a última glorificação desse mundo decadente". O exemplo escolhido por Cassirer é *Don Quixote*. Nesse trabalho literário, o mundo cavalheiresco é negado por meio do amor e simpatia de Cervantes, que, embora destruindo a autoridade do cavalheirismo, "retém na imagem o que deve perecer na realidade". O Renascimento entendeu o humor como "um poder da alma liberador, doador e formador de vida"; libertadas da convencionalidade morta do velho mundo, as imagens do novo renascem. O humor ajuda a revelar o nascimento de um novo senso histórico, pois dentro dele "as épocas se encontram e se misturam de estranhas formas... o humor olha o antes e o depois; ele ajuda a introduzir formas vitais do futuro sem renunciar ao passado" (Cassirer, 1953: 170-2, 183, 179). Como argumenta Bakhtin com referência a Rabelais:

> Todas as suas imagens são dialético-elementais: elas revelam a unidade do processo histórico do tornar-se, no qual o novo nasce diretamente do morto e do velho. Seu riso é ao mesmo tempo implacavelmente zombeteiro e exultante, seu estilo é uma combinação indissolúvel de louvor e insulto (o insulto se transforma em louvor e o louvor em insulto). (1996b: 11-38)

Para Cassirer, o humor sinaliza a emergência da consciência crítica, mas, na reformulação politizada de Cassirer feita por Bakhtin, o riso torna-se o protótipo da *Ideologiekritik*. Em certo ponto, Cassirer argumenta que "no mundo do humor, a aparente verdade das coisas mostra-se continuamente como uma mera exibição. Mas o humor consegue perceber a verdade imanente real por trás da exibição e a reconhece como tal". Na comédia de Shakespeare, por exemplo, Cassirer vê o humor como "a pedra de toque do verdadeiro e do falso, do genuíno e da imitação, do essencial e do meramente convencional. Um novo modo de percepção, uma nova ciência do homem e das coisas emerge e encontra no humor seus próprios meios de expressão corretos e adequados". Resumindo Shaftesbury, Cassirer defende que o humor não visa a destruir o conhecimento ou menosprezar a religião, mas, em vez disso, dirige-se "contra uma equivocada seriedade e uma usurpada dignidade, contra o pedantismo e a intolerância": para o pedante, assim como para o fanático, a liberdade de pensamento é uma abominação; pois o primeiro se protege dela atrás da dignidade do conhecimento e o último atrás da santificada autoridade da religião. Quando ambos se entrincheiram em uma falsa gravidade, nada resta senão submetê-los ao teste do ridículo e, desse modo, expô-los. Somente então o conhecimento e a piedade surgem em seu verdadeiro caráter que não é inconsistente com a alegria de viver e que, ao contrário, é a mais refinada expressão da alegria de viver e de uma atitude afirmativa em relação ao mundo (Cassirer, 1953: 178, 183-4).

Não há dúvida de que uma parcela significativa do núcleo filosófico da teoria de Bakhtin sobre o carnaval e a paródia está implícita nessas observações. O que Bakhtin faz é "sociologizar" a concepção de Cassirer, correlacionando a revelação da pretensão com a descoberta dos interesses sociais que residem por trás das concepções oficiais. Em certo ponto, Bakhtin argumenta que o imaginário do banquete no carnaval ressoa de maneira diferente em circunstâncias nas quais a elite se banqueteia às custas do povo, estabelecendo uma incongruência entre a necessidade social e a sinceridade do sentimento na base das instituições sociais e o ideal social falso "sob a aparência de instituições culturais geradas historicamente que não correspondem a essas necessidades e sentimentos", nas palavras do teórico populista russo, Lavrov (1967: 202). Isso é alcançado com uma significativa quantidade de base ideológica extraída da tradição do populismo russo. A negação de hierarquias e papéis sociais fixos nas celebrações do carnaval, na qual "o indivíduo se sente parte inseparável da coletividade, membro do grande corpo popular"* (Bakhtin, 1990: 281; 1984: 255), é o estabelecimento temporário e altamente utópico do socialismo agrário, revisitando a identidade originária do todo social, mas, agora, de acordo com a filosofia hegeliana, em um nível superior. O indivíduo integral é restabelecido com a negação da sociedade heterogênea que ameaça transformar a pessoa em um mero órgão. Na concepção de Bakhtin, o romance substitui a filosofia como a incorporação permanente do espírito carnavalesco-crítico que revela não apenas os produtos finais do espírito em suas formas linguísticas, mas o processo dinâmico-criativo subjacente à sua produção, o que Cassirer chama de "as forças operativas que deram forma a esse universo e constituem sua coerência interna" (1953: 316).

---

* N. O.: Trad. em português: M. M. Bakhtin, *A cultura popular na Idade Média e no Renascimento:* o contexto de François Rabelais, trad. Yara Frateschi Vieira, São Paulo/Brasília, Hucitec/Ed. UnB, 1987, p. 222.

BAKHTIN E O RENASCIMENTO

A concepção de Bakhtin sobre o Renascimento é, portanto, um desenvolvimento da tradição idealista alemã com uma inclinação claramente populista. Essa combinação mostrou-se uma poderosa mistura, quando foi inferida uma correlação entre a estrutura do stalinismo e da Idade Média e foi proposta a potencial negação democrático-popular dessa estrutura. Embora o modelo de Bakhtin possa ser atraente, ele se torna um tanto problemático se considerarmos as formas institucionais da cultura que Hegel estava interessado em examinar. Além disso, se questionarmos as suposições idealistas nas quais a concepção repousa e estendermos nossa investigação para além do mundo das ideias, indo até alguns dos fatores materiais que condicionavam as formas culturais no período em questão, as inadequações da proposição de Bakhtin tornam-se especialmente claras. O tratamento do individualismo como um absoluto moral que transcende as condições materiais, que Bakhtin extrai tanto do neokantismo como do populismo russo, e não como um fenômeno histórico com raízes no desenvolvimento institucional da sociedade europeia, levou Bakhtin a confundir fatores morais e políticos. No caso do Renascimento, isso é bem compreensível, pois, como observou Perry Anderson na década de 1970, a história econômica e política desse período e sua relação com a antiguidade não foi escrita com a mesma profundidade com que foi a história cultural e artística. Como resultado, foi eclipsada a complexa inter-relação de fatores institucionais e ideológicos.[10] Foi essa omissão que permitiu a Bakhtin traçar um paralelo relativamente não problemático entre o absolutismo e o stalinismo, quando o contexto institucional e, portanto, a importância cultural desses dois períodos é amplamente divergente.[11]

Uma tendência similar a ignorar fatores institucionais caracteriza a maioria das fontes diretas de Bakhtin. A avaliação positiva de Misch do colapso da democracia ateniense ignora o principal efeito social sobre a sociedade ateniense que foi, como argumenta Ste. Croix, "a retirada, para o pobre (que constituía a grande maioria da população do mundo greco-romano) de toda proteção contra a exploração e a opressão do poderoso e, na verdade, de toda oportunidade efetiva de até mesmo expressar suas queixas utilizando meios constitucionais" (1983: 317). Isso dificilmente pode ser visto como um triunfo da individualidade da maioria dos atenienses. Além disso, os cidadãos livres que exercessem sua liberdade o faziam sobre a sistemática instituição da escravidão: "a comunidade da polis clássica, independente de quanto estivesse dividida em classes internamente, era erigida sobre uma força de trabalho escravizada subjacente a toda a sua forma e substância" (Anderson, 1974b: 36-7). No mundo antigo, a "individualidade" não era diretamente relacionada com a posição de classe dentro da *polis*, mas definida em contraste com a posição dos escravos. O termo "pessoa", central para Scheler, Cassirer e Bakhtin, originalmente significava alguém com direitos à propriedade, ou seja, não escravo. De forma semelhante, a emergência da autobiografia no período helênico está diretamente relacionada com a consolidação de uma classe com papéis privilegiados na vida pública e lazer suficiente para cultivar sua autoimagem. O modo escravo de produção divorciava radicalmente o trabalho manual e cerebral, levando a uma proliferação de buscas intelectuais mais abstratas: matemática, filosofia e literatura, tudo isso assumindo muito uma posição secundária nas cidades-estados italianas do Renascimento. Ali, o sistema de associação não admitia nenhuma contaminação do trabalho manual com a degradação social servil, levando a pintura, escultura e arquitetura a atingir alturas que superaram as da própria antiguidade. Tais considerações não preocupavam Cassirer, quando ele defendia que fosse dada igual proeminência à filosofia e às artes visuais no estudo da civilização renascentista. Todo um sistema de paralelos institucionais e diferenças fundamentais estava subjacente à emulação da antiguidade no Renascimento italiano e deu forma à civilização muito diferente que emergiu. Para isso, foi fundamental o fato de que a cidade-estado italiana não mais repousava no ambiente cívico e econômico integral, ligado pelo trabalho escravo, o que caracterizava a antiga sociedade; em vez disso, agora, o centro urbano era agudamente separado do campo, cujos habitantes não tinham nenhum direito a morar na cidade. Finalmente, as cidades não eram mais estruturadas para facilitar a expansão militar, o que dominava as antigas sociedades e definia suas noções de autovalor individual, mas eram "organismos comerciais e industriais complexos, cuja capacidade de beligerância foi severamente limitada".[12] Todos esses fatores foram de crucial importância para avaliar a cultura da "individualidade" que emergiu no Renascimento, mesmo se a antiguidade fosse vista como um polo ativo de comparação real.

A França de Rabelais era uma formação social diferente, porém, mais uma vez, fundamentada no estabelecimento cheio de conflito do absolutismo que, para alarme de Maquiavel, não criou raízes na Itália. A liberdade relativa da praça do carnaval repousava no desaparecimento gradual da servidão e no consequente deslindamento da fusão medieval de expropriação econômica e coerção político-legal no nível da vila, antes que ela fosse finalmente deslocada em sentido ascendente em direção ao ápice militar centralizado: o Estado absolutista.

Os contrastes que Bakhtin traçou entre os séculos XVI e XVII foram baseados em um afrouxamento inicial dos controles sociais que precedeu a consolidação de um "aparato reforçado do poder da realeza, cuja função política permanente era a repressão do camponês e das massas plebeias na base da hierarquia social" (Anderson, 1974a: 19). Embora tenha sofrido profundas metamorfoses durante esses séculos, a própria nobreza nunca deixou o comando do poder político, enquanto o poder econômico da burguesia cresceu dentro dela e, finalmente, contra ela. Embora Bakhtin reconhecesse as coordenadas gerais desse hiato entre as formações sociais medievais e absolutistas, ele era inclinado a saltar das condições da festividade popular para a autoria dos romances, sem perceber os aparatos de produção cultural que faziam a ponte entre os dois. As práticas faladas e escritas foram tomadas como incorporações diferentes de um único processo espiritual, uma *forma interna*, que estruturava os produtos da cultura. O desenvolvimento da atividade de publicação sob o controle da burguesia emergente, no qual o patrocínio da corte havia até então prevalecido, escapou à atenção de Bakhtin, de modo que o romance de Rabelais tornou-se limítrofe com a cultura do campesinato. Mais uma vez, o populismo de Bakhtin se fez sentir, pois a *intelligentsia* aparecia agora como a livre sistematizadora da crença camponesa, em vez de um estrato com práticas e interesses econômicos distintos, derivados de sua posição dentro de uma estrutura institucional em desenvolvimento. O romancista aparece como o corolário estético do intelectual populista que, embora permanecendo sob a hegemonia do campesinato, busca superar as limitações provincianas da comuna por meio de sua própria atividade. O paralelo fica só implícito no trabalho de Bakhtin, mas a forma abstrata com a qual ele trata a questão do poder ameaça embaçar as distinções fundamentais entre as formações sociais.

Talvez o mais importante avanço que Bakhtin faz em relação a suas fontes seja a reintrodução de significativo conflito social na concepção do Renascimento, mas as tradições éticas e filosóficas subjacentes a seu trabalho levam a uma permanente formalização desse conflito. Cassirer, em especial, havia excluído qualquer noção de conflito ao colocar a filosofia de Nicholas Cusanus como o ponto em que a noção de mundo moderno emergiu de dentro da medieval. Bakhtin identifica uma luta sociopolítica na base da cultura renascentista, mas deixa de correlacionar o conflito social com as instituições das sociedades que ele examina, retirando-se para o reino das ideias explorado por seus predecessores.

O romance e a poesia assumem o papel de formas simbólicas conflitantes, funções abstraídas do espírito humano, em vez de ser o trabalho de pessoas reais que tentam articular suas perspectivas do mundo a partir das estruturas sociais em desenvolvimento. No entanto, o trabalho de Bakhtin integra áreas de produção ideológica e as correlaciona com o exercício do poder político de uma forma altamente conducente a uma aplicação materialista. Tal aplicação evitaria generalizações precipitadas sobre a emergência da individualidade e da interação social, ao focar nas estruturas institucionais das sociedades renascentistas, que o próprio Bakhtin só parcialmente levou em consideração. O que está por trás da produção cultural do Renascimento não é um espírito metafísico que alcança a autoconsciência, mas a desmistificação parcial das relações sociais, o que permitiu uma consciência mais aguda, nunca antes alcançada, do lugar de alguém no todo social. O valor permanente da concepção de Bakhtin sobre a cultura renascentista é que, complementada com uma análise institucional mais adequada, ela facilita um entendimento mais preciso do processo de descoberta e crítica que surgiu a partir de contradições experimentadas do desenvolvimento social.

NOTAS

[1] Artigo baseado em pesquisa realizada para o projeto do Bakhtin Centre "Os contextos russo e europeu das obras de Mikhail Bakhtin e do Círculo de Bakhtin", patrocinada pelo Arts and Humanities Research Board (AHRB).

[2] Para o inglês, a tradução habitual da palavra "consumação" invoca conotações sexuais não evidenciadas no original mais neutro. [N. T.: O mesmo ocorre em português.]

[3] Detalhado inicialmente no trabalho de Brian Poole, "Bakhtin' s Early Philosophical Anthropology and New Archival Material", entregue na VIII International Bakhtin Conference, na Universidade de Calgary, Canadá, junho de 1997. [N. O.: Esta citação não consta nas Referências elaboradas pelo autor.]

[4] "O 'vós' é a categoria básica do pensamento humano. Os primitivos, por exemplo, veem todos os fenômenos naturais em termos de 'vós'; para eles, toda a natureza é um campo de expressão e uma 'linguagem' de espíritos e demônios por trás das aparências naturais".

[5] Para uma leitura minuciosa da dívida de Bakhtin a esses livros de Cassirer em seu estudo sobre Rabelais, conferir Poole (1998: 537-78). Apesar de sua riqueza filológica, acho a leitura de Poole de certo modo unilateral ao tratar Cassirer simplesmente como um neokantiano de Marburg, considerando os bem documentados aspectos neo-hegelianos de sua filosofia cultural, e, também problemática, por ignorar outros aspectos do livro de Bakhtin sobre Rabelais que derivam da *Lebensphilosophie* e de Hegel diretamente. Sobre o hegelianismo de Cassirer, conferir Verene (1969: 33-48) e Lipton (1978: 70-82). Sobre as marcas da fenomenologia de Hegel e da *Lebensphilosophie* no estudo de Bakhtin sobre Rabelais, conferir Tihanov (2000: 246-91). Sobre as copiosas notas que Bakhtin fez de Cassirer e Misch, conferir também o comentário editorial em Bakhtin (1996a: 382).

[6] Conferir Cassirer (1963: 35-6).

[7] No arquivo de Bakhtin, há cadernos contendo notas cuidadosas tiradas da segunda edição alemã em um só volume desse trabalho, juntamente com cadernos de trabalhos de Cassirer. A esse respeito, conferir Cassirer (1953; 1963).

A edição inglesa foi consideravelmente expandida em relação à edição alemã, mas o argumento central do livro permaneceu constante.

8 Em uma de suas palestras, o irmão de Bakhtin, Nikolai, lembrou a assim chamada "União do Terceiro Renascimento", à qual ele pertencia em 1917, juntamente com o classicista Tadeusz Zelinski. Ele observa que "todos nós acreditávamos ser os primeiros promotores de um novo Renascimento que logo viria – o Renascimento russo – final e suprema integração, pelo mundo moderno, da concepção helênica de vida. Como tudo na Rússia, os estudos clássicos não eram uma questão de puro aprendizado, mas, acima de tudo, um meio para dar nova forma à vida. Ser um estudioso do grego era como participar de uma perigosa e excitante conspiração contra as próprias bases da Sociedade Moderna em nome do ideal grego" (Bachtin, 1963: 35-44 [43]).

9 "Historicamente falando, o problema do conceito foi descoberto quando o homem aprendeu a não aceitar a expressão *linguística* dos conceitos como definitiva, mas a interpretar os conceitos como *questões lógicas*. Essa foi a origem da expressão socrática do conceito".

10 Conferir Anderson (1974a).

11 Como observou Hirschkop, "*Rabelais* foi descrito [por Eagleton] como reunindo o momento do stalinismo com o do absolutismo, mas isso também poderia ser descrito como impondo a figura da modernidade em uma imagem da cultura medieval" ("Introduction: Bakhtin and Cultural Theory", em Hirschkop e Shepherd, 1989: 1-38).

12 Conferir Anderson (1974a: 150-3).

REFERÊNCIAS

ANDERSON, P. *Lineages of the Absolutist State*. London: Verso, 1974a.

_____. *Passages From Antiquity to Feudalism*. London: Verso, 1974b.

BACHTIN, N. The Symbolist Movement in Russia. In: *Lectures and Essays*, Birmingham: Birmingham University Press, 1963, pp. 35-44.

BAKHTIN, M. M. Formy vremeni i khronotopa v romane: Ocherki po istoricheskoi poetike. In: *Vaprosy literatury i estetiki*: Issledovaniia raznykh let. Moscow: Khudozhestvennaia literatura, 1975, pp. 234-407.

_____. Slovo v romane. In: *Voprosy literatury i estetiki*: Issledovaniia raznykh let. Moscow: Khudozhestvennaia literatura, 1975, p. 72-233.

_____. Roman vospitaniia i ego znachenie v istorii realizma: K istoricheskoi tipologii romana. In: BOCHAROV, S. G. (ed.). *Estetika slovesnogo tvorchestva*. Moscow: Iskusstvo, 1979, pp. 188-236.

_____. *Questões de literatura e de estética*: a teoria do romance. Trad. A. F. Bernadini et al. 4. ed. São Paulo: Hucitec, 1981, pp. 85-258.

_____. Forms of Time and of the Chronotope in the Novel: Notes Toward a Historical Poetics. In: HOLQUIST, M. (ed.). *The Dialogic Imagination*. Trad. C. Emerson e M. Holquist. Austin: University of Texas Press, 1981, pp. 85-258.

_____. Discourse in the Novel. In: *The Dialogic Imagination*. Trad. C. Emerson e M. Holquist. Austin: University of Texas Press, 1981, pp. 259-422.

_____. *Rabelais and His World*. Trad. H. Iswolsky. Bloomington: Indiana University Press, 1984.

_____. The *Bildungsroman* and its Significance in the History of Realism (Toward a Historical Typology of the Novel). In: EMERSON, C.; HOLQUIST, M. (ed.). *Speech Genres and Other Late Essays*. Trad. V. W. McGee. Austin: University of Texas Press, 1986, pp. 10-59.

_____. *A cultura popular na Idade Média e no Renascimento*: o contexto de François Rabelais. Trad. Yara Frateschi Vieira. São Paulo/Brasília: Hucitec/Ed. UnB, 1987.

_____. *Tvorchestvo Fransua Rable i narodnaia kul'tura sredneveskov in i renessansa*. 2. ed. Moscow: Khudsozhestvennaia literatura, 1990, p. 405.

_____. *Sobranie sochinenii v semi tomakh*. V. Raboty 1940-kh-1960-kh godov. In: BOCHAROV, S. G.; GOGOTISHVII, L. A. (ed.). Moscow: Russkie slovari, 1996a.

_____. Satira. *Sobranie sochinenii v semi tomakh*. V. Raboty 1940-kh-1960-kh godov. In: BOCHAROV, S. G.; GOGOTISHVII, L. A. (ed.). Moscow: Russkie slovari, 1996b, pp. 11-38.

_____. O romance de educação e sua importância na história do realismo. In: *Estética da criação verbal*. Trad. Paulo Bezerra. São Paulo: Martins Fontes, 2003, pp. 205-58.

BRANDIST, C. Bakhtin, Cassirer and Symbolic Forms. *Radical Philosophy,* n. 85, 1997, pp. 20-7.

BURCKHARDT, J. *The Civilization of the Renaissance in Italy*. Trad. S. G. C. Middlemore. Harmondsworth: Penguin Books, 1990.

CASSIRER, E. "Spirit" and "Life" in Contemporary Philosophy. In: SCHILPP, P. A. (ed.). *The Philosophy of Ernst Cassirer*. Evanston: Tudor Publishing Co., 1949, pp. 857-80.

_____. *The Philosophy of Symbolic Forms, I. Language*. Trad. Ralph Manheim. New Haven: Yale University Press, 1953, p. 294.

_____. *The Platonic Renaissance in England*. Trad. J. Pettegrove. London: Nelson, 1953.

_____. *The Philosophy of Symbolic Forms, II*. Mythical Thought. Trad. Ralph Manheim. New Haven: Yale University Press, 1955.

_____. The Philosophy of Symbolic Forms, III. In: *The Phenomenology of Knowledge*. Trad. Ralph Manheim. New Haven: Yale University Press, 1957, p. 202.

_____. *The Individual and the Cosmos in Renaissance Philosophy*. Trad. M. Domandi. New York: Harper & Row, 1963.

FERGUSON, W. K. *The Renaissance in Historical Thought*: Five Centuries of Interpretation. Cambridge: Riverside Press, 1948, p. 190.

HIRSCHKOP, K; SHEPHERD, D. (ed.). *Bakhtin and Cultural Theory.* Manchester: Manchester University Press, 1989, pp. 1-38.

LAVROV, P. *Historical Letters*. Trad. J. P. Scalan. Berkeley: University of California Press, 1967, p. 202.

LIPTON, D. *Ernst Cassirer*: The Dilemma of a Liberal Intellectual in Germany 1914-33. Toronto: University of Toronto Press, 1978, pp. 70-82.

MISCH, G. *A History of Autobiography in Antiquity*. Trad. E. W. Dickes. London: Routledge & Kegan Paul, 1950, 2 v.

NELSON, N. Individualism as a Criterion of the Renaissance. *Journal of English and German Philology*, n 32, 1933, pp. 316-34.

POOLE, B. Bakhtin and Cassirer: The Philosophical Origins of Bakhtin's Carnival Messianism. *South Atlantic Quarterly* n. 97, 1998, pp. 537-78.

SCHELER, M. The Nature of Sympathy. Trad. Peter Heath. London: Routledge & Kegan Paul, 1954, p. 247.

_____. M. *Problems of a Sociology of Knowledge*. Trad. Frings. London: Routledge & Kegan Paul, 1980, pp. 71-2.

STE. CROIX, G. E. M. The Class Struggle in the Ancient World: From the Archaic Age to the Arab Conquests. London: Gerald Duckworth, 1983, p. 317.

TIHANOV, G. Hegel and Rabelais. *The Master and the Slave*: Lukács, Bakhtin, and the Ideas of their Time. New York: Oxford University Press, 2000, pp. 246-91.

VERENE, D. Kant, Hegel and Cassirer: The Origins of the Philosophy of Symbolic Forms. *Journal of the History of Ideas*, n. 30, 1969, pp. 33-48.

WILLEY, T. E. *Back to Kant*: The Revival of Kantianism in German Social and Historical Thought 1860-1914. Detroit: Wayne University Press, 1978, p. 120.

O dilema de Voloshinov: sobre as raízes filosóficas da teoria dialógica do enunciado

Uma das muitas lacunas curiosas na pesquisa sobre o trabalho do Círculo de Bakhtin tem sido uma investigação sistemática das raízes de duas categorias mais influentes: o diálogo e o enunciado. Essa omissão é ainda mais surpreendente se levarmos em conta os muitos paralelos que têm sido percebidos entre a teoria do enunciado e a teoria dos atos da fala desenvolvidas na filosofia anglo-americana, aparentemente na ausência de um conhecimento recíproco. Raramente se pergunta se há fontes intelectuais comuns que conectem essas tradições, embora Voloshinov frequentemente aponte para possíveis ligações nas notas de rodapé de *Marxism and Philosophy of Language* (*Marxismo e filosofia da linguagem*). Pesquisa recente, porém, tem começado a preparar o cenário para tal investigação. O exame que Galin Tihanov faz da dívida de Voloshinov com a *Lebensphilosophie* e o marxismo soviético contemporâneo, e as análises de Vladimir Alpatov do lugar do *Marxismo e filosofia da linguagem* na história da linguística ajudaram a posicionar o trabalho de Voloshinov dentro de uma perspectiva teórica mais ampla.[1] O trabalho de Brian Poole sobre a dívida de Bakhtin com a fenomenologia intersubjetiva de Max Scheler e sua documentação do empréstimo não reconhecido que ele fez de Ernst Cassirer também forneceram indícios cruciais sobre as tradições filosóficas gerais subjacentes às ideias do Círculo de Bakhtin.[2] Entretanto, a insistência de Poole na centralidade das tradições idealistas alemãs, cuja importância é indubitável, precisa ser moderada por um conhecimento da corrente anti-idealista que fundamenta o pensamento do Círculo em fenômenos sociais concretos.[3] De fato, o próprio Voloshinov via a filosofia da linguagem como presa entre o "conceitualismo"

---

* N. O.: Este artigo originalmente foi publicado como capítulo do livro *The Bakhtin Circle: in the Master's Absence*, Manchester, Manchester University Press, 2004, pp. 97-124, organizado por C. Brandist, D. Shepherd e G. Tihanov. O título em inglês é "Voloshinov's Dilemma: on the Philosophical Roots of the Dialogic Theory of The Utterance".

neokantiano e o "realismo" fenomenológico,[4] e essa suspensão também caracteriza seu próprio trabalho. Este artigo delineia a influência da tradição realista, na esperança de que, para usar uma metáfora antiga mas ainda apropriada, ele possa ajudar na extração do núcleo racional do trabalho do Círculo de seu arcabouço místico.

O LEGADO MEDIADO DE BRENTANO

Embora a influência do neokantismo de Marburg apareça amplamente nos textos do Círculo, o trabalho de Voloshinov em torno da linguagem recorre fortemente a uma tradição muito diferente: a escola de pensamento inaugurada por Franz Brentano. Essa escola era fundamentalmente antikantiana, na medida em que adotava uma epistemologia aristotélica, na qual a mente individual deriva categorias formais dos encontros com os objetos, em lugar de impor essas categorias *a priori*. Dentre os muitos desenvolvimentos do pensamento brentaniano estão a *Tonpsychologie* e a filosofia dos "estados de coisas" (*Sachverhalte*) de Karl Stumpf, a "teoria do objeto" da escola de Graz ao redor de Alexius Meinong, a ética do valor de Max Scheler, a teoria da *Gestalt*[5] de Christian von Ehrenfels, a inicial fenomenologia de Edmund Husserl e a filosofia da linguagem descritiva de Anton Marty. Brentano, Meinong, Husserl e Marty estão representados em *Marxismo e filosofia da linguagem*, enquanto Scheler faz uma aparição significativa no livro de Voloshinov sobre Freud. A teoria da *Gestalt* não é mencionada diretamente, mas, como veremos, exerce uma influência decisiva sobre o trabalho de Voloshinov. Em *Marxismo e filosofia da linguagem*, o autor associa os brentanianos acima mencionados com o desenvolvimento da "psicologia funcional", (Voloshinov, 1973: 29-31; 1995d: 243-5) e eles poucas vezes são criticados de modo direto. Ao contrário, um esquema de seu "princípio básico" é oferecido como um meio para esclarecer os termos da própria posição de Voloshinov sobre a psique. Paradoxalmente, e, talvez de modo errôneo, Voloshinov vê a perspectiva pós-brentaniana sobre ideologia, em geral, como kantiana, o que lhe permite unir os "funcionalistas" e os neokantianos em sua análise. Provavelmente, as bases para esse movimento foram a "virada transcendental" de Husserl, em seu *Ideas*, de 1913, e a discussão de Cassirer sobre os brentanianos, à qual retornaremos.

A característica crucial herdada por Voloshinov dos sucessores de Brentano foi uma teoria específica da estrutura que põe em primeiro plano as relações de dependência entre as partes e o todo. Os eventos psicológicos e linguísticos são, então, vistos como fenômenos complexos, compreendendo relações de dependência entre as partes, entre as partes e o todo, e entre os próprios eventos psicológicos e linguísticos. Essas relações entre entidades coexistentes descrevem a composição dos eventos e as leis morfológicas delas derivadas também são aplicadas aos objetos dos atos mentais e linguísticos, especificamente dados sensoriais complexos, como as *Gestalten* (todos dependentes de suas partes), coisas e estados de coisas.[6] Husserl havia sido o primeiro a desenvolver uma teoria da linguagem nessa base, argumentando que o significado é concedido à linguagem ao objetificar atos da experiência intencional. Esses atos têm uma estrutura definida que compreende reciprocamente momentos dependentes de qualidade (modos de "diretibilidade") e conteúdo imanente (maneira da apresentação objetual). Esses "atos de concessão de significado" podem ser nominais (dirigidos aos objetos) ou envolver julgamentos (dirigidos aos estados de coisas), mas são, de qualquer modo, representacionais. Este último ponto foi decisivamente contestado pelo brentaniano mais ortodoxo, Anton Marty, no seu influente livro de 1908, *Investigations into the Foundations of a General Grammar and Philosophy of Language*.[7] Enquanto apresenta uma teoria do significado linguístico baseada no ato, Marty retornou à divisão de seu mentor dos fenômenos mentais em apresentações, julgamentos e fenômenos emotivos. Nas mãos de Marty, essa se tornou uma divisão dos fenômenos linguísticos em nomes, afirmações e "emotivos", ou "enunciados que suscitam um interesse".[8]

A revisão de Marty foi um desenvolvimento decisivo, já que o aspecto comunicativo de um ato linguístico não era mais uma mera função auxiliar e a recepção prevista do ato tornou-se um momento constitutivo do próprio ato. Marty também objetou a centralidade conferida à expressão da constituição psicológica do próprio orador no ato discursivo por trabalhos como os de Wundt, Croce e Vossler:

> O anúncio da vida psíquica da própria pessoa não é a única coisa, nem a principal, pretendida no falar deliberado. O que se pretende em primeiro lugar é muito mais uma certa influência ou controle da vida psíquica estranha do ouvinte. O falar deliberado é um tipo especial de atuação, cujo objetivo característico é suscitar certos fenômenos psíquicos nos outros seres. Em relação a essa intenção, o anúncio de processos dentro de si mesmo aparece meramente como um efeito colateral [*párergon*]. (Marty, 1908: 284; citado e traduzido em Smith, 1990: 42)

Combinando as ideias de Brentano com pesquisas realizadas de dentro da linguística por figuras como Michel Bréal, Marty argumenta que o falante visa a desencadear (*auslösen*) no ouvinte um julgamento ou emoção de um determinado tipo e que o significado de um enunciado é o que é "principalmente pretendido quando ele é usado" (Marty, 1908: 284; Smith, 1990: 42). As palavras não têm um significado, mas *despertam* um significado na mente do ouvinte. A amplitude do trabalho de Marty é impressionante. Como observa Barry Smith, Marty discute o uso da linguagem ao "fazer perguntas, expressar queixas, reprimendas, pedidos, ordens, recomendações, ameaças, ao dar conforto, encorajamento, ao elogiar", e até mesmo levanta a dimensão ética dos "emotivos", mas o faz sempre no nível da psicologia (Smith, 1990: 43). Além disso, Marty aborda especificamente a forma pela qual o conteúdo imanente de uma palavra se desvia do conteúdo ideal (*etymon*) em cada um desses usos típicos, adotando a noção de von Humboldt de "forma interna" da linguagem. Essa forma interna associa o som e o significado, e permite a quem fala "agrupar uma variedade de conteúdos semânticos com a ajuda de um número bastante pequeno de signos" (Kiesov, 1990: 56). No trabalho de Marty, portanto, temos uma concepção inicial da percepção discursiva das relações intersubjetivas, central no trabalho de Voloshinov e Bakhtin.

KARL BÜHLER

A influência brentaniana sobre Voloshinov foi mediada por Marty e por uma fonte direta mais decisiva: Karl Bühler. Tanto Marty como Bühler haviam sido levados à atenção dos especialistas literários russos pela *Comission for the Investigation Problems of Artistic Form* (Comissão para a Investigação dos Problemas da Forma Artística), estabelecida sob os auspícios da Academia Russa (mais tarde, Estatal) para Pesquisa em Artes (Rossiskaia – mais tarde, *Gosudarstvennaia – akademiia khudozhestvennykh nauk*, RAKhN, depois GAKhN), em 1923, e pelo trabalho do recém-reorganizado Instituto de Língua e Literatura (*Institut iazyka i literatury*), em Moscou, entre 1923 e 1927. O pioneiro da semiótica soviética, Gustav Shpet, presidiu a comissão da GAKhN com A. A. Buslaev, um dos fundadores do Círculo Linguístico de Moscou, reportando a nova concepção do enunciado encontrada no trabalho de Bühler, e M. M. Kenigsberg reportando a noção de Marty sobre forma interna.[9] Entre 1921 e 1923, R. O. Shor falou sobre Marty e, em 1924-25, M. P. Peterson falou sobre Bühler no Instituto de Moscou, que era o instituto irmão do Instituto para a História Comparativa das Literaturas e Línguas Ocidentais e Orientais (*Nauchno-issledovatel'skii institut sravnitel'noi istorii literatur i iazykov Zapada i Vostoka*, ILIaZV), em Leningrado, no qual Voloshinov estava matriculado como aluno pós-graduado.[10] O impacto dessas primeiras investigações sobre a incipiente semiótica soviética foi significativo e Voloshinov refere-se ao trabalho de Shpet, Shor e Peterson em *Marxismo e filosofia da linguagem*. A partir de seu "arquivo pessoal" no ILIaZV, em 1928, vemos que, enquanto trabalhava em *Marxismo e filosofia da linguagem*, Voloshinov traduziu para o russo o artigo de Bühler, de 1922, "Vom Wesen der Syntax" (Sobre a natureza da sintaxe).[11] Infelizmente, essa tradução parece ter se perdido.[12] A epistemologia de Bühler derivou principalmente da tradição de Brentano. Em 1934, ele menciona o associado informal da Escola de Viena, Heinrich Gomperz, a Escola de Graz e Marty como algumas das principais influências em sua teoria madura da linguagem (Bühler, 1990: 1). Os três eram pensadores hostis ao neokantismo. Na década de 1920, Bühler era conhecido como psicólogo, com dois livros bem recebidos nesse campo, um dos quais, *The Spiritual Development of the Child*, havia aparecido em tradução russa já em 1924 (Bühler, 1918; 1924). Um caminho interessante e consequente de pesquisa, que não vou seguir aqui, é a medida em que a avaliação negativa de Voloshinov ao trabalho de Freud foi influenciada pelo capítulo sobre psicanálise no segundo desses livros, *The Crisis of Psychology*, já que há muitos paralelos fascinantes. Embora o longo estudo de Bühler tenha sido publicado somente no mesmo ano em que foi publicado *Freudianism: A Critical Sketch* (*O freudismo*: um esboço crítico), de Voloshinov, um artigo contendo o ponto crucial do argumento de Bühler havia aparecido no ano anterior e pode ter sido lido tanto por Voloshinov como por Vygotsky, cujo longo trabalho não publicado, "The Historical Meaning of the Crisis in Psychology" (O significado histórico da crise na psicologia), também foi escrito em 1927.[13] Desse modo, Bühler representa um dos mais importantes "elos perdidos" entre o parecido trabalho de Voloshinov e Vygotski.[14]

Os estudos de Bühler sobre a linguagem saíram de seu trabalho mais amplo sobre psicologia, o qual foi mais sistematicamente estabelecido em seu livro de 1927. Ali, ele argumenta que a psicologia tem três aspectos: "as experiências, o comportamento significativo dos organismos e sua correlação com as estruturas do espírito objetivo". A linguagem, ele afirma, deve ser entendida sob esses aspectos (Bühler, 1927: 14-5). A semântica, agora, recebe de maneira firme uma origem social, de modo que, enquanto Wundt começou sua "*Kundgabetheorie*" (teoria da intimação) da psicologia com a expressão das experiências individuais, Bühler começou com a representação social. Para isso são centrais a "direção mútua (*Steuerung*) do comportamento significativo de membros de uma comunidade" e a incorporação representacional dos conceitos e valores de uma cultura particular (Bühler, 1927: 21). Os três aspectos da psicologia são ligados proximamente em um todo estrutural de um tipo derivado da teoria de Brentano. Assim, Bühler argumenta que os objetos da psicologia têm todos os três aspectos, que a linguagem é um objeto da psicologia e que, portanto, uma teoria da linguagem exige a consideração de todos esses aspectos.[15]

Bühler sustentava não ter buscado reformar a psicologia, mas ter encontrado os axiomas da teoria da linguagem. Embora um trabalho especificamente dedicado a essa tarefa tenha aparecido somente em 1933, o esboço dos axiomas ficou claro a partir de 1919. Em um artigo desse ano, Bühler tentou sintetizar a concepção unilateral de Wundt, Husserl e Marty da estrutura do "evento do discurso" concreto (*Sprechereignis*), argumentando que as funções expressiva, representativa e desencadeadora que eles haviam identificado eram momentos abstratos lidos a partir desse todo particular. Cada "evento" compreende três "funções": indicação ou intimação (*Kündgabe*), desencadeamento ou liberação (*Auslösung*) e representação (*Darstellung*). Sob a influência de Meinong, Bühler mais tarde deu novo nome às duas primeiras funções, chamando-as respectivamente de expressão (*Ausdruck*) e apelo (*Appell*). Esse modelo do enunciado como uma estrutura orientada para o objetivo (*Zweckgebilde*) exige três "fundações relacionais" correspondentes: um destinador (cujos estados internos são expressos), um receptor (cujas reações são desencadeadas) e as coisas ou estado de coisas representados.[16] O "modelo *organon*" resultante (Figura 1) é reiterado no artigo que Voloshinov traduziu[17] e tornou-se a fundação do que viria a ser conhecido como teoria bakhtiniana do enunciado que apareceu primeiro no artigo de Voloshinov de 1926 sobre o discurso na vida e na poesia: "toda palavra realmente pronunciada (ou escrita com sentido) [...] é expressão e produto da interação social

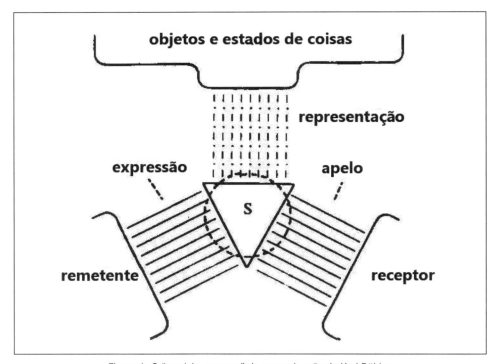

Figura 1: O "modelo *organon*" de comunicação de Karl Bühler.

de três: do falante (autor), do ouvinte (leitor) e daquele de quem ou de que se fala (protagonista). A palavra é um evento social" (Voloshinov, 1983: 17; 1995: 72).*

Além de reunir os três momentos da comunicação em uma relação de "dependência multilateral de três vias" (Mulligan, 1988: 205), Bühler alterou o conceito de "desencadeamento" de Marty, argumentando que o que era esperado nem sempre era um determinado processo mental no receptor, mas frequentemente as ações que ele pode realizar (Smith, 1990: 45). Isso ligou o "desencadeamento" e a "direção" da resposta antecipada, ou seja, a regulação recíproca, no próprio enunciado, algo em que mais tarde Bakhtin criativamente baseou sua concepção das relações dialógicas. Como Marty, Bühler criticou Husserl por adotar uma abordagem unilateral do significado, típica do "lógico", aquele que enfatiza somente a função representacional (Bühler, 1919: 8). Em várias ocasiões, Bühler chama os modelos do ser humano de "Diógenes em um barril", modo muito diferente de Husserl e de Wundt, ambos apresentando uma imagem de um indivíduo isolado da interação social.[18] Bühler, aqui, fortemente antecipa a linha de ataque do próprio Bakhtin a outros pensadores igualmente divergentes.[19] As ligações são positivamente fáceis de traçar. O ataque de Bühler de muitas maneiras ecoou o afastamento entre Scheler e Husserl na questão da intersubjetividade[20] e desse modo forneceu a Voloshinov uma estrutura dentro da qual a filosofia da autoria de Bakhtin, inicialmente scheleriana, poderia ser traduzida em termos discursivos. O diálogo poderia, então, tornar-se a incorporação discursiva das relações intersubjetivas.[21] As semelhanças entre as posições de Scheler e Bühler são notáveis. Em "Author and Hero in Aesthetic Activity" (O autor e a personagem na atividade estética), Bakhtin recorre a Scheler para definir a autoria como uma atividade baseada em um "excedente de visão" (*izbytok vídeniia*) produtivo em um "evento" intersubjetivo específico (Bakhtin, 1990: 22-7; 1994a: 105-9;).[22] Em 1927, Bühler caracteriza, acima de tudo, a linguagem como uma forma orientada para "comunicar a existência significativa de algum excedente de percepção de que um membro do grupo possa estar de posse no contexto das ações mútuas, inseridas em tempo e espaço compartilhados" (Innis, 1988: 79). Embora seja bastante provável que o próprio Bakhtin estivesse familiarizado com a psicologia de Bühler, é bem possível que a semelhança entre sua abordagem à linguagem e a de Bühler derive da tradição compartilhada do pensamento brentaniano que tanto Bühler como Scheler herdaram.

---

* N. O.: Tradução para o português: M. M. Bakhtin e V. N. Volochínov, *Palavra própria e palavra outra*: na sintaxe da enunciação, em Valdemir Miotello (org.), São Carlos, Pedro & João, 2011, p. 164.

Assim como Voloshinov, Bühler insiste em manter os aspectos do sentido (*Sinn*) orientado ao objetivo e relacionado ao sujeito, mesmo quando enfatiza a primazia do social na linguagem. Desse modo, Bühler defende que as coisas e eventos do mundo "só carregam sentido para o sujeito que os experimenta (*Erlebenden*), já que ele é capaz, acertada ou erroneamente, de extrair deles ou verter neles, mas, de qualquer modo, estamos lidando com uma operação de posicionamento" (Bühler, 1927: 131-2). O sentido do enunciado não é, portanto, uma "característica essencial da estrutura que carrega o sentido, mas um momento resultante de uma operação que confere valor, o que se assemelha a dar valor ao papel-moeda" (Innis, 1988, 79-80). Em *Marxismo e filosofia da linguagem*, Voloshinov levanta um caso similar: "não tem sentido dizer que o significado (*znachenie*) pertence à palavra enquanto tal. Ele pertence a uma palavra enquanto traço de união os interlocutores, isto é, ela só se realiza no processo de compreensão ativa e responsiva. O significado (*znachenie*) é o efeito da interação de quem fala com o interlocutor por meio do material de um determinado complexo sonoro" (1973: 102; 1995d: 321). Aqui, como em outro ponto, Voloshinov explora a conexão entre as palavras russas *znachenie* (significado/ significação) e *znachimost'* (validade/significação) para enfatizar a validação social do sentido na linguagem.[23] Entretanto, ele se desloca tão livremente entre o significado pragmático e linguístico, *smysl* e *znachenie*, que o próprio significado linguístico de uma palavra é visto como derivado de seu contexto de significado e o próprio caráter de uma linguagem como instituição desaparece. Adiante, retornaremos às razões e consequências disso. Bühler, ao contrário, distinguiu rigorosamente entre as características informacionais que são independentes do contexto ou situação (*feldfremd*) e aquelas que derivam desses fatores (*feldelgen*).[24]

O ENUNCIADO COMO GESTALT

Um nome decisivo que falta na lista de influências que Bühler sofreu em sua teoria da linguagem é o de von Ehrenfels. Mesmo antes do experimento clássico de Max Wertheimer, de 1912,[25] Bühler, desde 1909, vinha trabalhando sistematicamente com os fenômenos *gestálticos*, publicando, em 1913, um levantamento de reflexões teóricas sobre as qualidades *gestálticas* e os resultados de seus próprios experimentos com *Gestalten* visuais (Bühler, 1913). Ele mostrou a ambiguidade fundamental na relação entre o sujeito que percebe e aspectos do mundo objetivo.

Um dado estímulo sensorial é percebido de formas diferentes quando colocado contra vários *backgrounds* contextuais. Uma das inovações significativas de Bühler foi a incorporação da ideia de campo *gestáltico* na filosofia da linguagem[26] e isso se torna um aspecto crucial do trabalho de Voloshinov. Bühler argumentava que o "significado em uso" de todas as palavras deriva do fato de elas estarem inseridas em uma oração ou parágrafo específicos e que o ouvinte/leitor deve inferir ativamente o significado provável em relação ao seu cenário linguístico. Mais tarde, essa noção foi expandida para incluir o contexto social do enunciado. É significativo que o artigo de 1922 expondo o entendimento de Bühler sobre essa característica em linguística tenha sido o trabalho que Voloshinov escolheu traduzir. Bühler defendia que a "linguagem é tanto a produção de *Gestalten* (*Gestaltung*) quanto a composição de *Gestalten* (*Gestaltetes*), mais e mais, até (o nível da) oração e de volta ao (nível dos) elementos fonéticos, incluindo esses últimos elementos" (Bühler, 1922: 72). Barry Smith defende que Bühler adotou uma noção específica da *Gestalt* de Stumpf como um complexo especial que pode ser experimentado tanto como unitário e "transportável". Essa noção pressupõe "um todo articulado com partes distintas de serem apreendidas como tal" (Smith, 1996: 254). Desse modo, uma *Gestalt* é um todo da relação e só pode ser percebida nesse todo em determinadas circunstâncias. Com frequência, é o caso de apenas uma parte ser percebida e essa parte pode ser uma *Gestalt*.

A "distinção logicamente clara" entre campo indicativo (*Zeigfeld*) e campo simbólico (*Symbolfeld*), como fontes para a interpretação dos enunciados, é central ao argumento de Bühler. Esses campos correspondem respectivamente à situação extradiscursiva na qual um enunciado é enviado e recebido, é determinado por meio da dêixis, do contexto linguístico ou da matriz sintática em que a palavra é colocada. (Bühler, 1990: iiv). A distinção de Bühler é o núcleo do ensaio de Voloshinov de 1926, cujo próprio título invoca os dois campos: "A palavra na vida e a palavra na poesia".[27] Bühler é explícito sobre a derivação da teoria do campo a partir da psicologia moderna e sugere trabalhar na "teoria da cor em relação ao fenômeno do contraste" (1990: iiv). Em seu *Teoria da linguagem*, de 1934, Bühler dedica cerca de setenta páginas ao fenômeno da dêixis, no qual a linguagem é usada para "individualizar o *nominatum*, para tirá-lo do emaranhado de itens que entram no fluxo da experiência" (Innis, 1982: 19). No ensaio de 1926, Voloshinov dá o famoso exemplo em que duas pessoas estão sentadas em uma sala e uma delas diz "Bem!" (*Tak!*). Esse é um exemplo precisamente desse modo de análise.[28]

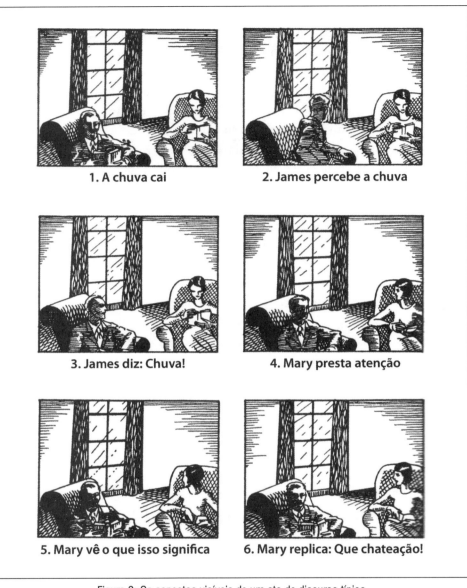

Figura 2: Os aspectos visíveis de um ato de discurso típico.

Voloshinov começa com a palavra nua "Tak!", ela mesma é uma *Gestalt* fonética, morfológica e semântica à qual outras partes *gestálticas* são relacionadas no curso de sua análise. Em primeiro lugar, há a entoação (indignadamente reprovadora suavizada pelo humor), mas o significado (*znachenie*) como um *todo* ainda não é apreensível.

Gradualmente, o campo indicativo é preenchido pela esfera espacial (*krugozor*), senso comum e entendimento das circunstâncias, e, finalmente, sua avaliação comum. A influência de Bühler torna-se clara se examinarmos um cenário similar (marido e mulher sentados em uma sala e o primeiro diz: "*Chuva!*", Figura 2), apresentado por Alan Gardiner em um livro de 1932.[29] Gardiner, claramente, não conhecia Voloshinov, mas foi muito influenciado pelo ensaio de Bühler de 1919 e, em 1933, mencionou o cenário de Gardiner para ilustrar seu próprio "modelo *organon*".[30] Passando para "a palavra na poesia", Voloshinov enfatiza o peso maior que é colocado sobre o campo simbólico no trabalho literário, mas continua a insistir na natureza do "*organon*" do enunciado como transposto em termos de autor, leitor e herói. Ele também fala da narrativa em termos que lembram a discussão de Bühler sobre a "*dêixis* orientada para a imaginação" (*Deixis am Phantasma*),[31] na qual o leitor é transposto (*versetzen*) para um tempo-espaço perceptual imaginário, não diferente do posterior "cronotopo" de Bakhtin. Tanto Bühler como Voloshinov sustentam, porém, que o campo indicativo social mais amplo, o *Umfeld* do mundo real, em que a produção e recepção do trabalho como um todo são colocadas, afeta decisivamente a interpretação de uma palavra específica em um trabalho.

O UMFELD

A categoria do *Umfeld* representa a totalidade organizada sistematicamente do que os membros do Círculo de Bakhtin chamaram de *krugozory*, as esferas de interlocutores e grupos sociais.[32] É crucial reconhecer que o que é experimentado nessa esfera não são os objetos de uma realidade física, mas representações (*Gestalten*) ou objetos criados que surgem por meio de "leis de organização" especiais. A representação (*Gestalt*) percebida exige *tanto* a formação autônoma *quanto* o receptor. Como observa Smith, modelos de comunicação que se apoiam no *Umfeld* sempre correm o risco de se desenvolver em "alguma forma de kantismo, com uma visão de acordo com a qual a formação autônoma subjacente deixaria de desempenhar um papel como objeto da cognição, mas antes se dissolveria em algo desconhecido em si mesmo" (Smith, 1988: 47). Mesmo onde as *Gestalten* não foram invocadas de modo específico, os brentanianos se moveram nessa direção frequentemente, no caso da obra *Ideais*, de Husserl, voltou-se em direção ao idealismo transcendental a que Cassirer acolheu abertamente como a única solução possível.[33]

Um exemplo claro do problema encontra-se no trabalho de Max Scheler, principal fonte para a concepção do Círculo de Bakhtin sobre a intersubjetividade. Scheler argumenta que as "coisas" encontradas em ação formam o "*milieu*" da vida prática e "não têm absolutamente nada a ver nem com a 'coisa em si mesma', de Kant, nem com os objetos concebidos pela ciência (por meio da suposição de que a ciência 'explica' os fatos naturais)". Desse modo, o "*milieu-sun*", diferente no Equador, em zonas temperadas e nos polos, "não é o sol da astronomia", porque "só aquilo que eu efetivamente experimento" pode fazer parte de meu "*milieu*". Uma maneira de lidar com os potenciais absurdos da visão de Scheler seria aplicar a distinção de Frege entre sentido e referência, de modo que as orações relativas a cada instância do "*milieu-sun*" carregariam diferentes sentidos (modos de apresentação), mas *referem-se a* um e *ao* mesmo sol. Entretanto, Scheler exclui isso, insistindo em que as coisas do mundo prático "não têm absolutamente nada a ver" com os objetos concebidos pela ciência. Ele conclui que uma "meia-coisa" constitui um "reino intermediário" entre, "de um lado, o conteúdo perceptual e seus objetos e, de outro, aqueles objetos pensados objetivamente" (Scheler, 1973: 139-40).[34] Essa característica da teoria de Scheler foi adotada pelo Bakhtin do início, para quem o mundo prático do sujeito está entre o que, seguindo Simmel, ele chamou de os mundos "mutuamente impenetráveis" da vida e da cultura objetivas. Esse é o ponto de partida para o trabalho do Círculo de Bakhtin:

> O ato da atividade de cada um, da experiência que cada um vive, olha, como um Jano bifronte, em duas direções opostas: para a unidade objetiva de um domínio da cultura e para a singularidade irrepetível da vida que se vive, mas não há um plano unitário e único em que as duas faces se determinem reciprocamente em relação a uma unidade única. (Bakhtin, 1993: 2; 1994b: 12)*

A transição para uma concepção dos atos discursivos não altera de maneira fundamental esse modelo, mas a insistência inescapavelmente na natureza social da linguagem acabaria mostrando o agudo contraste entre esse sociologismo e o individualismo metodológico dos brentanianos.

Na ausência de uma concepção realista do mundo, Voloshinov segue seu colega na direção de um idealismo desenvolvido para fazer a ponte entre o indivíduo

---

* N. O.: Tradução em português: M. M. Bakhtin, *Para uma filosofia do ato responsável*, trad. V. Miotello e C. A. Faraco, São Carlos, Pedro & João, 2010, p. 43.

e o social, embora ele nunca consiga dar o passo final. Em lugar do indivíduo, Voloshinov tomou dos neokantianos de Marburg a noção da pessoa jurídica como o objeto das ciências humanas. A pessoa jurídica neokantiana é uma entidade individual ou coletiva com unidade de desejos, direitos e obrigações, mas cujas ações não são causadas. Voloshinov trata as classes sociais precisamente como pessoas jurídicas coletivas e explica sua incorporação discursiva substituindo a noção saussuriana de uma *parole* individual pela de um dialeto social coletivo, enquanto todas as questões de causalidade na formação de determinantes socioeconômicos são agrupadas.[35]

ERNST CASSIRER

A filosofia idealista da linguagem para a qual Voloshinov se voltou foi aquela delineada no primeiro volume* de *A filosofia das formas simbólicas* (1955), de autoria do último importante neokantiano de Marburg, Ernst Cassirer. Assim como o "Vom Wesen der Syntax", de Bühler, Voloshinov traduziu três seções do primeiro volume da *opus magnum* de Cassirer, talvez percebendo uma compatibilidade potencial entre as perspectivas de Bühler e Cassirer. Na época em que escreveu *Marxismo e filosofia da linguagem*, Voloshinov provavelmente desconhecia que Cassirer elogia especificamente os primeiros artigos de Bühler sobre a linguagem no volume final de *A filosofia das formas simbólicas* (publicado em 1929), sugerindo que a posição de Bühler estava em total concordância com a sua (Cassirer, 1957: 110). Contudo, embora Cassirer alegasse ter encontrado o trabalho de Bühler sobre a linguagem somente após ter escrito o primeiro volume de *A Filosofia das formas simbólicas*, como outros neokantianos, já em 1910, ele tinha acolhido calorosamente a "psicologia do pensamento" desenvolvida por Bühler e outros membros da Escola de Würzburg.[36] O Bühler ficou impressionado com as relações significativas entre seu trabalho e o de Cassirer, citando este último em 1933, entre as influências sobre sua teoria da linguagem e se referindo à concepção de "ação 'criativa' do processo mitológico na linguagem" encontrado em *A Filosofia das formas simbólicas*. Bühler pôs em dúvida, entretanto, a derivação de Cassirer, da

---

* N. O.: *A filosofia das formas simbólicas* está organizada em quatro volumes: *A linguagem* (vol. I); *O pensamento mítico* (vol. II); *A fenomenologia do conhecimento* (vol. III); *A metafísica das formas simbólicas* (vol. IV).

"prova... de que somente sua posição epistemológica básica (neokantiana) é capaz de fazer justiça plenamente a esse estado de coisas" (Bühler, 1982: 137). Ele viria a acusar diretamente Cassirer de "*epistemologismo*" em sua teoria da representação como a *produção* do objeto do conhecimento (Bühler, 1990: 215). Voloshinov parece nutrir dúvidas semelhantes, mesmo enquanto incorpora a posição básica de Cassirer a seu próprio trabalho.

Voltando-se para Cassirer no rascunho inicial de *Marxismo e filosofia da linguagem*, Voloshinov destaca em sua caracterização da linguagem a sugestão de que ela forma um "reino intermediário" precisamente no sentido discutido por Scheler e Bakhtin: "a 'palavra' está se tornando uma *divisão* entre a validade transcendental e a realidade concreta, um 'terceiro reino', por assim dizer, entre, de um lado, o sujeito psicológico que conhece e a realidade empírica que o cerca e, de outro lado, o mundo do ser formal transcendental, *a priori*" (2004: 232). Tal concepção, ele argumenta, promete superar o "cientificismo", "logicismo" e "eticismo abstrato" do neokantismo, introduzindo "movimento e o tornar-se histórico... no reino petrificado das categorias transcendental-lógicas". A "forma interna da linguagem" torna-se, agora, uma "forma semitranscendental" que fornece a base para o restabelecimento de uma "dialética idealista" (2004: 232).[37] Bakhtin adotou entusiasticamente a dialética de Cassirer,[38] mas Voloshinov é bem menos entusiasmado e, deve-se dizer, coerente a esse respeito.

Voloshinov aceita um princípio de modo geral neokantiano do trabalho de Cassirer: a linguagem é uma "forma simbólica" específica, uma "energia do espírito", que deve ser estritamente distinta de outras formas afins (daí sua impaciência com a redução croceana da linguística à estética). Essas formas simbólicas são mediadoras entre as pessoas e constituem significados para elas, incorporando a energia das tentativas dos seres humanos de visualizar seu mundo. Contudo, o tipo de energia envolvida é, para Cassirer, "autocontida: ela se move dentro da dimensão da 'imagem' pura e não na da 'realidade'. Aqui, o 'espírito humano' se entrelaça em um mundo próprio, um mundo de signos, símbolos e significados" (Cassirer, 1949: 868-9). Para o filósofo de Marburg e para Bakhtin depois dele, o desenvolvimento da cultura crítica finalmente leva o espírito humano a abandonar "a última aparência de qualquer identidade mediata ou imediata entre realidade e símbolo". Deve-se firmemente renunciar à "crença de que temos na 'realidade' como um ser determinado, autossuficiente, anterior a toda formação espiritual" (Cassirer, 1955: 188). Sua aceitação em torno da "função representativa" de Bühler resultou no retrabalho neo-hegeliano da epistemologia da Escola de Marburg, na qual a "representação" torna-se a *produção* espiritual do objeto a partir do e no pensamento. Os objetos da representação são (re)constituídos a partir de "formas transcendentais" e categorias que vivem na "consciência pura" ou "consciência em geral".

O EQUÍVOCO DE VOLOSHINOV

Voloshinov continua a insistir na ideia de que o signo *refrata* algo extradiscursivo que é "dado" à percepção, embora desejasse "agrupar" a questão da natureza da realidade extradiscursiva. A imagem ótica, aqui, provavelmente tem sua origem no *Materialism and Empirio-Criticism (Materialismo e empiriocriticismo)*, de Lênin, de 1908: "A matéria é uma categoria filosófica que denota a realidade objetiva dada à pessoa por suas sensações e é copiada, fotografada e refletida (*otobrazhaetsia*) por nossas sensações, embora existindo independente delas" (1968: 131). A obra de Lênin desencadeou uma série de trabalhos filosóficos soviéticos sobre a teoria do reflexo e foi frequentemente mencionada nas contendas sobre a natureza do realismo literário no final da década de 1920. O conceito da distorção da representação por meio da influência do interesse de classe foi uma característica proeminente da visão de mundo dos defensores contemporâneos combativos da cultura proletária. Em maio de 1928, o realismo psicológico estava repetidamente proposto como "método materialista dialético" na arte; aqueles que articulavam essa posição ecoavam deliberadamente a caracterização que Lênin fazia de Tolstoi como o "espelho da revolução russa", embora aplicando-a de maneira com as quais ele jamais havia sonhado.[39] Deve-se lembrar que Voloshinov se especializou em história da literatura russa, como aluno pós-graduado, enquanto escrevia *Marxismo e filosofia da linguagem*, e estava, portanto, sujeito à pressão de tais teorias, embora não as endossasse necessariamente. Entretanto, como observou David-Hillel Ruben, em seu livro de 1908, Lênin combinou uma teoria da correspondência do *conhecimento* e uma teoria da "correspondência da *percepção*" que são subsequentemente distinguidas em *Philosophical Notebooks (Cadernos filosóficos)*, publicado postumamente (Ruben, 1979: 176). Desse modo, ele defende que "nossas percepções e noções (*predstavleniia*) são imagens (*obrazy*)" da matéria que são validadas pela prática (Lênin, 1968: 109-10). Ao combinar percepção e conhecimento, Lênin ironicamente está fazendo o mesmo movimento feito pelos neokantianos, mas com o propósito expresso de abolir a "teoria da cópia" do conhecimento por meio de uma concentração no "conteúdo ideacional do signo".[40]

É precisamente para evitar essa combinação que Voloshinov discute a metáfora marxista da base e superestrutura na primeira parte de *Marxismo e filosofia da linguagem*, da forma como o faz. Ele argumenta que "a essência desse problema, de acordo com nosso nível de preocupação, é como o ser real (a base) define o signo, *como* o signo reflete (*otrazhaet*) e refrata (*prelomlialet*) o ser em seu processo de tornar-se" (Voloshinov, 1973: 19; 1995d: 231). Isso ecoa a psicologia pós-brentaniana. Como observa Klaus Hedwig, a noção de Brentano da "existência mental" e "intencional" ou da "qualidade-objetual-imanente" dos objetos percebidos enfatiza a "refletividade como o traço principal e característico de todo conhecimento", mas o fato de que o ato de consciência "pretende" um objeto significa que ele também "*transcende* a imanência psíquica" (Hedwig, 1979: 330-1). O desenvolvimento dessa questão na teoria da *Gestalt* forneceu a Voloshinov um meio para distinguir entre percepção e conhecimento, enquanto a noção de *refração* serviu para fazer a ponte entre os dois polos da *Gestalt*: formação autônoma e percipiente.[41] Ao usar o termo refração, Voloshinov, como Medvedev antes dele,[42] complementa a formulação de Lênin com uma nova dimensão: um modo de apresentação, derivado dos brentanianos, de um objeto (existente ou não) a um sujeito cognoscente nos atos intencionais. O ângulo marxista é mantido ao introduzir a dimensão dos interesses sociais em competição:

> O ser, refletido no signo, não é simplesmente refletido (*otrazheno*), mas refratado (*prelomleno*) nele. Como é determinada essa refração do ser no signo ideológico? – Por uma intersecção de interesses sociais vari-direcionais dentro dos limites de uma única comunidade de signos, i.e., *pela luta de classes*. (Voloshinov, 1973: 23; 1995d: 236)

Embora existam diferenças ideológicas significativas entre as "coisas" (*veshchi*) de Lênin e o "ser" (*bytie*) de Voloshinov, essa característica compartilhada das duas abordagens, contudo, bloqueia firmemente o caminho para um idealismo neokantiano plenamente desenvolvido.

A formulação de Voloshinov, sem seu verniz marxista, permanece coerente com a noção de Bühler de representação que presume "certas 'linhas naturais', constelações do complexo de estímulos que a percepção deve seguir", embora a percepção seja também "guiada pela 'atitude' (*Einstellung*) do sujeito que percebe e age, e que é intencionalmente direcionada para a experiência" (Innis, 1988: 90). Aqui, Bühler parece sugerir que as *Gestalten* "sobrepõem-se materialmente" às "estruturas objetuais das quais dependem" (Smith, 1988: 45), de modo que o conhecimento do objeto representado como uma coisa material não é meramente possível, mas um momento crucial do sentido concreto de uma palavra enunciada, "impelida intencionalmente". Assim, o objeto certamente não é o "X desconhecido que infinitamente definimos", característico do neokantismo, mas também não é compatível com a dicotomia absoluta de Scheler entre "*milieu*-coisa" e objeto da ciência. Em tais momentos, Bühler aproxima-se do tipo de realismo filosófico no qual o significado das palavras é condicionado tanto por nosso conhecimento das coisas representadas quanto pelas condições específicas em que as encontramos. Esses momentos, contudo, não são integrados em uma perspectiva realista sistemática e, portanto, estão abertos à ambiguidade inerente à noção de *Gestalt* observada cima.

Ao mesmo tempo que adota o modelo de enunciado de Bühler, Voloshinov continua a vacilar entre ele e as posições de Scheler e Cassirer. Embora comprometido com a noção de *refração*, ele tem uma tendência a confundir as estruturas perceptuais com as que contêm julgamento e esse equívoco é mapeado em sua sempre presente confusão entre o significado semântico e pragmático. Com uma tendência scheleriana, ele argumenta, por exemplo, que "o sentido (*smysl*) de uma palavra é inteiramente definido por seu contexto. Em essência, há tantos significados (*znacheniia*) de uma determinada palavra quanto há contextos de uso" (Voloshinov, 1973: 79; 1995d: 294). A partir da passagem em que essa afirmação aparece, fica claro que Voloshinov está preocupado com a situação social, e quando ele se desloca entre o sentido e a referência de uma palavra, aqui não atua nenhum conceito de estrutura institucional da linguagem ou objeto de referência contexto-invariante. Seguindo Baudouin de Courtenay, para quem a "linguagem não existe... e apenas os pensamentos linguísticos individuais enquanto uma realidade psíquica",[43] a ideia da estrutura institucional da linguagem é simplesmente negada: ela não é "real", no sentido de ser invocada autoconscientemente pelos falantes (uma "realidade psíquica"), o que é o único sentido de "real" que Voloshinov parece preparado para utilizar.[44] Quanto ao objeto de referência, as fronteiras entre a função cognitiva e a forma estrutural do referente estão pouco nítidas. Seguindo uma tendência cassireriana, em outro trabalho, Voloshinov funde função e forma, argumentando que "não é a experiência que organiza a expressão, mas inversamente, a expressão organiza a experiência" (Voloshinov, 1973: 85; 1995d: 301). Isso sugere que os objetos da experiência são plenamente constituídos na aplicação de signos a um "X desconhecido", desse modo reverte o modelo de Bühler discutido acima.

Essa confusão atinge seu ápice na parte menos satisfatória de *Marxismo e filosofia da linguagem*, quando trata da discussão do acento avaliativo, na qual a experiência não apenas é totalmente reduzida a formas que incluem julgamento, mas é também subjetivizada.[45] A crítica de Voloshinov a Marty e Gustav Shpet, por basearem suas concepções da "forma interna da palavra" na divergência entre o significado linguístico de uma palavra (no caso de Marty, o *etymon*) e seu significado no uso, é altamente problemática. Marty, em especial, chama a atenção para a natureza social de enunciados como perguntas, ordens, reprimendas, queixas e outros, e distingue essa natureza social da maneira pela qual um enunciado específico é entoado individualmente. Voloshinov quer fundir esses momentos e argumenta que a avaliação entoacional de uma pessoa ao que é dito é equivalente à força ilocucional do que é dito. Essa ideia parece ter sido tirada da noção de Bakhtin do "tom emocional-volitivo, que é um momento de todo ato realizado, mas transformada de acordo com a noção de Karl Otto Erdmann sobre o valor emocional (*Gefühlswert*) das palavras".[46] O problema com a formulação de Voloshinov é que a força ilocucional e a entoação avaliativa são, na verdade, fenômenos distintos. Por exemplo, a ordem "Fogo!", dada por um oficial do exército, carrega a mesma força ilocucional no contexto de um evento de discurso específico, quer seja dada de forma apologética ou triunfante. Claramente, estamos lidando com estruturas sociais transubjetivas que não podem ser reduzidas a uma categoria individualizada como o acento avaliativo ou entoação.

A categoria que Voloshinov invoca para lidar com esse problema é a dos "gêneros discursivos", a qual vai dos pequenos "gêneros da vida" aos gêneros literários maiores e significam as formas de enunciado relativamente estáveis e socialmente típicas. Essa formulação parece derivar, no mínimo em parte, da asserção de Croce de que "os limites das expressão-intuições chamadas de arte como opostos àqueles vulgarmente chamados de não arte são empíricos e impossíveis de definir... O professor de filosofia na comédia de Molière estava certo: 'sempre que falamos, criamos prosa'".[47] A expressão "gênero do discurso" foi usada de forma muito mais sociológica pelo diretor de estudos linguísticos do ILIaZV, Lev Iakubinski, no início da década de 1930, mas Voloshinov provavelmente a ouviu nas palestras e conferências de Iakubinski no ILIaZV, no final da década de 1920.[48] Voloshinov interpreta "vida-gênero" (*zhiteiskii zhanr*), entretanto, no sentido do "*milieu*" de Scheler: ele é parte do ambiente social (*sreda*), festival (*prazdnik*), lazer, intercurso social no salão, na oficina etc. Ele une esse "*milieu*", é delimitado e definido por ele em todos os seus momentos internos. Voloshinov argumenta que os gêneros do "intercurso ideológico no exato sentido da palavra: formulações, declarações etc.", formas de discurso político, tratados científicos etc., isto é, as formas da cultura objetiva devem ser relacionadas aos vida-gêneros (Voloshinov, 1973: 97; 1995d: 315). Contudo, em vez de enraizar as formas de enunciado na necessidade material, a natureza das coisas e as formas de nossas relações com essas coisas, sobre as quais surgem formas culturais, Voloshinov apresenta o argumento neokantiano defendendo que as ações são livres de causalidade. Como ele coloca no livro sobre Freud, "a motivação do ato de alguém é uma criação jurídica e moral em pequena escala" (Voloshinov, 1976: 88; 1995c: 166).

CONCLUSÃO: RESOLVENDO O DILEMA

O equívoco de Voloshinov precisava de uma solução, caso se quisesse fazer desenvolvimentos produtivos com base em suas maiores formulações. Bakhtin forneceu essa solução na década de 1950, em seu ensaio sobre o discurso ou gêneros discursivos.[49] Aqui, Bakhtin buscou superar as antinomias das distinções de sentido/referência e entoação/forma social de três maneiras relacionadas. Em primeiro lugar, ele entrou firmemente no campo de Cassirer e abandonou a noção de refração,[50] desse modo rompendo a força realista do argumento de Bühler, enquanto mantinha seu modelo do enunciado. Em segundo lugar, ele desenvolveu ainda mais a noção de gênero discursivo (*rechevoi*) para explicar as formas relativamente estáveis do enunciado na vida e sua relação com os metagêneros da cultura objetiva. Finalmente, elaborou uma explicação das distinções entre oração e enunciado que buscava distinguir entre significado semântico e pragmático. Enquanto as formulações de Bakhtin não tiveram pleno sucesso em integrar os elementos brentanianos e neokantianos em um todo inconsútil, o nó górdio de Voloshinov foi efetivamente desfeito.

Contudo, em um trabalho dedicado às diferentes contribuições dos membros individuais do Círculo, é legítimo perguntar se a solução de Bakhtin era a única possível. Penso que a resposta é, claramente, não. Parece ser possível resolver o problema rompendo o impulso idealista da teoria de Cassirer e instituindo uma perspectiva realista plenamente desenvolvida que apresente as formas sociais e culturais como estruturas emergentes que surgem das estruturas do mundo natural, mas não podem ser reduzidas a elas. A estrutura dessa perspectiva estava disponível na década de 1920? A resposta é sim, embora pareça que Voloshinov não a conhecesse e, curiosamente, nem Bühler. Johannes Daubert, fenomenologista de Munique, reconheceu o mesmo dilema que Voloshinov perseguia no trabalho inicial de Husserl e rejeitou firmemente a solução idealista que permeava *Ideas*, de Husserl, e que foi elogiado por Cassirer. Daubert insistiu em uma epistemologia completamente realista que recusava a distinção entre o objeto real e o sentido perceptual que está na base do *noema* de Husserl. Para Daubert, toda ilusão e erro perceptual estão baseados no mundo real e não se pode falar de um reino intermediário, como o *"milieu"* de Scheler.[51] Embora Daubert não tenha publicado seu trabalho, seu colega Adolf Reinach, já em 1913, desenvolvera essa posição em uma teoria dos atos sociais (Reinach, 1983: 1-42).[52] O que Voloshinov chamava de gêneros discursivos foi abordado por Reinach de uma forma ontológica "que pode produzir uma teoria geral de determinadas estruturas, uma teoria que compreende uma única composição não somente linguística e lógica do fenômeno tratado, mas também de seu momento psicológico, jurídico e do ato-teórico" (Smith, 1990: 48). Promessas, ordens, obrigações e afins são tratadas como tipos específicos das entidades que constituem o mundo.

Penso que vale a pena recordar os aspectos específicos da teoria de Voloshinov e examinar profundamente algumas de suas posições que podem servir de base para o desenvolvimento de uma ciência social realista. É possível que o individualismo metodológico e o platonismo característicos da fenomenologia de Reinach possam ser superados unindo suas observações e trabalhos recentes sobre estruturas sociais, que em muitos aspectos são compatíveis. Pode-se considerar o esquema de Roy Bhaskar das três características distintas das estruturas sociais como opostas às naturais. As estruturas sociais (a) não existem independentes das ações que governam; (b) não existem independentes das concepções dos agentes sobre o que eles realizam em suas atividades; (c) podem ser relativamente permanentes e as tendências que embasam não são universais no sentido de invariantes de tempo-espaço.[53] Se uma revisão do trabalho de Voloshinov, a partir dessa perspectiva, pudesse resultar em uma teoria mais produtiva do que a desenvolvida por Bakhtin, essa é uma questão que permanece aberta, mas merece maiores considerações. Pesquisa recente sobre a "fenomenologia realista" realizada por filósofos contemporâneos[54] sugere uma teoria dialógica do enunciado, muito diferente e potencialmente superior, e que pode ter resultado do engajamento do Círculo de Bakhtin com as inclinações de Daubert e Reinach e não com Scheler e os neokantianos.

NOTAS

[1] Conferir Tihanov (1998: 599-622) e Alpatov (1995: 108-26; 1998: 517-29).

[2] Conferir Poole (2001: 109-35; 1998: 537-78).

[3] Na sugestão de Poole, os aspectos-chave da teoria da linguagem de Voloshinov derivaram do "idealismo linguístico" de Cassirer (Poole, 2001: 125-7). É um bom exemplo do tipo de exagero que precisa ser moderado. Para uma crítica detalhada do argumento de Poole, conferir Lähteenmäki (2002: 121-44).

[4] Conferir Voloshinov (2004: 232-3; 1995a; pp. 87-8).

[5] "A 'fórmula' fundamental da teoria da *Gestalt* pode ser expressa da seguinte maneira. Há todos, cujo comportamento não é determinado pelo comportamento de seus elementos individuais, mas onde as partes-processos são elas mesmas determinadas pela natureza intrínseca do todo. A teoria da *Gestalt* espera determinar a natureza de tais todos" (Wertheimer, 1938: 2). "Na língua alemã [...] o nome '*Gestalt*' tem dois significados: além da conotação de formato ou forma como um atributo das coisas, tem o significado de uma entidade concreta *per se*, a qual tem, ou pode ter, um formato como uma de suas características. Desde a época de Ehrenfels, a ênfase mudou, das qualidades de Ehrenfels para os fatos da organização e, assim, para o problema das entidades específicas nos campos sensoriais" (Köhler, 1974: 177-8).

[6] Conferir Mulligan (1988: 203-26).

[7] Conferir Marty (1908).

[8] Conferir Smith (1990: 33-4).

[9] Conferir Freiberger-Sheikholeslami (1982: 155-65) e Poleva (2000: 304-19). O Círculo de Bakhtin teve contato direto com os debates na GAKhN, por meio de Matvei Kagan, que trabalhava ali precisamente nessa época: conferir Kagan (1992: 60-88).

[10] Conferir Ushakov (2001: 71-7). A avaliação positiva de Shor do "Krizis sovremennoi lingvistiki", de Marty, foi publicada no periódico marrista *Iaficheskti shornik*, em 1926 (artigo reimpresso em *Sumerki lingvistiki*, pp. 58-62). Conferir os comentários de Peterson sobre Bühler (1927: 5-21).

[11] Conferir Voloshinov (1995b: 75).

[12] Uma citação substancial do artigo de Bühler é mencionada em Voloshinov (1930: 233-4), embora, de acordo com o estreitamento do campo ideológico na época, seja avaliado negativamente.

[13] Conferir Bühler (1927; 1926: 455-526); Voloshinov (1976; 1995c: 87-189); Vygotskii (1997: 233-343). Conferir também Pléh (1988: 405-13).

[14] Vygotsky discute Bühler em muitos pontos de seu trabalho e, em 1930, escreveu uma introdução crítica à tradução russa de *The Spiritual Development*, de Bühler, embora, como acontece com o artigo de Voloshinov do mesmo ano, a época exigia uma dura avaliação negativa: conferir Vygotskii (1997: 163-73).

[15] Conferir Bühler (1927: 23); conferir também Brock (1994: 89-90).

[16] Conferir Bühler (1919: 1, 15).

[17] Conferir Bühler (1922: 60).

[18] Conferir Bühler (1933: 135) e Wundt (1973a: 37; 1973b: 76).

[19] Bühler foi, aqui, influenciado pelo trabalho de Philipp Wegener, que alega ter iniciado a tradição do pensamento sobre a linguagem que Voloshinov continuou. Já em 1902, Wegener tinha criticado a concepção de linguagem de Wundt, por ser "monológica" (conferir sua resenha de B. Delbrück em Wegener (1902: 404)), e em 1921 ele cunhou a frase "ato de discurso dialógico deliberado" (*willkürlicher dialogischer Sprachaki*). Estou em débito com Brigitte Nerlich por essa informação. Sobre Wegener e sua influência, conferir Nerlich e Clarke (1996: 177-83).

[20] Conferir Schutz (1973: 150-79), Frings (1978: 143-9) e Poole (2001).

[21] A primeira tentativa de traduzir a sutil tipologia de Bakhtin das relações autor-herói em formas discursivas é a tipologia de Voloshinov do discurso reportado na parte final de *Marxismo e filosofia da linguagem*. Aqui, Voloshinov recorre ao "Vom Wesen der Syntax", de Bühler, e a dois artigos que o seguiram na mesma publicação, o segundo dos quais sendo uma importante fonte para a parte de *Marxismo e filosofia da linguagem* que lida com o discurso indireto livre; conferir E. Lerch, "Typen der Worstellung" e G. Lerch, "Die uneigenlich direkte Rede", em Klemperer e Lerch (1922: 85-106, 107-19).

[22] O termo *vídenie*, no trabalho de Bakhtin, com frequência é usado no sentido de "intuição eidética" estética.

[23] Por exemplo: "tema é o *superior, real* (*real'nyi*) *limite* (predel) *da validade linguística* (znachimost'); em essência, somente tema significa (*znachit*) algo definido. A significação é o *limite* (predel) *inferior* da validade linguística (*znachimost*). Significação, em essência, não significa (*znachit*) nada, mas só tem potencialidade – a possibilidade de significado (*nachenie*) dentro de um tema concreto" (Voloshinov, 1973: 101; 1995d: 319-20).

[24] Conferir Bühler (1927: 183). A diferença entre Bühler e Voloshinov, aqui, pode ser devida à influência, sobre o primeiro, do livro do gramático Ries (1931) e, sobre o segundo, da teoria do significado um tanto ingenuamente instrumentalista de Theodor Kalepky. Conferir Brandist, Shepherd e Tihanov (2004: 224). Em russo: "Problema peradachi chuzhoi rechi: opyt sotsiolingvisticheskogo issledovaniia", *Dialog. Karnaval, Khronotop*, 2, 1995, p. 80, e Voloshinov (1973: 126, 142-6; 1995d: 340, 360-5). Sobre Reis e Kalepky, conferir Nerlich e Clarke (1996: 185-6, 199-201).

[25] Conferir Ash (1998: 118-34).

[26] Conferir Bühler (1919: 18).

[27] O russo "Slovo v zhizni i slovo v poezii" geralmente é traduzido como "O discurso na vida e o discurso na poesia", porque *slovo* frequentemente significa discurso e também palavra. Aqui, uso "palavra" para enfatizar a distinção entre o significado situacional e contextual de uma palavra.

[28] Conferir Voloshinov (1983: 10-13; 1995e: 65-9).

[29] Conferir Gardiner (1932: 71-82).

[30] Conferir Gardiner (1932: 4) e Bühler (1982: 148). Gardiner bem pode ser a conexão perdida entre a teoria bakhtiniana do enunciado e a teoria dos atos de discurso de Austin-Searle: tanto Gardiner como Voloshinov recorreram muito a Bühler, enquanto Austin conhecia o trabalho de Gardiner (embora respondesse negativamente a ele). Há outras conexões possíveis entre Bühler, Gilbert Ryle e Wittgenstein, sobre as quais conferir Nerlich e Clarke (1996: 356-9). É interessante observar que Bakhtin menciona Gardiner em uma relação de trabalhos que tinham alguma conexão com seu ensaio de 1960, "The problem of the text". Sobre isso, conferir o comentário dos editores ao ensaio "Problema teksta", em Bakhtin (1996c: 619). Entretanto, não é muito claro o grau de familiaridade de Bakhtin com o trabalho de Gardiner e sua referência pode ter sido simplesmente a um título que ele encontrou em outro lugar.

[31] Conferir Bühler (1927: 121-3; 1990: 137-57).

[32] O termo *Umfeld* tem origem na biologia construtivista de Jakob von Uexküll que teve influência, entre outros, sobre Ernst Cassirer; conferir Uexküll (1928).

[33] Conferir Cassirer (1957: 196-201).

[34] James Gibson apresentou uma solução realista convincente a esse problema: sobre isso, conferir Barry Smith (1999: 315-47).

[35] Conferir, por exemplo, a discussão sobre respostas socioespecíficas à fome, a qual exclui por completo a consideração das causas dessa fome: Voloshinov (1973: 88-9; 1995d: 304-5).

[36] Conferir Cassirer (1910: 458-9). A avaliação mais sistemática e positiva da "psicologia do pensamento" por um contemporâneo neokantiano foi o artigo de quarenta páginas de R. Hönigswald (1913: 205-45), no qual os membros da Escola de Würzburg receberam o crédito por confirmar experimentalmente *insights* kantianos chave. Sobre os debates alemães que cercavam a psicologia da Escola de Würzburg, conferir Kusch (1999); para um exemplo inicial da recepção kantiana russa da "psicologia do pensamento", conferir Losev (1999: 5-224).

[37] Aqui, Voloshinov identifica a mudança de Cassirer em direção a uma versão do neo-hegelianismo, mudança que não foi plenamente analisada até o final da década de 1960. Conferir Verene (1969: 33-48), mas geralmente agora se tornou aceita como central para o trabalho maduro de Cassirer.

[38] Conferir Brandist (1997: 20-7).

[39] Conferir Ermolaev (1963: 67-8).

[40] Conferir Cassirer (1995: 105-14).

[41] Deve-se notar que Einstein e Max Wertheimer foram amigos íntimos por muitos anos e é provável uma mútua influência. Conferir, por exemplo, Luchins e Luchins (1979: 165-202) e Wertheimer (1978: 213-33). A influência de Wertheimer pode ter sido um importante fator no afastamento de Einstein da epistemologia atomística de Ernst Mach, na década de 1930. Sobre isso, conferir Vucinich (2001: 148-9). Sobre as complexas relações entre a filosofia da ciência de Mach, fenomenologia e teoria da *Gestalt*, conferir Lübbe (1978: 90-118), Mulligan e Smith (1988: 124-57).

[42] Para discussão da defesa da "refração" de Medvedev de 1928, conferir a contribuição de Tihanov (2004: 51-62, 69). Vale a pena também observar que, de acordo com Alexander Vucinich, o historiador de ciência Boris Hessen, em livro publicado em 1927, de maneira semelhante, "pensava que seguia tanto Marx como Einstein quando afirmava que o sujeito era um prisma que refrata os cursos da percepção dos sentidos em seu caminho para um conhecimento socialmente articulado e estruturado e canais de pensamento"; conferir Vucinich (2001: 29).

[43] Citado em Berezin (1968: 104-5). A. A. Leont'ev observa que Baudouin desenvolveu a noção de que a linguagem só existe em suas manifestações individuais, em contradistinção à visão scheleriana então dominante da linguagem como um organismo: conferir Berezin (1968: 105-6). O ILIaZV era dominado por alunos de Baudouin de Courtenay, como Lev Scherba, Lev Iakubinski e Boris Larin, quando Voloshinov estudou ali: conferir a contribuição de Alpatov (2004: 76-8, 82-6).

[44] Conferir Voloshinov (1973: 65-8; 1995d: 279-81).

[45] Conferir Voloshinov (1973: 103-6; 1995d: 321-5).

[46] Conferir Bakhtin (1990: 32-3; 1994b: 35-6). Conferir também Erdmann (1910: 103-53). No primeiro esboço de *Marxism and the Philosophy of Language*, Voloshinov coloca os trabalhos de Erdmann ao lado dos de Bühler. Conferir Voloshinov (2004: 236-7; 1995a: 89). A natureza e importância da influência de Erdmann sobre Voloshinov precisam ser analisadas em outro artigo.

[47] Croce (1978: 13-14). Sobre a influência de Croce na noção do Círculo de Bakhtin sobre os gêneros discursivos, conferir Tihanov (2000: 99, n. 28). Bakhtin, de fato, cita exatamente essa passagem de Croce, sem agradecimentos, em algumas notas arquivais feitas em preparação para seu artigo "The problem of discursive genres", conferir Bakhtin (1996a: 273).

[48] Conferir, por exemplo, Iakubinski (1930: 80-92; 1931: 67-76). O desenvolvimento de Bakhtin da noção de discurso ou gênero discursivo certamente tem uma dívida para com os artigos de Iakubinski da década de 1930.

[49] Conferir Bakhtin (1986: 60-102; 1996b: 159-206).

[50] Bakhtin usa o termo "refração" (*prelomlenie*), mas em relação à passagem da intenção autoral por meio das vozes dos personagens. Conferir, por exemplo, Bakhtin (1981: 300; 1975: 112).

[51] Conferir Schumann e Smith (1985: 763-93).

[52] O trabalho de Reinnach com certeza era conhecido na Rússia. Shpet provavelmente teve contato pessoal com Reinach na Alemanha, enquanto Nikolai Volkov, colega de Shpet na GAKhN, endossou com entusiasmo trabalho de Reinach, incluindo seu principal artigo sobre "atos sociais" em uma publicação de 1926. Conferir Volkov (2000: 118-22).

[53] Conferir Bhaskar (1998: 38).

[54] Conferir Mulligan (1987).

REFERÊNCIAS

ALPATOV, V. Kniga Marksizm i filosofiia iazyka i istoriia iazykoznaniia. *Voprasy iazykoznaniia*, n. 5, 1995.

_____. Lingvisticheskoe soderzhanie knigi Marksizm i filosofiia iazyka. In: Bakhtin, M. M. *Tetralogiia*. Moscou: Labirint, 1998.

_____. The Bakhtin Circle and Problems in Linguistics. In: BRANDIST, C.; SHEPHERD, D.; TIHANOV, G. *The Bakhtin Circle*: in the Master's Absence. Manchester/New York: Manchester University Press, 2004, pp. 76-8, 82-6.

ASH, M. *Gestalt Psychology in German Culture 1890-1967*: Holism and the Quest for Objectivity. Cambridge: Cambridge University Press, 1998, pp. 118-34.

BAKHTIN, M. M. Slovo v romane. *Voprosy literatury i estetiki*. Moscou: Khudozhestvernnaia literatura, 1975, p. 112.

_____. Discourse in the novel. In: HOLQUIST, M. (ed.). *The Dialogic Imagination*. Trad. C. Emerson e M. Holquist. Austin: University of Texas Press, 1981.

_____. The problem of speech genres. In: EMERSON, C.; HOLQUIST, M. (ed.). *Speech Genres and Other Late Essays*. Trad. Vern W. McGee. Austin: University of Texas Press, 1986.

_____. Author and Hero in Aesthetic Activity. In: HOLQUIST, M.; LIAPUNOV, V. *Art and Answerability*: Early Philosophical Essays by M. M. Bakhtin. Trad. Liapunov e Kenneth Bronstrom. Austin: University of Texas Press, 1990.

_____. Toward a Philosophy of the Act. In: HOLQUIST, M.; LIAPUNOV, V. (ed.). *Art and Answerbility*: Early Philosophical Essays by M. M. Bakhtin. Trad. Liapunov. Austin: University of Texas Press, 1993.

_____. Avtor i geroi v esteticheskoi deiatel'nosti. In: *Raboty 1920-kh godov*. Kiev: Next, 1994a, pp. 105-9.

_____. K filosofii postupka. In: *Raboty 1920-kh godov*. Kiev: Next, 1994b.

_____. Arkhivnye materialy k "Probleme rechevykh zhanrov". In: BOCHAROV, S. G.; GOGOTISHVII, L. A. (ed.). *Sobranie sochinenii*, v. 5, 1996a.

_____. Problema rechevykh zhanrov. In: BOCHAROV, S. G.; GOGOTISHVII, L. A. (ed.). *Sobranie sochinenii*, v. 5, 1996b, pp. 159-206.

_____. Problema teksta. In: BOCHAROV, S. G.; GOGOTISHVII, L. A. (ed.). *Sobranie sochinenii*, v. 5, 1996c, p. 619.

BEREZIN, F. M. *Ocherki po istorii iazykoznaniia v Rossii (konets XIX-nachalo XX vekov)*. Moscou: Nauka, 1968.

BHASKAR, R. *The Possibility of Naturalism*. 3. ed. London: Routledge, 1998, p. 38.

BOCHAROV, S. G.; GOGOTISHVII, L. A. (ed.). *Sobranie sochinenii*, v. 5. Moscow: Russkie slovari, 1996.

BRANDIST, C. Bakhtin, Cassirer and Symbolic Forms. *Radical Philosophy*, n. 85, 1997.

_____; SHEPHERD, D.; TIHANOV, G. The Bakhtin Circle: in the Master's Absence. Manchester/New York: Manchester University Press, 2004.

BROCK, A. Karl Bühler: His Life and Work. Dissertação de PhD, York University, Canadá, 1994.

BÜHLER, K. *Gestalt-Wahrnehmung*: Experimentelle Unterschung. Stuttgart: Spemann, 1913.

_____. *Die Geistige Entwicklung des Kindes*. Jena: G. Fischer, 1918.

_____. Kritische Musterung der neureren Theorien des Satzes. *Indogermanisches Jahrbuch*, n. 6, 1919.

_____. Vom Wesen der Syntax. In: KLEMPERER, V.; LERCH, E. (ed.). *Idealistische Neuphilologie*: Festschrift für Karl Vossler. Heidelberg: Carl Winter, 1922.

_____. *Dukhovnoe razvitie rebenka*. Moscow: Novaia Moskva, 1924.

_____. *Die Krise der Psychologie*. Jena: G. Fischer, 1927.

_____. *Ausdruckstheorie:* Das System an der Geschichte aufgezeigt. Jena: Fischer, 1933.

_____. The Psychophysics of Expression of Wilhelm Wundt. In: WUNDT, W. *The Language of Gestures*. The Hague: Mouton, 1973.

_____. The Axiomatization of the Language Sciences. In: INNIS, R. Karl Bühler: Semiotic Foundations of Language Theory. New York/London: Plenum Press, 1982.

_____. *Theory of Language*: The Representational Function of Language. Trad. D. F. Goodwin. Amsterdam/Philadelphia: John Benjamins, 1990.

CASSIRER, E. *Substanzbegriff un Funktionsbegriff*. Berlim: Cassirer, 1910.

_____. "Spirit" and "Life" in Contemporary Philosophy. In: SCHLIPP, P. A. (ed.). *The Philosophy of Ernst Cassirer*. Evanston: Library of Living Philosophers, 1949.

_____. *The Philosophy of Symbolic Forms*, v. 1: Language. Trad. C. Hendel. New Haven/London: Yale University Press, 1955.

_____. *The Philosophy of Symbolic Forms*, v. 3: The Phenomenology of Knowledge. Trad. C. Hendel. New Haven/ London: Yale University Press, 1957.

CROCE, B. *Aesthetic*: As Science of Expression and General Linguistic. Trad. D. Ainsile. Boston: Nonparell Books, 1978, pp. 13-4.

ERDMANN, K. O. *Die Bedeutung des Wortes*: Aufsätze aus dem Grenzgebeit der Sprachpsychologie und Logik. Leipzig: Eduard Avenarius, 2. ed., 1910, pp. 103-53.

ERMOLAEV, H. *Soviet Literary Theories 1917-1934*. Berkeley: University of California Press, 1963.

ESCHBACH, A. (ed.). *Karl Bühler's Theory of Language*. Amsterdam/Philadelphia: John Benjamins, 1988.

FREIBERGER-SHEIKHOLESLAMI, E. Forgotten Pioneers of Soviet Semiotics. In: HERZFELD, K.; LENHART, M. (ed.). *Semiotics 1980*. New York/London: Plenum Press, 1982.

FRINGS, M. Husserl and Scheler: Two Views on Intersubjectivity. *Journal of the British Society for Phenomenology*, n. 9, 1978.

GARDINER, A. *The Theory of Speech and Language*. Oxford: Clarendon Press, 1932.

HEDWIG, K. Intention: Outlines for the History of a Phenomenological Concept. *Philosophy and Phenomenological Research*, v. 39, n. 3, 1979.

HÖNIGSWALD, R. Prinzipienfragen der Denkpsychologie. *Kant-Studien*, 18. Generalversammlung: Halle, Saale, 1913.

IAKUBINSKI, L. P. Klassovyi sostav sovremennogo russkogo iazyka: Iazyk krest'ianstva. *Literatunaia ucheba*, n. 4, 1930, pp. 80-92.

_____. Russkii iazyk v epokhu diktatury proletariata. *Literaturnaia ucheba*, n. 9, 1931.

INNIS, R. *Karl Bühler*: Semiotic Foundations of Language Theory. New York/London: Plenum Press, 1982.

_____. The Thread of Subjectivity: Philosophical Remarks on Bühler's Language Theory. In: ESCHBACH, A. (ed.). *Karl Bühler's Theory of Language*. Amsterdam: John Benjamins, 1988.

KAGAN, Iu. M. O starykh bumagakh iz semeinogo arkhiva (M. M. Bakhtin i M. I. Kagan). *Dialog. Karnaval. Khronotop*, n. 1, 1992.

KIESOV, K. Marty on Form and Content in Language. In: MULLIGAN, K. (ed.). *Mind, Meaning and Metaphysics*: The Philosophy of Anton Marty. Dordrecht: Kluwer, 1990.

KÖHLER, W. *Gestalt Psychologie*. New York: Liveright, 1974.

KUSCH, M. *Psychological Knowledge*: A Social History and Philosophy. London: Routledge, 1999.

LÄHTEENMÄKI, M. Vološinov and Cassirer: a Case of Plagiarism? *Historiographia Linguistica*, v. 29, n. 1/2, 2002.

LÊNIN, V. Materializm i empiriokrititsizm: Kriticheskie zametki ob odnoi reaktsionnoi filosofii. 5. ed. In: *Polnoe sobranie sochinenii*, v. 18. Moscow: Politicheskaia literatura, 1968.

LERCH, E. Typen der Worstellung. In: KLEMPERER, L.; LERCH, E. (ed.). *Idealistiche Neuphilologia*: Festschrift für Karl Vossler. Heidelberg: Carl Winter, 1922.

LERCH, G. Die uneigenlich direkte Rede. In: KLEMPERER, L.; LERCH, E. (ed.). *Idealistiche Neuphilologia*: Festschrift für Karl Vossler. Heidelberg: Carl Winter, 1922.

Losev, A. F. "Issledovaniia po filosofii i psikhologii myshleniia (1915-1919)". *Lichnost' i absoliut*. Moscou: Mysl', 1999.

Lübbe, H. Positivism and Phenomenology: Mach and Husserl. In: Luckmann, T. (ed.). *Phenomenology and Sociology*. Harmondsworth: Penguin, 1978.

Luchins, A. S.; Luchins, E. H. Introduction to the Einstein-Wertheimer Correspondence. *Methodology and Science*, n. 12, 1979.

Marty, A. Untersuchungen zur Grudlegung der allgemeinen Grammatik und Sprachphilosophie, v. 1. Halle: Max Niemeyer, 1908.

Max, W. Gestalt theory. In: Ellis, W. D. (ed.). *Source Book of Gestalt Psychology*. New York: Harcourt, Brace and Co., 1938.

Mulligan, K. (ed.). *Speech Act and Sachverhalt*: Reinach and the Foundations of Realist Phenomenology. Dordrecht: Nijhoff, 1987.

_____. On Structure: Bühler's Linguistic and Psychological Examples. In: Eschbach, A. (ed.). Karl Bühler's Theory of Language. Amsterdam/Philadelphia: John Benjamins, 1988.

Mulligan, K.; Smith, B. Mach and Ehrenfels: The Foundations of Gestalt Theory. In: Smith, B. (ed.). *Foundations of Gestalt Theory*. Munique: Philosophia, 1988.

Nerlich, B.; Clarke, D. D. *Language, Action, and Context*: The Early History of Pragmatics in Europe and America, 1780-1930. Amsterdam: John Benjamins, 1996.

Peterson, M. P. "Iazyk kak sotsial'noe lavlenie", *Institut iazyka i literatury, Uchenye zapiski*, 1, Moscou, ranion, 1927, pp. 5-21.

Pléh, C. Two Conceptions on the Crisis of Psychology: Vygostsky and Bühler. In: Eschbach, A. (ed.). *Karl Bühler's Theory of Language*. Amsterdam: John Benjamins, 1988, pp. 407-14.

Poleva, N. S. Vnutrenniaia forms khudozhestvennogo proizvedeniia kak predmet nauchnogo issledovaniia. In: Martsinkovskaia, T. D. (ed.). *Gustav Gustavovich Shpet*: Arkhivnye materialy, vospominaniia, stat'i. Moscou: Smysl, 2000.

Poole, B. Bakhtin and Cassirer: the Philosophical Origins of Bakhtin's Carnival Messianism. *South Atlantic Quarterly*, v. 97, n. 3/4, 1998, pp. 537-78.

_____. From Phenomenology to Dialogue: Max Scheler's Phenomenological Tradition and Mikhail Bakhtin's Developement from *Toward a Philosophy of the Act* to his Study of Dostoevsky. In: Hirschkop, K.; Shepherd, D. (ed.). *Bakhtin and Cultural Theory*. 2. ed. Manchester: Manchester University Press, 2001, pp. 109-35.

Reinach, A. The a Priori Foundations of Civil Law. Trad. J. F. Crosby. *Aletheia*, n. 3, 1983, pp. 1-142.

Ries, J. *Was ist ein Satz?* Beiträge zur Grundlegung der Syntax III. Praga: Taussig & Taussig, 1931.

Ruben, D. *Marxism and Materialism*: A Study in Marxist Theory of Knowledge. Brighton: Harvester Press, 1979, p. 176.

Scheler, M. *Formalism in Ethics and Non-Formal Ethics of Value*. Trad. M. Frings. Evanston, IL: Northwestern University Press, 1973, pp. 139-40.

Schumann, K.; Smith, B. Against idealism: Johannes Daubert vs. Husserl'Ideas I. *Review of Metaphysics*, n. 39, 1985, pp. 763-93.

Schutz, A. Scheler's Theory of Intersubjectivity and the General Thesis of the Alter Ego. In: *Collected Papers*, v. 1. The Hague: Nijhoff, 1973.

Smith, B. Gestalt Theory: an Essay in Philosophy. In: _____ (ed.). *Foundations of Gestalt Theory*. Munique: Philosophia, 1988, p. 47.

_____. Towards a History of Speech Act Theory. In: Burkhardt, A. (ed.). *Speech Acts, Meaning and Intention: Critical Approaches to the Philosophy of John R. Searle*. Berlin/New York: de Gruyter, 1990.

_____. *Austrian Philosophy*: The Legacy of Franz Brentano. Chicago: Open Court, 1996, p. 254.

_____. Les objects sociaux. *Philosophiques*, v. 26, n. 2, 1999, pp. 315-47.

Tihanov, G. Voloshinov, Ideology and Language: the Birth of Marxist Sociology from the Spirit of Lebensphilosophie. *South Atlantic Quarterly*, v. 97, n. 3/4, 1998.

_____. *The Master and the Slave*: Lukács and the Idea of their Time. Oxford: Clarendon Press, 2000.

_____. Seeking a "Third way" for Soviet Aesthetics: Eurasianism, Marxism, Formalism. In: Brandist, C.; Shepherd, D.; Tihanov, G. (ed.). *The Bakhtin Circle*: in the Master's Absence. Manchester/New York: Manchester University Press, 2004.

Ushakov, D. N. Kratkii ocherk delatel'nosti lingvisticheskoi sektsli nauchno-issledovatel'skogo instituta iazyka i literatury. In: Neroznak, V. P. (ed.). *Sumerki lingvistiki*: iz istorii otechestvennogo iazykoznaniia. Antologiia. Moscow: Academia, 2001.

Uexküll, J. von. *Theoretische Biologie*. Berlim: J. Springer, 1928.

Verene, D. "Kant, Hegel e Cassirer: the origins of the philosophy of symbolic forms", *Journal of the History of Ideas*, n. 30, 1969.

Volkov, N. N. Tri pis'ma iz Freiburga: Pis'mo pervoe. In: Chubarov, I. M. (ed.). *Antologiia fenomenologicheskoi filosofii v Rossii*, v. 2. Moscow: Logos and Progress-Traditsiia, 2000, pp. 118-22.

Voloshinov, V. N. O granitsakh poetiki i lingvistiki. In: Desnitskii, V. A.; Iakovlev, N.; Tsyrilin, L. (ed.), *V bor'be za markzism v literaturnoi nauke*: Sbornik statei. Leningrado: Priboi, 1930.

_____. *Marxism and the Philosophy of Language*. Trad. L. Matejka e I. R. Titunik. Cambridge: Harvard University Press, 1973.

_____. *Freudianism*: A Marxist Critique. Trad. I. R. Titunik. Londres: Academic Press, 1976.

_____. Discourse in Life and Discourse in Poetry. Trad. N. Owen. In: Shukman, A. (ed.). *Bakhtin School Papers*. Russian Poetics in Translation, v. 10. Oxford: RTP Publications, 1983.

_____. Otchet aspiranta V. N. Voloshinova za 1927-1928 god. In: *Dialog. Karnaval. Khronotop*, n. 2, 1995a, pp. 87-8.

_____. Lichnoe delo V. N. Voloshinova. In: *Dialog. Karnaval. Khronotop*, n. 2, 1995b, p. 75.

_____. Freidizm: Kriticheskii ocherk. In: *Filosofiia i sotsiologiia gumanitarnykh nauk*. St. Petersburg: Asta Press, 1995c.

_____. *Marksizm i filofiia iazyka*. Filosofiia i sotsiologiia gumanitarnykh nauk. St. Petersburg: Asta Press, 1995d.

_____. *Slovo v zhizni i slovo v poezii*. Filosofiia i sotsiologiia gumanitarnykh nauk. St. Petersburg: Asta Press, 1995e.

_____. The Problem of the Transmission of Alien Discourse: an Essay in Sociolinguistic Research. In: Brandist, C.; Shepherd, D.; Tihanov, G. *The Bakhtin Circle*: in the Master's Absence. Manchester/New York: Manchester University Press, 2004, pp. 223-6.

_____. Report on Work as a Postgraduate Student, 1927/28. In: Brandist, C.; Shepherd, D.; Tihanov, G. *The Bakhtin Circle*: in the Master's Absence. Manchester/New York: Manchester University Press, 2004, p. 232-3.

Vucinich, A. *Einstein and Soviet Ideology*. Stanford: Stanford University Press, 2001.

Vygotskii, L. S. The Historical Meaning of the Crisis in Psychology: a Metodological Investigation. Trad. René van der Veer. In: Reiber, R. W.; Wollock, J. (ed.). *The Collected Works of L. S. Vygotsky*, v. 3. New York/London: Plenum Press, 1997.

_____. Preface to Bühler. *Collected Works of L. S. Vygotsky*, v. 3. Dordrecht: Kluwer Academic, 1997.

Vucinich, A. *Einstein and Soviet Ideology*. Stanford: Stanford University Press, 2001.

Wegener. Grundfragen der Sprachforschung. *Literarisches Centralblatt*, n. 12, 1902.

Wertheimer, M. Gestalt theory. In: Ellis, W. D. (ed.). *Source Book of Gestalt Psychology*. New York: Harcourt, Brace and Co., 1938.

_____. *Productive Thinking*. Westport: Greenwood Press, 1978.

Wundt, W. *The Language of Gestures*. The Hague: Mouton, 1973a.

_____. *Theory of Language*. The Hague: Mouton, 1973b.

O direito e os gêneros do discurso: a teoria da linguagem do Círculo de Bakhtin e a fenomenologia da razão

Embora o Círculo de Bakhtin tenha muito pouco a dizer sobre o direito, a filosofia jurídica permeia seu trabalho, desde teoria do romance até a concepção bakhtiniana da interação discursiva. Esta última, que se tornou um ponto-chave para a teoria cultural, será o foco neste texto. A razão pela qual essa influência não fica evidente é que ela foi refratada por meio de um grupo de filosofias neokantianas e neoescolásticas que já haviam aplicado os princípios do raciocínio jurídico, principalmente como foram elaborados na filosofia alemã do direito a algumas das mais importantes áreas desenvolvidas pelo Círculo de Bakhtin posteriormente. O Círculo estava, contudo, bem ciente do *background* jurídico ao seu pensamento, como pode ser visto pelo endosso inicial de Bakhtin à doutrina da Escola de Marburg de que a jurisprudência é a "matemática" das ciências humanas (Pumpianski, 1992: 235). Matvei Kagan havia estudado com Hermann Cohen em Marburg e, por isso, o Círculo tinha conhecimento direto do corrente pensamento jurídico-filosófico alemão, enquanto recente trabalho arquival mostra que Voloshinov também estava familiarizado com a filosofia jurídica de Marburg.[1] Além disso, uma das principais áreas de desenvolvimento para o neokantismo na Rússia foi precisamente a área da filosofia do direito, com Pavel Novgorodtsev, Bogdan Kistiakovski e Sergius Hessen como algumas das mais notáveis figuras envolvidas (Vucinich, 1976: 125-52; Walicki, 1987; Saval´skii, 1908). Os dois últimos realmente estudaram sob a orientação dos neokantianos alemães, com Hessen

---

* Este artigo foi publicado pela primeira vez na coletânea organizada por C. Brandist, F. Bostad, L. E. F. Evensen e H. C. Faber, *Bakhtinian Perspectives on Language and Culture: Meaning in Language, Art and New Media*, England, Palgrave Macmillan, 2005, pp. 23-45. O título em inglês é "Law and the Genres of Discourse: The Bakhtin Circle's Theory of Language and the Phenomenology of Right".

estudando com Cohen e Paul Natorp, ao mesmo tempo que Kagan. Finalmente, Pavel Medvedev graduou-se em Direito na Universidade de São Petersburgo, na qual diversos proeminentes neokantianos russos lecionaram.

Entretanto, como sabemos atualmente, o Círculo não recorreu exclusivamente às fontes neokantianas e, na verdade, algumas das principais fontes de suas ideias vieram de uma tradição fundamentalmente hostil ao idealismo neokantiano: as várias derivações do trabalho de Franz Brentano. Esse filósofo havia desenvolvido uma ontologia aristotélica, na qual a mente se "alimenta" com o mundo empírico, inferindo categorias formais dos encontros com objetos putativos. Algumas das figuras que desempenharam importante papel na formulação da teoria bakhtiniana, quer direta ou indiretamente, foram pensadores ontológicos: Karl Stumpf, Edmund Husserl, Max Scheler, Gustav Shpet, Anton Marty e Karl Bühler. Dentre eles, o primeiro foi fundamental em delinear a forma pela qual o legado de Brentano foi transformado em uma filosofia dos *Sachverhalte* (estados de coisas), a estruturada "forma pela qual os objetos permanecem unidos", onde a mente tem acesso (Wittgenstein, 1922: SS. 2.027-2.063). Crucial a esse respeito, como veremos, pode bem ter sido o treinamento de Stumpf em "instituições e pandectas, na história do direito romano e alemão" (Stumpf, 1961: 391). Mais tarde, a teoria brentaniana voltaria para o direito, por meio da inicial revisão de Husserl da ontologia de Stumpf, no trabalho de William Schapp, Adolf Reinach e do filho de Edmund Husserl, Gerhart Husserl. No caso de Reinach e G. Husserl, isso levou a elaboradas análises das relações entre as formas de representação linguística e o processo jurídico (Smith, 1978: 429; Reinach, 1983). Embora pareça que esses trabalhos não fossem conhecidos pelo Círculo de Bakhtin, Reinach certamente teve influência sobre Scheler que influenciou Bakhtin diretamente. Desse modo, mesmo naquelas áreas em que as abstrações do neokantismo haviam feito pouco avanço e que os brentanianos antikantianos haviam transformado em seu próprio campo, persistiu uma estrutura jurídica comum que facilitou a fusão procurada pelo Círculo de Bakhtin.

JURISPRUDÊNCIA E FILOSOFIA ALEMÃS

Para compreender por que essa estrutura foi adotada por ambas as tendências filosóficas, devemos considerar as características específicas da filosofia jurídica alemã. Diferente do direito inglês, a codificação das leis alemãs, especialmente o Código Civil (*Bundesgesetzbuch*, doravante BGB), promulgado em 1896, prosseguiu ao longo de linhas altamente teorizadas, em uma tentativa de retratar a sociedade de maneira correta, completa e objetiva a partir de cima. A cultura jurídica alemã era desprovida de um direito privado unificado, um judiciário centralizado e um estrato de advogados praticantes organizado e poderoso. Em seu lugar, presidiam professores distantes e teóricos que encontraram seu lar na assim chamada escola pandectista, que criou a estrutura conceitual para o BGB. Zweigert e Kötz caracterizam a concepção pandectista do sistema jurídico como:

> Uma fechada ordem de instituições, ideias e princípios desenvolvida a partir do direito romano: era preciso apenas aplicar métodos lógicos ou "científicos" para chegar à solução de qualquer problema jurídico. Desse modo, as aplicações do direito tornaram-se um processo meramente "técnico", um tipo de "matemática" que obedece apenas à necessidade lógica de conceitos abstratos e que não tem nada a ver com razões práticas, com juízos de valor sociais ou com considerações éticas, religiosas, econômicas ou políticas. (Zweigert; Kötz, 1987: 146)

Essa caracterização não é incomum. Um trabalho padrão alemão descreve o BGB como "a máquina de calcular jurídica *par excellence*" (Zweigert; Kötz, 1987: 146, 151). É bem fácil ver como essa tradição do pensamento jurídico poderia levar à descrição de Marburg da jurisprudência como a "matemática" das ciências humanas, mesmo se eles rejeitassem o espírito positivista dos pandectistas. Central à remodelação de Marburg foi a distinção *a priori* entre o "É" e o "Deve", com o primeiro significando o direito positivo, fatos sociais e a moralidade social prevalente e o segundo, os valores que o direito deve incorporar e implementar. A jurisprudência torna-se a matemática do "Deve", ou o que Rudolf Stammler (1925) chamou de "direito legítimo". Esse projeto foi conduzido na Rússia por Novgorodtsev, cujos primeiros livros foram uma tentativa de forjar um acordo entre a escola pandectista e a tradição do direito natural que ele mais tarde reformulou de acordo com um neokantismo claramente marburguiano (Novgorodtsev, 1896).

No entanto, embora o esquema pandectista pudesse ser ajustado para se adaptar a um formalismo neokantiano, sua compatibilidade com o impulso antiformalista do neoescolasticismo brentaniano era menos óbvia. O trabalho de Kevin Mulligan, Karl Schuhmann, Barry Smith e outros abriu essa área para a análise de uma maneira que tem muitas implicações para nosso entendimento do Círculo de Bakhtin em um contexto intelectual. A ligação foi estabelecida pelo objetivo exaustivamente descritivo do BGB, formulado "como situado em uma relação de projeção a uma ordem jurídica independentemente existente, os dispositivos individuais do código espelhando complexos jurídicos correspondentes no mundo do comportamento humano". Aqui, o *a priori* não é um princípio kantiano de razão a ser aplicado ao mundo empírico, mas uma característica inerente à estrutura do próprio mundo empírico. As relações de necessidade, exclusão, compatibilidade, indiferença e outras são vistas como características *a priori* dos atos humanos. Assim, por exemplo, o roubo necessita da obtenção da propriedade de outro e exclui o estabelecimento prévio de uma relação de propriedade entre quem rouba e seu objeto roubado. O código jurídico, desse modo, torna-se um catálogo de elementos possíveis do mundo jurídico que é conceitualmente, mas não de modo material, uma camada isolável da realidade (Smith; Mulligan, 1981: 22).

Uma diferença importante entre as recepções fenomenológica e neokantiana da filosofia jurídica alemã foi a aceitação irrestrita, pela primeira, de uma versão neutralizada do objeto desta filosofia: o *Sachverhalt* (*estado de coisas*). Como explica Peter Simons, os "fatos juridicamente neutros" de um incidente constituem um fato (*Tatbestand*), mas, quando "caem sob a lei", eles se tornam um caso (*ein Fall*) e os fatos desse caso, "conforme classificados sob determinações jurídicas (ex.: um tipo de delito) constituem um *Sachverhalt*". Desse modo, "quem é culpado, quem deve pagar etc. depende do *Sachverhalt* e não (diretamente) do fato (*Tatbestand*)" (Simons, 1992: 331-2). O que conta é a relação jurídica entre *Rechtssubjekte* (*sujeito jurídico*) ou entre o *Rechtssubjekte* e o *Rechtsobjekte* (*objeto jurídico*), na qual os direitos e obrigações decorrentes de uma disposição legal prevista na lei se cruzam. Isso é chamado de *Rechtsverhältnis (relação de direito)*.[2] Assim, somente os *Sachverhalt* podem ser objeto de juízo; os fatos ou eventos, em si mesmos, não constituem objetos legítimos. Stumpf seguiu essa linha de pensamento e distinguiu entre o conteúdo específico de um juízo (*Sachverhalt*) e o conteúdo de uma apresentação (matéria). Em *Logical Investigations* (*Investigações lógicas*), Husserl desenvolveu ainda mais essa linha de pensamento, distinguindo entre o conteúdo imanente de um ato de juízo, a qualidade (força) desse ato, e o *Sachverhalt,* como um alvo transcendente ou juízo-correlato objetual. Onde atos de apresentação têm seu correlato objetual, talvez uma coisa ou ideia, os atos de juízo têm um *Sachverhalt*. O conteúdo imanente pode ser tomado como uma espécie, a qual é chamada de conteúdo ideal, e isso pode ser colocado linguisticamente como o significado de uma expressão. Além disso, atos de juízo e apresentação são ainda mais distintos:

> Não apenas pela presença de um momento de afirmação ou crença, mas também – no nível do que poderíamos chamar de "gramática mental" – por uma *forma* especial ("proposicional"). Um juízo deve... ter um certo tipo especial de complexidade interna que se expressa linguisticamente na forma de uma oração e é refletida ontologicamente na forma dos *Sachverhalte*. A expressão de um juízo deve, por exemplo, admitir modificações de tempo e aspecto e também modificação por operadores lógicos, tais como negação, conjunção etc., bem como por operadores como "é o caso que", "é possível que", "é necessário que", "penso que" e assim por diante. (Smith, 1989: 61-2)

As diferentes escolas do neokantismo geralmente rejeitaram a noção do *Sachverhalt* como o correlato objetual de um juízo, argumentando que juízo e cognição são sinônimos. Para Cohen, líder da escola de Marburg, por exemplo, juízos são a única maneira pela qual o ser pode ser postulado (Cohen, 1902: 6-12). Emil Lask, principal teórico do direito da Escola de Baden e autor de *The Doctrine of Judgement* (1912) (*A doutrina do juízo*), argumentou que a cognição desmembra o objeto da experiência em fragmentos de significado que são compostos no ato do juízo: cognição e juízo são momentos de um único processo. O objeto da cognição é, em ambos os casos, produzido pelo e no pensamento, no próprio processo da cognição, com o objeto transcendente (o mundo empírico) tornando-se incognoscível. Os neokantianos, portanto, não tinham nenhuma inclinação a produzir uma concepção detalhada da estrutura dos conteúdos perceptuais como uma forma distinta da estrutura do juízo do tipo que ocupava os fenomenologistas e isso tornou seu trabalho estratosfericamente abstrato. Embora mantendo a teoria neokantiana da cognição, Bakhtin, nos primeiros textos, voltou-se para a fenomenologia para superar essa tendência à abstração e ao "teoretismo".

Do neokantismo à fenomenologia e de volta novamente

Na década de 1920, a quase obsessiva invocação de Bakhtin do "concreto" estava longe de ser inédita entre os neokantianos. Quando a segunda década do século xx começou, a influência da fenomenologia era sentida dentro do próprio neokantismo, resultando em uma virada de direção a uma descrição detalhada. Muito afetado por isso foi Lask, teórico da escola de Baden, elogiado pelo jovem Georg Lukács por seu trabalho sobre historicização e particularização da cognição filosófica, tudo "fundamentado por uma direção comum: a tendência à concretude" (Lukács, 1918: 350). Entretanto, a influência também é detectável no trabalho de Natorp e Cassirer (Kaufmann, 1949). Reciprocamente, o desenvolvimento de Husserl após *Investigations* foi em uma direção distintamente neokantiana, bastante rejeitada pelos fenomenologistas de Munique, mas aprovada por Cassirer. Bakhtin, ao que parece, foi pouco afetado pelo desenvolvimento posterior de Husserl, mas fortemente afetado pela mudança no neokantismo. O fenomenologista que particularmente chamou a atenção de Bakhtin foi Max Scheler, um fenomenologista não ortodoxo, cujos belicosos artigos da época da guerra glorificando o "Gênio da

Guerra" tornou-o a força diretriz na filosofia alemã no início da década de 1920 e decisivamente inclinou a balança das forças filosóficas a favor da fenomenologia. Scheler defendia que a fenomenologia era uma nova *Lebensphilosophie* (*filosofia da vida*), em oposição às filosofias acadêmicas mortas, das quais o neokantismo era o principal representante. Certamente, muitos neokantianos seguiram a direção de Scheler no sentido de colocar a filosofia em apoio à causa da *Kultur* alemã contra a *Zivilization* ocidental e o "barbarismo" eslávico da época (embora em termos menos violentos), e isso contribuiu muito para transformar a agenda da filosofia alemã.[3] É significativo que o próximo corroborador da filosofia de Marburg, o letão Nicolai Hartmann, tenha sido aluno de Cohen e Natorp, mas tenha se tornado um discípulo crítico de Scheler, e Hartmann, por sua vez, tenha sido sucedido por Heidegger.[4] Hartmann não apenas compartilhava boa parte da filosofia de Scheler, mas também muito de suas (e de seu sucessor) opiniões políticas reacionárias, tornando-se uma referência no fanaticamente nacionalista *Deutsche Philosophische Gesellschaft* (Sluga, 1993: 157-61). Na década de 1920, Bakhtin também foi influenciado por Hartmann (Poole, 2001), embora não exista nenhuma indicação de que o primeiro simpatizasse ou estivesse ao menos familiarizado com as opiniões políticas do último. O ponto importante é que fatores políticos e puramente filosóficos estavam subjacentes à hegemonia da fenomenologia, agora vista como "*a Lebensphilosophie* acadêmica", sobre o neokantismo bastante abstrato da Alemanha, na década de 1920 (Kusch, 1995: 227ff; Hollowell, 1946: 87-106),[5] e isso também é verdadeiro na Rússia. Após a Revolução de 1905, a Guerra Mundial, as revoluções de 1917 e a Guerra Civil, simpatizantes idealistas como o Círculo de Bakhtin sentiram agudamente a necessidade de se voltar para a concretude da "vida".[6] Essa é a agenda que Bakhtin estabelece em *Toward a Philosophy of the Act* (*Para uma filosofia do ato responsável*) e de muitas maneiras ela motiva toda a sua obra. A associação de três membros do Círculo de Bakhtin, Bakhtin, Pumpianski e Iudina, ao grupo maçônico *Voskresen'e*, de tendência esquerdista, é mais um testemunho de sua necessidade de se tornar culturalmente efetivos na vida da sociedade de Leningrado.[7] Outros membros do Círculo até se tornaram marxistas não ortodoxos, mas sinceros, em meados da década de 1920 e o marxismo parece ter sido um importante ponto de referência para o Círculo como um todo. Para filósofos que vinham da tradição da Escola de Marburg, com certos traços abertamente orientados na direção do "socialismo ético", a necessidade de concretude foi sentida de forma especialmente aguda no reino da ética. Foi nesse reino que Scheler e Hartmann deram sua principal contribuição e nele começou o trabalho do Círculo de Bakhtin.

A ascensão da fenomenologia levou a uma mudança decisiva em direção aos aspectos descritivos da filosofia jurídica alemã, em lugar do logicismo abstrato valorizado pelos neokantianos. Bakhtin ataca a "moralidade tipo lei" da ética kantiana e busca superar essas ideias desincorporadas, esse "teoretismo", reunindo o significado-conteúdo de um ato com o momento de sua execução. Nisso, Bakhtin encontra um aliado parcial no marxismo, no qual a "consciência da execução do ato" pode "orientar a si mesma", embora objetando sua supressão da dicotomia *é/deve*, central ao neokantismo (Bakhtin, 1994a: 25). Assim como Cassirer e Lask, ele incorporou aspectos significativos da fenomenologia em seu trabalho, mas não foi capaz de aceitar a categoria do *Sachverhalt* sem revisões fundamentais.[8] De fato, Bakhtin estabeleceu um equivalente neokantiano do *Sachverhalt* fenomenológico que ele chama de "evento de ser" (*sobytie bytiia*). Aqui, ele é âmbito (*krugozory*), esferas de juízo e constituição do objeto que se intersectam, em vez de órbitas ontológicas como tal. Entretanto, a nova categoria herda as propriedades ético-jurídicas do *Sachverhalt*. Com isso, muitas das categorias fenomenológicas derivadas da filosofia brentaniana, tais como os atos cognitivos e a intencionalidade, puderam ser apropriadas e revistas em um espírito neokantiano. Nesse retrabalho, o ato intencional torna-se a realização ou "incorporação" de um sentido objetivamente válido (*smysl*) na "vida", tornando-o significante/válido (*znachimyi*).[9] A intuição eidética torna-se visão estética (*vídenie*), na qual colocar um evento sob leis estéticas determina "o reflexo do sentido na existência" (Bakhtin, 1996c: 180; 1995: 115).* Nesse ato criativo, não é o *que* é expresso (representado) que é significativo (*znachimyi*), mas a "maneira e modalidade, a lei interna da própria expressão. Nessa lei da formação e, consequentemente, não em proximidade com o imediatamente dado, mas em progressivo *afastamento* dele, está o caráter específico da linguística como formação artística" (Cassirer, 1955: 189). Essa "lei da formação" neokantiana passa a reger a concepção posterior de Bakhtin da interação discursiva. O trabalho inicial de Bakhtin, assim, deixa as abstrações da filosofia neokantiana e abraça o método descritivo da fenomenologia, mas, então, traduz a fenomenologia de novo para um paradigma de valores e validade. Isso se torna possível pela estrutura jurídica comum das filosofias, mas a teoria decorrente está constantemente sujeita a tensão, resultante de suas respectivas orientações opostas.

---

* N. O.: A tradução em português encontra-se em "O autor e a personagem na atividade estética", em M. M. Bakhtin, *Estética da criação verbal*, 4. ed., trad. Paulo Bezerra, São Paulo, Martins Fontes, 2003, p. 105.

DO ATO ESTÉTICO AO ATO DISCURSIVO

Inicialmente, Bakhtin não dá muita atenção à linguagem como tal, está fundamentalmente preocupado com as leis que governam a atividade estética. No ensaio "O autor e a personagem na atividade estética", Bakhtin inaugura um processo no qual é apresentado um conjunto característico de práticas autorais e a presença ou ausência de tais características na prática de certos escritores é considerada como constituindo seu valor *estético*. Ao chegar a esse juízo, Bakhtin divide as práticas em legítima e ilegítima, transformando a tipologia da interação intersubjetiva de Scheler (1954) em uma exposição de como o autor da literatura narrativa se relaciona com seu pretendido objeto de juízo (que não mais é distinto do objeto da apresentação) (Poole, 2001). Esse ato de juízo é o ato da produção do herói e seu mundo da imagem, o qual é um paradigma para a produção do mundo conhecido. A imagem do herói é fundamentalmente estruturada de acordo com a "maneira e modalidade" da relação do autor com ele e Scheler é útil, na medida em que fornece uma sutil tipologia da interação intersubjetiva que serve de modelo para essa modalidade. Os atos catalogados tornam-se o processo que faz surgir instâncias específicas de forma narrativa, mas essa correlação é governada por leis *a priori*. Enquanto para Scheler as leis *a priori* derivam dos *Sachverhalte* postulados, julgados ou conhecidos, para Bakhtin elas são princípios objetivamente válidos que governam a estética como uma região da cultura e são realizados nos atos estéticos. Essa "lei" estipula os direitos e obrigações, tanto do autor como do herói. O autor tem o dever de se engajar em uma fusão condicional de perspectivas com o herói, antes de um "retorno" a seu lugar único do ser a partir do qual ele concede inteireza. Deixar de observar essa lei resulta em uma violação aos direitos da personalidade "jurídica" do herói ou em uma abdicação da responsabilidade autoral. Essas práticas ilegítimas são modeladas na noção de Scheler sobre os modos idiopático e heteropático de interação. No primeiro caso, o autor impõe sua própria perspectiva, reduzindo o herói a um objeto sem voz e transformando o trabalho artístico em algo semelhante a um tratado. No segundo, o autor está tão inebriado com o herói que não é capaz de encontrar uma posição externa estável a partir da qual outorgar inteireza artística ao herói, tornando este último esteticamente inconvincente ou transformando a relação autor-herói em uma relação ética.

Essa última violação resulta do afastamento incompleto do herói do "evento aberto do ser" ou vida. Esse afastamento é constitutivo da estética como tal e Dostoiévski torna-se o principal exemplo dessa "crise de autoria". No estudo de 1929 sobre Dostoiévski, Bakhtin, no entanto, não vê mais o trabalho desse autor como esteticamente falho, mas como uma nova forma de romance democrático, no qual o autor não mais julga os heróis como objetos de uma lei abstrata, teorizada. Bakhtin quase obsessivamente transmite a mensagem de que o herói não é mais, de modo algum, um objeto, mas um sujeito com plenos direitos, um *Rechtssubjekt*. Os heróis tornam-se formalmente sujeitos iguais de uma lei que é imanente às relações entre as próprias pessoas: o romance polifônico. Significativamente, entretanto, o herói dostoievskiano não é mais uma "imagem objetiva mas um discurso pleno (*slovo*), uma *voz pura*; não o vemos nem o ouvimos" (Bakhtin, 1994b: 52; 1984: 53):* a interação entre "pessoas" que veem, atuam, existindo em diferentes planos, torna-se agora uma interação entre discursos intencionalmente induzidos que compartilham um único plano dentro do romance. A estilística e a linguística tradicionais são criticadas por limitar sua atenção às relações entre o discurso e seu objeto (atos de juízo e nominação) e ignorar as relações entre o próprio discurso de alguém e o de outra pessoa (*chuzhoe slovo*) (1994b: 83-5; 1984: 185-7).** Os encontros discursivos colocam os interlocutores como testemunhas e juízes simultâneos dos atos discursivos de outros. O tema torna-se meramente um expediente para facilitar esses encontros entre *Rechtssubjekte,* os quais são equivalentes aos *Sachverhalte* e estão, desse modo, abertos ao juízo. Entretanto, com a palavra autoral e a dos heróis no mesmo nível, deixa de haver qualquer base a partir da qual adjudicar entre a palavra do herói e o mundo ali representado: qualquer tentativa de fazê-lo estaria sujeita a uma regressão de recursos potencialmente infinita. Essa habilidade de fugir do juízo final é o que Bakhtin chama de "evasiva" (*lazeika*), ou seja, "o recurso usado pelo herói para reservar-se a possibilidade de mudar o sentido (*smysl*) último e definitivo de seu discurso" (1994b: 136; 1984: 233).***

DO ATO DISCURSIVO AO GÊNERO DISCURSIVO

Entre "O autor e a personagem estética" e *Dostoiévski* há um desenvolvimento crucial: a formulação discursiva das relações intersubjetivas. Nisso, os outros membros do Círculo desempenharam papel importante. Primeiro foi Valentin Voloshinov, cujo encontro com a psicologia brentaniana levou a um engajamento com a teoria da

---

* N. O.: A tradução em português está em M. M. Bakhtin, *Problemas da poética de Dostoiévski*, 4. ed., trad. Paulo Bezerra, Rio de Janeiro, Forense Universitária, 2008, p. 60.

** N. O.: Em português, está em *Problemas da poética de Dostoiévski*, 2008, pp. 211-4.

*** N. O.: Em português, está em *Problemas da poética de Dostoiévski*, 2008, p. 269.

linguagem de Anton Marty e Karl Bühler.[10] Essas figuras haviam se afastado da noção "monológica" de Husserl de que atos que outorgam sentido são atos nominais dirigidos aos objetos e atos de juízo dirigidos aos *Sachverhalte*.[11] O primeiro havia estabelecido a ideia da primazia da função "provocadora" (*Auslösung*) do uso da linguagem, argumentando que um orador visa a provocar (*auslösen*) no ouvinte um juízo ou emoção de um determinado tipo. Isso se torna, então, a base para tentar redescrever a noção de Humboldt da "forma interna" da linguagem, de modo que ela constitui desvio do morfema pretendido de uma palavra, expressa com a intenção de desencadear um juízo.[12] Bühler revisou então a função "provocadora" de Marty de modo que em vez de um juízo, o orador visa a desencadear um ato de resposta do ouvinte, e isso se torna a "direção (*Steuerung*) recíproca de comportamentos significativos de membros de uma comunidade" (Bühler, 1927: 21). Bühler também desenvolveu a noção do evento do discurso (*Sprechereignis*) (mais tarde, o ato do discurso (*Sprechakt*)), de forma que ele se tornou uma unidade *Gestáltica* com "momentos" de representação (*Darstellung*), intimação (*Kundgabe*) e provocação. Mais tarde isso foi denominado "modelo *organon*" do discurso, o qual teve significativa influência, entre outros, na Escola de Praga e Roman Ingarden. Bühler estava combinando o que ele via como teorias unilaterais desenvolvidas por Husserl, Wilhelm Wundt[13] e Marty, respectivamente, de modo que o significado de uma palavra deve ser inferido ativamente a partir de sua relação intencional com o que ele chamou de campos dêitico e simbólico no qual ela é colocada. Bühler construiu sua teoria da linguagem sobre a noção escolástica do signo como *aliquid stat pro aliquo*, algo que simboliza outra coisa, e esse é também o ponto de partida de *Marxism and the Philosophy of Language,* de Voloshinov. Já em 1923, Bühler havia seguido Heinrich Gomperz ao investigar paralelos entre linguística e representação jurídica (*Darstellung* e *Stellvertretung,* respectivamente), concluindo que esses paralelos são parciais e devem ser traçados muito cuidadosamente (Bühler, 1923: 286ff). Em 1934, ele ainda sustentava que existem certos paralelos entre as duas, mas, mais importante, insistia que, na linguagem prática, "orações são formulações linguísticas de estados de coisas (*Sachverhalte*) palpáveis fora da linguagem". Aqui, Bühler criticava Cassirer e outros neokantianos por anular a possibilidade de "*coordenações mediadas indiretas*" entre linguagem e *Sachverhalte* (Bühler, 1990: 48, 215-6).

Tais considerações também estão subjacentes à insistência de Voloshinov em que o signo "refrata (*prelomliaet*) o ser no processo de se tornar", mas a influência de Bühler é mais clara no artigo de Voloshinov, de 1926, "The Word in Life and the Word in Poetry" ("A palavra na vida e a palavra na poesia"). Ali, o modelo *gestáltico* tridimensional do enunciado é recapitulado, juntamente com sua teoria de dois campos sobre a contextualização do enunciado, no qual o significado de uma palavra deve ser inferido a partir de sua relação com o contexto discursivo e extradiscursivo. O próprio título do artigo de Voloshinov alude a essa bifurcação.[14] Voloshinov argumenta que o enunciado "repousa" no "material real dos participantes que pertence a uma e à mesma parte do ser". Essa "situação" torna-se o equivalente dos *Sachverhalt* de Bühler, com o campo dêitico transformado em uma "esfera espacial" (*krugozor*) compartilhada pelos interlocutores, e o campo simbólico que predomina na arte, em "esfera semântica" (*smyslovoi*). Os termos da adaptação de Voloshinov do "modelo *organon*" são significativos. O enunciado torna-se um "evento social" (*sobytie*) que inclui "aquele que fala (autor), o ouvinte (leitor) e aquele de quem (ou do qual) eles falam (herói)" (Voloshinov, 1995c: 72; 1983: 17). Embora mantendo a indispensabilidade do objeto determinado da representação, a mudança de Voloshinov do "modelo *organon*" para termos estéticos, modelados nos termos do ensaio de Bakhtin, "Autor e personagem na atividade estética", permite que o objeto seja reformulado como "conteúdo" ou "tema" do enunciado, *concebido* em interação intersubjetiva. A intencionalidade ou "direcionalidade" (*napravlennost'*) do enunciado pode se tornar um juízo de ser neokantiano. Voloshinov estava equivocado ao chegar a conclusões totalmente antirrealistas e idealistas a partir desse desenvolvimento, mas Bakhtin estava bastante preparado para fazê-lo, abandonando toda a noção de "refração", ao menos no sentido usado por Voloshinov.[15]

A principal virada do Círculo em direção ao gênero é encontrada no livro de Pavel Medvedev, de 1928, *The Formal Method in Literary Scholarship* (*O método formal nos estudos literários*). Ele era um especialista em teoria literária e *Kulturkritik*, e caracterizaria o formalismo russo como um primo pobre do formalismo europeu (especialmente alemão), representado por figuras como Alois Riegl, Oskar Walzel e Heinrich Wölfflin. Em um rascunho de *Marxismo e filosofia da linguagem*, Voloshinov observa que esse movimento tinha sido fundamentalmente afetado pelo trabalho de Marty sobre a linguagem (Voloshinov, 1995a: 88; 2004: 233-4), e Medvedev foi adiante, definindo a "orientação dupla" do gênero precisamente da mesma maneira que a adaptação de Voloshinov do que se tornou o "modelo *organon*" de Bühler:

> A obra é orientada, primeiramente, para o ouvinte e observador, e sob determinadas condições de seu desempenho e percepção. Em segundo lugar, o trabalho está orientado na vida, por assim dizer, de dentro, por seu próprio conteúdo temático. (Medvedev/Bakhtin, 1978: 131; Medvedev, 1998: 250)

As formas típicas da totalidade de tal obra são o que constitui o gênero. O Círculo está desenvolvendo a afirmação de Bakhtin de que a atividade estética é um *momento* necessário de toda visão (*vídenie*) e produção de formas culturais, com a obra de arte distinta de outras formas, de acordo com o grau de completude pelo qual ela é removida do permanente fluxo da vida. Isso certamente carrega ecos da obra de Croce, de 1902, *Aesthetic as Science of Expression and General Linguistics* (*A estética como ciência da expressão e linguística geral*), na qual todos os enunciados, e não apenas os artísticos, são vistos como inerentemente genéricos, em especial a forma como essa ideia foi desenvolvida no trabalho da Escola de Vossler (Tihanov, 2000: 99). Medvedev é o primeiro a observar que os gêneros não estão limitados a formas artísticas convencionais:

> Pode-se dizer que a consciência humana possui uma série de gêneros internos para ver (*vídenie*) e compreender a realidade... Não é permissível separar o processo de ver (*vídenie*) e compreender a realidade e o processo de sua incorporação nas formas de um determinado gênero. (Medvedev, 1998: 254; Medvedev e Bakhtin, 1978: 134)

Essa noção então é assumida por Voloshinov, para quem todas as formas de enunciado podem ser tratadas como gêneros de diversos tipos, desde os menores, "gêneros do cotidiano" em mudança, emaranhados na interação social direta, até as formas cristalizadas da "cultura objetiva" (ética, política, filosofia etc.) (Voloshinov, 1995b: 314-5; 1973: 96-117). Para chegar aos gêneros artísticos convencionais, adicionamos outro nível de completude, um tipo de "superestrutura" sobre outras formas de cultura, ideia derivada diretamente da estética de Hermann Cohen (Medvedev, 1998: 133; Medvedev/Bakhtin, 1978: 24).[16]

GÊNEROS DISCURSIVOS, ATOS SOCIAIS E JURISPRUDÊNCIA

A influência da tradição do direito civil na concepção de Bakhtin da interação discursiva pode ser mais bem ilustrada pelo exame do esquema de gêneros discursivos que ele elaborou na década de 1950. Ali, Bakhtin desenvolveu ideias de colegas já falecidos e seu próprio trabalho sobre o romance em uma teoria geral dos gêneros discursivos. Agora, parcialmente livres de uma agenda literária e engajando-se em uma análise sociocultural descritiva, algumas das contínuas conexões com a filosofia dos *Sachverhalte* tornaram-se especialmente claras. Para formular isso, vou comparar o esquema de Bakhtin com aquele desenvolvido de maneira direta sob a rubrica de uma filosofia de direito civil em *The Apriori Foundations of Civil Law* (*As fundações a priori do direito civil*), de Reinach (1983).[17] Bakhtin argumenta que, diferentemente das unidades da linguagem, as unidades do discurso são sempre genéricas. Aqueles tipos relativamente estáveis de enunciado que predominam na interação cotidiana (principalmente oral) Bakhtin chama de gêneros "primários" (ou "simples"), enquanto os que surgem na comunicação mais complexa e organizada (principalmente escrita) são chamados de gêneros "secundários" (ou "complexos"). Os primeiros abrangem desde a simples interjeição até a réplica, em uma conversa, enquanto os últimos incluem palestras artísticas, científicas ou filosóficas, monografias ou artigos. Os últimos podem incorporar gêneros primários à sua própria estrutura. Bakhtin relaciona proximamente o estilo com o enunciado e opõe isso às unidades gramaticais, como uma oração, pois o estilo é o uso da linguagem considerado em relação à totalidade de um enunciado, enquanto a gramática é relacionada com o sistema linguístico. O estilo muda juntamente com os gêneros discursivos em mudança, tanto primários como secundários, e qualquer elemento gramatical novo é introduzido após o "teste e modificação genérico-estilísticos". Desse modo, argumenta Bakhtin, os gêneros discursivos são as "correias de transmissão entre a história da sociedade e a história da sociedade"* (1986a: 65; 1996a: 165). Suas fronteiras são determinadas por uma mudança dos sujeitos discursivos. Quando uma oração é limitada por uma mudança dos sujeitos, ela é transformada em um enunciado com uma oração. Cada enunciado é um elo em uma cadeia complexa de troca discursiva. Cada elo, de alguma forma, responde ao anterior e antecipa o seguinte, e esses fatores exercem uma influência decisiva na forma pela qual cada enunciado é construído. Os enunciados, assim, pressupõem outro participante ativo e isso pressupõe "relações dialógicas", como aquelas que existem entre perguntas e respostas, afirmação e negação e assim por diante. Por sua função de ligação na comunicação discursiva, os enunciados devem ser entendidos *dialogicamente*, como uma cadeia de respostas. Eles se "refletem mutuamente" e isso determina seu caráter. Suas "reações responsivas" podem assumir muitas formas, incorporando elementos de um enunciado anterior e dando a eles um novo tom: irônico, indignado, reverente ou o que quer que seja. Isso expressa a atitude de quem fala em relação aos enunciados de outro orador. Os traços disso podem ser encontrados nas mais sutis nuances do enunciado, como "sobretons dialógicos" que definem o estilo. Os ecos dos enunciados precedentes e antecipados são, assim, detectáveis no próprio tecido de todo enunciado. Central a tudo isso

---

* N. O.: Em português, encontra-se em "Os gêneros do discurso", em M. M. Bakhtin, *Estética da criação verbal*, trad. do russo Paulo Bezerra, São Paulo, Martins Fontes, 2003, p.268.

é o "endereçamento" de um enunciado, ou seja, sua qualidade de ser dirigido a alguém. Isso dependerá de ele ser endereçado a um parceiro imediato no diálogo, um conjunto de especialistas, "o público", oponentes, pessoas que pensam da mesma forma, uma pessoa de categoria subordinada ou superior e assim por diante. Isso tem um efeito importante na forma do enunciado, afetando a escolha do vocabulário, padrão estilístico, entoação e outros.

Enquanto Bakhtin argumenta que as formas da cultura objetiva surgem dos enunciados, Reinach defende que as estruturas jurídicas são produtos que derivam de determinados processos que ele chama de "atos sociais". Estes são atos intencionais espontâneos (ou seja, dirigidos a objetos existentes ou não existentes), mas que são também dirigidos ao outro (*fremdpersonal*). Eles "são executados no próprio ato da fala" e "precisam ser ouvidos" para serem bem-sucedidos. Tais atos incluem informar, pedir, determinar, questionar e prometer, mas excluiriam atos como decidir, perdoar ou resolver, que não exigem um anúncio ao outro. Embora todos os atos sociais precisem ser ouvidos, somente alguns esperam atos de resposta. Enquanto informar não exige nenhum ato da parte do informado, questionar pressupõe outro ato social em resposta. Desse modo, os atos sociais podem ser (a) simples (como informar), (b) atos que pressupõem outros atos sociais, e (c) atos que têm como objetivo ou seguem outros atos sociais. Um estado mental apropriado está subjacente a todo enunciado: informar é baseado em crença; pedir, no desejo de que o que está sendo pedido aconteça, e assim por diante (Reinach, 1983: 22). De forma semelhante, ordenar pressupõe uma relação de autoridade (1983: 23).[18] Reinach distingue ainda entre tipos de ato social; há condições de acordo com as quais os atos sociais podem ser executados: em procuração, conjunta ou separadamente; eles podem ser condicionais ou incondicionais, completos ou incompletos. Quando o estado mental, ou outros, não corresponde ao próprio ato social, o resultado é uma "pseudoatuação", como quando uma pessoa "informa" a alguém algo de que ela mesma não está convencida (1983: 22). As preocupações de Reinach e Bakhtin basicamente se sobrepõem, embora o foco possa mudar. Reinach está abertamente lidando com as ramificações jurídicas dos atos sociais, enquanto Bakhtin está claramente preocupado com as características estilísticas dos diferentes enunciados e a relação entre o gênero literário e outros. Como os atos sociais de Reinach, os enunciados de Bakhtin são dirigidos ao outro, mas, diferentemente dos atos de Reinach, *todos* os enunciados pressupõem outros enunciados, seguem-se a enunciados anteriores e antecipam algum tipo de resposta. Essa diferença pode refletir na medida em que Bakhtin adotou a função provocadora da linguagem, de Marty e Bühler, como um momento necessário do todo unificado que é o enunciado. Enquanto o trabalho de Reinach antecede o principal trabalho de Bühler em linguagem, Bakhtin de forma clara (embora sem manifestar seu reconhecimento) recorre ao último (1996b: 228). As formas típicas de enunciado, ou seja, de gêneros discursivos, como os atos sociais de Reinach, assentam-se na cultura e são dadas àquele que fala, e ele deve aprender a dominá-las. Como Reinach, Bakhtin não fornece uma classificação completa dos gêneros discursivos, mas distingue entre os gêneros simples e complexos. Entretanto, diferentemente de Reinach, para Bakhtin, essa distinção não é funcional (1996a: 161-2; 1986a: 61-2). Em vez disso, eles estão correlacionados com as categorias da cultura objetiva e vida que, em última análise, derivam do neokantismo não ortodoxo e *Lebensphilosophie* de Georg Simmel.

Em alguns aspectos, a base filosófica das proposições de Bakhtin e Reinach são diametralmente opostas, mesmo quando seus esquemas mantêm muitas semelhanças. Tanto os atos sociais de Reinach como os gêneros discursivos de Bakhtin são meios pelos quais os usos da linguagem causam e refletem mudanças no mundo social mais amplo. Para Reinach, os atos sociais são os processos que fazem surgir estruturas institucionalmente ligadas, mas os atos são, na verdade, governados pelas leis sintéticas *a priori* inerentes aos *Sachverhalte*. Essas leis constituem a fundação de todas as formas institucionais. Para Bakhtin, os gêneros são a "correia de transmissão" entre sociedade e linguagem, e, embora o "intercurso discursivo não mediado" faça surgir as estruturas dos gêneros secundários, esses são também governados por leis sintéticas *a priori*. Contudo, para Reinach, essas leis não são puramente lógicas, mas "formas de *Sachverhalte* e não formas de pensamento" (1969: 62-4). Elas constituem relações necessárias e inteligíveis entre certas categorias, como pretensão e obrigação. Para Bakhtin, porém, as leis constituem precisamente essas "formas de pensamento", são a lógica de certas regiões da cultura objetiva, como a ética, estética e ciência, e, assim, questões institucionais tendem a se eclipsar. De acordo com Bakhtin, os diferentes gêneros são diferentes formas de impor alguma ordem cognitiva ao "X desconhecido" que constitui a versão de Marburg da "coisa em si" de Kant e produzir algum objeto de conhecimento. Para Reinach, os atos sociais são tanto uma parte do mundo quanto armários, cães e helicópteros. Essa é uma diferença fundamental que pode ser remontada até os ataques de Bolzano a Kant. Como colocou Melchior Palágyi, já em 1902, "enquanto Kant afirma que os objetos precisam observar uma ordem conferida a eles por nossa cognição, Bolzano coloca contra isso uma outra fórmula, a de que nosso conhecimento precisa se ajustar à verdade" (Nyíri, 1989: 374).

O *a priori* de Reinach é "dado intuitivamente no sentido mais forte. O que jaz na essência dos objetos pode ser trazido à quintessência da intuição" (1969: 214-5). Assim, uma promessa necessariamente faz surgir instâncias de relações dependentes de pretensão e obrigação por parte daquele que promete e de quem ouve a promessa, do mesmo modo que uma oração presume a presença de um verbo. A "fenomenologia realista" de Reinach busca revelar as leis *a priori* que governam a produção de qualquer lei positiva. As leis *a priori* de Bakhtin governam o ato de avaliação, o qual é mais amplo que o juízo de ser logicista da Escola de Marburg, já que o que é julgado é o *evento* de ser. Isso é o que Bakhtin quer dizer com unidades linguísticas que adquirem um "caráter eventual-histórico" quando se tornam parte de um enunciado (1996b: 257-8). Como Reinach, Bakhtin argumenta que nem todos os atos discursivos podem ser verdadeiros ou falsos, "os enunciados podem propor uma avaliação não lógica, mas de outro tipo" (1996b: 227) e isso está ligado às outras funções da linguagem. Já em 1929, ele defendia que, ao lado da "palavra intencional direta e não mediada – que dá nome, informa, expressa, representa" – existe a palavra "representada ou objetificada (*ob''ektnoe*)" (Bakhtin, 1994a: 84; 1984: 186).[19] O primeiro tipo de discurso é legítimo nas ciências naturais, ali o sujeito fala sobre um objeto, mas o segundo é o objeto das ciências humanas, e aqui se aplica a "matemática" jurisprudencial (cf. Wittgenstein, 1922: §4.113). De acordo com Reinach, somente juízos e afirmações podem "se encaixar" nos *Sachverhalte,* já que eles são baseados em um *estado* (crença), enquanto ordens, pedidos, perguntas e outros são *episódios* e são incapazes de ser "atos adaptativos" (*Anpassungsakte*) (1983: 107-9). Para Bakhtin, somente certos enunciados se relacionam e são governados pela verdade ou falsidade; outros enunciados relacionam-se com outras esferas de "validade objetiva", como sinceridade ou beleza, e as leis da conduta discursiva governam cada esfera. O enunciado pode não ser um ato de juízo estreitamente concebido, mas é sempre um ato de juízo em um sentido mais amplo, já que percebe objetivamente valores válidos em um *evento*. As características estilísticas do enunciado são portadoras de significado avaliativo, sua essência intuitiva são leis *a priori* que vão além da mera afirmação ou negação, e que são, todavia, dimensões cruciais do evento de ser. A lógica dessas leis de pensamento é uma *dia*-lógica, na medida em que é a lógica de auferir significado de relações *entre* atos significativos intersectantes do (*Rechts*) *subjekte*.

As concepções, porém, são mais próximas do que poderia nos parecer à primeira vista. Os *Sachverhalte* de Reinach têm distintamente qualidades platônicas, sendo independentes de qualquer juízo ou cognição, possuindo modalidades, constituindo um "reino" especial distinto do dos objetos e desfrutando de uma existência eterna (Reinach, 1981: 332-54). Isso tem ecos diferentes da platônica de Bolzano e da noção autoconscientemente antikantiana da ordem objetiva, separada tanto do sujeito que conhece como da linguagem que constitui a "verdade em si". As categorias e as relações necessárias entre elas que constituem os *Sachverhalte* são a fundação de toda lei positiva e de todas as instituições; se isoladas dessas fundações, qualquer lei positiva ou instituição temporal seria insustentável (Smith, 1987: 201).[20] Para Bakhtin:

> O orador não comunica nada em nome da comunicação, mas tem de fazê-lo a partir da validade objetiva (*znachimost'*) do que é comunicado (sua verdade (*istinnost'*), beleza, veracidade *pravdivost'*), necessidade, expressividade, sinceridade. O intercurso exige validade objetiva (*znachimost'*) (em todas as suas várias formas, dependendo da esfera do intercurso), sem a qual o intercurso degeneraria e decairia. (1996b: 221)

Aqui, vemos as categorias da cultura objetiva similarmente recebendo um *status* semiplatônico, com sua validade assumida. Enquanto os atos sociais de Reinach percebem leis *a priori* no direito positivo e suas instituições, os enunciados de Bakhtin percebem categorias *a priori* no que poderíamos chamar de "cultura positiva" e seus gêneros.[21]

O ADIAMENTO DO JUÍZO

De acordo com Bakhtin, as características estilísticas manifestam modos de conduta entre tais *Subjekte* em eventos de ser específicos e estes se tornam a *Rechtsverhalte* do romance. No ensaio de 1934, "Discurso no romance", enunciados interativos são incorporados ao romance que é o gênero secundário *par excellence* (a superestrutura sobre ideologias de Cohen). Isso permite a transformação de uma linguagem em uma "imagem da linguagem", o que permite que sua "essência", ou estrutura da avaliação por ela incorporada, seja intuída. No romance, o juízo de avaliações, sinônimo de intuição das leis *a priori* que governam a produção de qualquer mundo da cultura, torna-se possível. Entretanto, o romancista *qua* romancista, agora permanece em silêncio. Ele se torna o criador não ouvido do que Lev Pumpianski, colega de Bakhtin, chamou de "uma considerável corte social por meio da construção de uma posição referente às cenas de uma vida" (Pumpianski, 1929: 11), mas o juízo é adiado. Esse adiamento tem suas origens intelectuais na ideia da Escola de Marburg da "tarefa sem fim" de "produzir" o mundo a partir de e no pensamento. Contudo, isso se torna uma característica da modernidade como tal e o romance é, no mínimo em parte, o gênero autoconsciente dessa modernidade.[22]

Essa caracterização da modernidade é antecipada nos estudos de Cassirer sobre o Renascimento (1953; 1963) e remonta à filosofia de Hegel (Brandist, 1999). Bakhtin segue Cassirer, embora adicionando um toque populista, defendendo que aqueles que acreditam ter conhecimento do próprio mundo, sentindo-se capazes de participar em um "juízo do ser" direto, inevitavelmente mostram arrogância, pedantismo ou fanatismo. Sua recompensa é o ridículo e a exposição do carnaval: uma humilhante reabertura dos processos diante das pessoas. Um juiz deve sempre lidar com sucessivas representações do ser discursivas das testemunhas (dos heróis), não com o ser em si. Em um de seus últimos trabalhos, Bakhtin eleva isso a um princípio filosófico eterno, argumentando que cada pessoa é tanto testemunha (*svedetel'*) quanto juiz (*sudiia*) na criação de um "super-ser" (*nadbytie*); o sentido do ser (*smysl bytiia*) expresso na palavra é visto como liberdade genuína e criativa. De maneira semelhante, as relações entre as pessoas levam ao surgimento do "super-*eu*" (nad-*ia*), a testemunha e o juiz do humano como um todo (*chelovek*) ou do outro (Bakhtin, 1979: 341-2; 1986b: 137).

Como observamos, o romance é um paradigma microcósmico do ser social como tal. Em 1961, o eternamente adiado juízo do autor é ligado à ideia de um juízo final como uma exigência estrutural de qualquer enunciado. O juiz final, "evasiva", é formulada como o "superdestinatário" (*nadadresat*), "a compreensão responsiva absolutamente justa de quem é pressuposto, ou a uma distância metafísica ou em uma época histórica distante". Isso pode tomar a forma de "Deus, verdade absoluta [*istina*], tribunal desapaixonado da consciência humana, povo, tribunal da história, ciência e assim por diante" (Bakhtin, 1996c: 337; 1986c: 126). Como o mundo é apenas a totalidade sistemática e cumulativa, mas perpetuamente inacabada, de todas as representações, o juízo do mundo (*Weltgericht*) associado com o "superdestinatário" é, na verdade, um tipo de messianismo que deriva, pelo menos em parte, dos elementos judaicos do neokantismo de Marburg. A recente "virada ética" nos estudos culturais tem sido em geral prognosticada no desligamento da "ética do discurso" a partir das questões de direito.

Nossa investigação sugere, contudo, que as filosofias subjacentes a esse movimento atual, na verdade, insistiram na inseparabilidade das duas questões, e isso está por trás da aparente topicalidade do pensamento de Bakhtin. A manutenção dessa conexão preservou um sentido das mediações institucionais nas relações entre o eu e o outro, mesmo se, como é o caso de Bakhtin, essa estrutura institucional for confundida com a da forma estética. Encontramos preocupação semelhante com a ética, comunicação e direito em pensadores contemporâneos a Bakhtin, tão variados e influentes como Walter Benjamin e Wittgenstein, e esses pensadores também postularam uma *Weltgericht* perpetuamente postergada.[23] Se os estudos culturais contemporâneos quiserem evitar cair em um "eticismo" inflado que usurpa a explicação histórica e o entendimento causal, é necessário prestar muita atenção a essas filosofias que rigorosamente delinearam a interdependência entre a "ética do discurso" e o direito. Isso não quer dizer que o individualismo metodológico dos fenomenologistas ou o logicismo idealista dos neokantianos deva ser abraçado, mas que os problemas com os quais esses pensadores estavam engalfinhados não podem ser evitados, se quisermos encontrar o lugar adequado para os juízos sociomorais na teoria social e cultural.

NOTAS

[1] A leitura de Voloshinov nessa área foi catalogada por Dmitri Iunov em seu trabalho "Reconstructing 'Dialogue' e 'Group Individual Psychology' no Círculo de Bakhtin. 1920-1930: Archival and Biographical Evidence", na conferência In the Master's Absence: the Unknown Bakhtin Circle, University of Sheffield, 7-9 outubro de 1999.

[2] O BGB (SS 1-89) define sujeito jurídico (*Rechtssubjekte*) como pessoas naturais (*natürliche Personen = Menschen*, i.e., humanos) ou pessoas jurídicas (*juristische Personen*), sendo as últimas subdivididas em associações (*Vereine*) e fundações (*Stiftungen*). Somente o sujeito jurídico pode deter direitos e obrigações e é definido exclusivamente como tal detentor. O *Rechtsobjekt* é qualquer questão ou coisa (*Gegenstand*) com a qual o direito se preocupa. A *Rechtsverhaltnis* é, estritamente falando, nada mais que uma *Lebensbeziehung*, uma relação real na vida (Fisher, 1996: 31-5). Sobre as raízes do *Sachverhalt* no direito romano e sua subsequente absorção na filosofia, conferir Smith (1989: S. 2).

[3] A equívoca virada de Natorp (1918) em direção ao nacionalismo é clara. Sobre os efeitos da guerra na filosofia alemã, conferir Kusch (1995: 212-9) e Sluga (1993: 75ff). Simbólica da ascensão da fenomenologia sobre o neokantismo foi a palestra de Adolf Reinach, de 1914, Reinach (1969) na cidadela do neokantismo, a Universidade de Marburg, na qual a filosofia da cognição da Escola de Marburg foi atacada e foi proposta uma fenomenologia "realista". Reinach era um entusiástico defensor da guerra, voluntariando-se para o serviço ativo e morrendo no *front*.

[4] Hartmann foi educado em São Petersburgo e Marburg, antes de assumir o cargo de professor em Marburg, de 1920 a 1925.

Repensando o Círculo de Bakhtin

5 O neokantiano que mais clamorosamente se opôs à *Lebensphilosophie* foi Heinrich Rickert, cuja crítica apareceu em tradução russa em 1921 (Rickert, 1998) e foi citada equivocamente por Voloshinov (1995b: 246; 1973: 32). Nesse aspecto, Rickert foi uma figura amplamente isolada. [N. O.: Na tradução brasileira, a citação aparece em Bakhtin/Volochinov, *Marxismo e filosofia da linguagem: problemas fundamentais do método sociológico do método da linguagem.* Trad. Michel Lahud & Yeda F. Vieira 1995, p. 56.]

6 O movimento, do neokantismo para a fenomenologia, também foi registrado em Volkov (2000a). Em uma carta de 28 de janeiro de 1907 enviada ao neokantiano russo e colega de Hartmann em Marburg, B. A. Fokht, G. O. Gordon observou que Natorp estava muito satisfeito em saber que Fokht poderia levar "todo um grupo de alunos" para estudar em Marburg, lamentando que "eles ainda não tivessem chegado... a juventude de Moscou... [dirigida] para a filosofia de Husserl" (Vashestov, 1991: 226). Também é significativo que a primeira tradução de *Logical Investigations* de Husserl, em 1909, tenha sido para o russo. Uma seleção interessante das primeiras críticas está coletada em Chubarov (1998).

7 O propósito do grupo em meados da década de 1920 era dar apoio à política econômica do partido, mas em oposição à sua política cultural ateísta. Sobre isso, conferir Brachev (2000: 178-98).

8 Em um artigo da época, não publicado, Volkov, colega de Shpet, defende a filosofia fenomenológica dos *Sachverhalte,* recorrendo ao trabalho de Brentano, Marty e Reinach (Volkov, 2000b).

9 Bakhtin, aqui, recorreu aos múltiplos significados de *znachenie,* como sentido, na acepção do *Bedeutung* alemão, e válido, na acepção do *Geltung* (sustentar logicamente) e *Gültigkeit* (ser efetivo) neokantianos.

10 Para uma discussão detalhada sobre esse assunto, conferir Brandist (2004).

11 É importante observar que a reação contra o "monologismo" de Husserl foi também liderada pelos fenomenologistas de Munique, Johannes Daubert e Reinach, aos quais voltaremos. O trabalho de Scheler sobre intersubjetividade também foi um aspecto disso, mas Scheler não mostrou grande interesse pelos fenômenos discursivos. Também é significativo que Gustav Shpet, defensor de Husserl na Rússia, que trabalhou brevemente com os fenomenologistas de Munique e Stumpf, já em 1914, também criticasse Husserl por ignorar o "ser social". Como Scheler, ele também ligou isso à questão da "empatia e atos associados". Sobre isso, conferir Shpet (1996: 110-1).

12 Sobre Marty, conferir Mulligan (1990). Sobre sua teoria da "forma interna", conferir Kuroda (1972).

13 A teoria da intimação (*Kundgabe*) da linguagem de Wundt e a reação contra ela são discutidas em Nerlich e Clarke (1998).

14 Voloshinov traduziu Bühler (1926) para o russo em meados da década de 1920. Aqui Bühler delineava sua teoria de dois campos e recapitulou seu "modelo *organon*" em termos dessa teoria. Sobre isso, conferir Voloshinov (1995a: 75).

15 Sobre as diferenças entre as noções de refração de Voloshinov e Bakhtin, conferir Brandist (2004: 116-20, 122).

16 Deve-se observar também que Bakhtin provavelmente foi influenciado pelos trabalhos de 1930-31 de Lev Iakubinski sobre os gêneros do discurso público. Sobre isso, conferir Brandist (2003).

17 É possível, em princípio, que Bakhtin conhecesse esse trabalho de Reinach, mas não há nenhuma evidência disso. A falta de um inventário completo do arquivo de Bakhtin deixa a possibilidade em aberto. Certamente a obra era conhecida na Rússia, como atesta a carta de Volkov (2000a: 119), de 1926, mencionada acima. Contudo, é possível que a influência de Scheler e Bühler tenha sido suficiente para fazer surgir tais ideias.

18 Sobre a noção de autoridade para Reinach, conferir Mulligan (1987: 62-4).

84

O direito e os gêneros do discurso

[19] Aqui e em outro lugar, na edição de 1963 do livro sobre Dostoiévski, do qual é feita a tradução em inglês, Bakhtin substitui "intencional" (*intentsional'noe*) por "objeto direcionado" (*predmetno-napravlennoe*), enfraquecendo, assim, a conexão brentaniana.

[20] Mais uma vez, a influência da noção de Bolzano sobre o contexto externo como um sistema imutável e eterno de representações, proposições e "verdades em si mesmas" fica evidente aqui.

[21] Esse paralelo provavelmente deriva das raízes comuns do neokantinismo e da filosofia do *Sachconferirhalte* no "idealismo objetivo" de R. H. Lotze. Conferir Smith (1989).

[22] Afirmo "em parte" porque o romance também é apresentado como uma manifestação de uma eterna luta entre o pensamento mítico e o crítico.

[23] Desse paralelo flui um tratamento notavelmente similar dado à morte e eternidade no relato de Wittgenstein (1922: S. 6.431 e 6.4311) e Bakhtin (1994d: 189-90; 1984: 289-90) sobre o tratamento que Dostoiévski dá à morte.

REFERÊNCIAS

BAKHTIN, M. M. Iz zapisei 1970-71 godov. In: *Estetika slovesnogo tvorchestva*. Moscow: Iskusstvo, 1979, pp. 361-73.

_____. *Problems of Dostoevsky's Poetics*. Trad. C. Emerson. Manchester: Manchester University Press, 1984.

_____. The Problem of Speech Genres. In: *Speech Genres and Other Late Essays*. Trad. V. McGee. Austin: University of Texas Press, 1986a, pp. 60-102.

_____. From Notes Made in 1970-71. In: *Speech Genres and Other Late Essays*. Trad. V. McGee. Austin: University of Texas Press, 1986b, pp. 132-58.

_____. The Problem of the Text. In: *Speech Genres and Other Late Essays*. Trad. V. McGee. Austin: University of Texas Press, 1986c, pp. 103-31.

_____. K filosofii postupka. In: *Raboty 1920x godov*. Kiev: Next, 1994a, pp. 11-68.

_____. Problemy tvorchestva Dostoevskogo. In: *Problemy tvorchestva/poetiki dostoevskogo*. Kiev: Next, 1994b, pp. 9-180.

_____. Avtor i geroi v esteticheskoi deiatel'nosti. In: *Raboty 1920x godov*. Kiev: Next, 1994c, pp. 69-256.

_____. K pererabotke knigi o Dostoevskom. In: *Problemy tvorchestva/poetiki Dostoevskogo*. Kiev: Next, 1994d, pp. 183-201.

_____. Author and Hero in Aesthetic Activity. In: *Art and Answerability*. Trad. V. Liapunov. Austin: University of Texas Press, 1995, pp. 4-256.

_____. Problema rechevykh zhanrov. In: *Sobranie sochinenii* 5. Moscow: Russkie slovari, 1996a, pp. 159-206.

_____. Iz arkhivnykh zapisei k rabote "Problema rechevykh zhanrov". In: *Sobranie sochinenii* 5. Moscow: Russkie slovari, 1996b, pp. 207-86.

_____. 1961 god zametki. In: *Sobranie sochinenii* 5. Moscow: Russkie slovari, 1996c, pp. 329-60.

BRACHEV, V. S. *Russkoe masonstvo XX veka*. St Petersburg: Stomma, 2000.

BRANDIST, C. Bakhtin's Grand Narrative: the Significance of the Renaissance. *Dialogism*, n. 3, 1999, pp. 11-30.

_____. Bakhtine, le sociologue du langage et le roman. In: SERIOT, P. (ed.). *Le discours sur la langue en URSS à l'époque stalinienne (épistomologie, philosophie, idéologie). Cahiers de l'ILSL* n. 14, 2003, pp. 59-84.

_____. Voloshinov's Dilemma: on the Philosophical Sources of the Bakhtinian Theory of Dialogue and the Utterance. In: BRANDIST, C.; SHEPHERD, D.; TIHANOV, G. (ed.). *The Bakhtin Circle:* In the Master's Absence. Manchester: Manchester University Press, 2004, pp. 97-124.

BÜHLER, K. Über den Begriff der sprachlichen Darstellung. *Psychologische Forschung*, n. 3, 1923, 282-94.

_____. *Die Krise der Psychologie*. Jena: G. Fischer, 1927.

_____. *Theory of Language*. Trad. D. F. Goodwin. Amsterdam: John Benjamins, 1990.

CASSIRER, E. *The Platonic Renaissance in England*. Trad. J. Pettegrove. London: Nelson, 1953.

_____. *The Philosophy of Symbolic Forms V. 1: Language*. Trad. C. Hendel. New Haven/London: Yale University Press, 1955.

_____. *The Individual and the Cosmos in Renaissance Philosophy*. Trad. M. Domandi. New York: Harper & Row, 1963.

CHUBAROV, I. M. (ed.). *Antologiia fenomenologicheskaia filosofiia v rossii*. Moscow: Logos, 1998.

COHEN, H. *Logik der Reinen Erkenntnis*. Berlin: Bruno Cassirer, 1902.

FISHER, H. D. *German Legal System and Legal Language*. London: Cavendish, 1996.

HOLLOWELL, J. H. *The Decline of Liberalism as an Ideology*. London: Kegan Paul, Trench and Trubner, 1946.

KAUFMANN, F. Cassirer, Neo-Kantianism, and Phenomenology. In: SCHLIPP, P. A. (ed.). *The Philosophy of Ernst Cassirer*. Evanston: Library of Living Philosophers, 1949, pp. 799-854.

KURODA, S. Y. Anton Marty and the Transformational Theory of Grammar. *Foundations of Language*, n. 9, 1972, pp. 1-37.

KUSCH, M. *Psychologism:* a Case Study in the Sociology of Philosophical Knowledge. London: Routledge, 1995.

LUKÁCS, G. Emil Lask. Ein Nachruf. *Kant-Studien*, n. 22, 1918, pp. 349-70.

MEDVEDEV, P. N. *Formal'nyi metod v literaturovedenii.* In: Bakhtin, M. M. *Tetralogiia.* Moscow: Labirint, 1998, pp. 109-296.

MEDVEDEV, P. N.; BAKHTIN, M. M. *The Formal Method in Literary Scholarship.* Trad. A. J. Wehrle. Baltimore: John Hopkins, 1978.

MULLIGAN, K. *Speech Act and Sachverhalt*: Reinach and the Foundations of Realist Phenomenology. Dortrecht: Nijhoff, 1987.

_____ (ed.). *Mind, Meaning and Metaphysics*: The Philosophy and Theory of Language of Anton Marty. Dordrecht/Boston/Lancaster: Kluwer, 1990.

NATORP, P. *Deutscher Weltberuf.* Jena: Eugen Diederichs, 1918.

NERLICH, B.; CLARKE, D. The Linguistic Repudiation of Wundt. *History of Psychology*, v. 1, n. 3, 1998, pp. 179-204.

NOVGORODTSEV, P. *Istoricheskaia shkola iuristov, eë proiskhozdenie i sud'ba,* Moscow, 1896.

NYÍRI, J. C. Fin-de-Siecle Austrian Philosophy: Qualities Without a Man. In: RÁNKI, G. (ed.). *Hungary and European Civilization.* Budapest: Akadémia Kaidó, 1989, pp. 361-78.

POOLE, B. From Phenomenology to Dialogue: Max Scheler's Phenomenological Tradition and Mikhail Bakhtin's Development from Towards a Philosophy of the Act to his Study of Dostoevsky. In: HIRSCHKOP, K.; SHEPHERD, D. (ed.). *Bakhtin and Cultural Theory.* 2. ed. Manchester: Manchester University Press, 2001, pp. 109-35.

PUMPIANSKII, L. V. Romany Turgeneva i roman "Nakanune": istorikoliteraturnyi ocherk. In: TURGENEV, I. S. *Sochineniia* VI. Moscow/Leningrad, 1929, pp. 9-26.

_____. Lektsii i vystuplenie M. M. Bakhtina 1924–1925gg. v zapisiakh V. V. Pumpianskogo. In: GOGOTISHVILI, L. A.; GUREVICH, P. S. *M. M. Bakhtin kak filosof.* Moscow: Nauka, 1992, pp. 221-52.

REINACH, A. Concerning Phenomenology. *The Personalist* 50, 1969, pp. 194-221.

_____. On the Theory of Negative Judgement. In: SMITH, B. (ed.). *Parts and Moments*: Studies in Logic and Formal Ontology. Munich/Vienna: Philosophia, 1981, pp. 315-77.

_____. The Apriori Foundations of the Civil Law. Trad. J. F. Crosby. *Alethea*, n. 3, 1983, pp. 1-142.

RICKERT, H. *Filosofiia zhizni.* Trad. E. S. Berlovich e I. Ia. Kolubovskii. Kiev: Nika-tsentr, 1998.

Saval'skii, V. A. *Osnovy filosofii prava v nauchnom idealizme (Marburgskaia shkola filosofii: Kogen, Natorp, Shtammler i dr.)*. Moscow: Izd. Imperatorskogo universiteta, 1908.

Scheler, M. *The Nature of Sympathy*. Trad. Peter Heath. London: RKP, 1954.

Shpet, G. *Iavlenie i smysl*. Tomsk: Vodolei, 1996.

Simons, P. M. The Old Problem of Complex and Fact. In: *Philosophy and Logic in Central Europe from Bolzano to Tarski*. Dortrecht/Boston/London: Kluwer, 1992, pp. 319-38.

Sluga, H. *Heidegger's Crisis*: Philosophy and Politics in Nazi Germany. Cambridge: Harvard University Press, 1993.

Smith, B. Law and Eschatology in Wittgenstein's Early Thought. *Inquiry*, n. 21, 1978, pp. 425-41.

_____. On the Cognition of States of Affairs. In: Mulligan, K. (ed.) *Speech Act and Sachverhalt*: Reinach and the Foundations of Realist Phenomenology. Dortrecht: Nijhoff, 1987, pp. 189-225.

_____. Logic and the *Sachverhalt*. *The Monist*, jan. 1989, v. 72, n. 1, pp. 52-69.

Smith, B.; Mulligan, K. Pieces of a Theory. In: Smith, B. (ed.). *Parts and Moments:* Studies in Logic and Formal Ontology. Munich/Vienna: Philosophia, 1981, pp. 15-109.

Stammler, R. *The Theory of Justice*. New York: Augustus M. Kelley, 1925.

Stumpf, C. Carl Stumpf. In: Murchison, C. (ed.). *A History of Psychology in Autobiography*. New York: Russell and Russell, 1961, v. 1, p. 389-441.

Tihanov, G. *The Master and the Slave*: Lukács, Bakhtin, and the Ideas of Their Time. Oxford: Oxford University Press, 2000.

Vashestov, A. G. Zhizn'i trudy B. A. Fokhta. *Istoriko-filosofskii ezhegodnik*, 1991, pp. 223-31.

Volkov, N. N. Tri pis'ma iz Fraiburga. Pis'mo pervoe. In: Chubarov, I. M. (ed.). *Antologiia fenomenologicheskaia filosofiia v rossii # 2*. Moscow: Logos, 2000a, pp. 118-22.

_____. O suzhdenii. In: Chubarov, I. M. (ed.). *Antologiia fenomenologicheskaia filosofiia v rossii # 2*. Moscow: Logos, 2000b, pp. 99-118.

Voloshinov, V. N. *Marxism and the Philosophy of Language*. Trad. I. R. Titunik e L. Matejka. Cambridge: Harvard University Press, 1973.

_____. Discourse in Life and Discourse in Poetry. Trad. J. Richmond. In: Shukman, A. (ed.). *Bakhtin School Papers, Russian Poetics in Translation*, n. 10, 1983, pp. 5-30.

_____. Lichnoe delo V. N. Voloshinova. *Dialog Karnaval Khronotop*, n. 2, 1995a, pp. 70-99.

_____. Marksizm i filosofiia iazyka. In: *Filosofiia i sotsiologiia gumanitarnykh nauk.* St. Petersburg: Asta Press, 1995b, pp. 216-380.

_____. Slovo v zhizni i slovo v poezii. In: *Filosofiia i sotsiologiia gumanitarnykh nauk.* St. Petersburg: Asta Press, 1995c, pp. 59-86.

_____. Archival Materials. In: BRANDIST, C.; SHEPHERD, D.; TIHANOV, G. (ed.). *The Bakhtin Circle*: In the Master's Absence. Manchester: Manchester University Press, 2004, pp. 223-50.

VUCINICH, A. *Social Thought in Tsarist Russia*: The Quest for a General Science of Society, 1861-1917. Chicago/London: University of Chicago Press, 1976.

WALICKI, A. *Legal Philosophies of Russian Liberalism.* Oxford: Clarendon Press, 1987.

WITTGENSTEIN, L. *Tractatus Logico-Philosophicus.* German text with translation by C. K. Ogden. London: Routledge, 1922.

ZWEIGERT, K.; KÖTZ, H. *Introduction to Comparative Law.* Trad. T. Weir. Oxford: Clarendon Press, 1987, v. 1.

Os círculos de Vygotsky e Bakhtin: explicando a convergência

CONSIDERAÇÕES PRELIMINARES

Desde o início da década de 1980, quando as obras de Lev Vygotsky e do Círculo de Bakhtin[1,2] alcançaram ampla exposição internacional, ocorreu constante especulação quanto à possível influência mútua desses estudiosos. Além disso, inúmeras tentativas de aplicar os trabalhos de Vygotsky e Bakhtin foram feitas conjuntamente a uma variedade de fenômenos culturais. É fácil notar por que as semelhanças entre o trabalho de Vygotsky e o de Mikhail Bakhtin e, especialmente, o de Valentin Voloshinov, pareciam tão óbvias: muitos temas foram compartilhados, tais como a centralidade do diálogo para o desenvolvimento da consciência humana, o entendimento do discurso interno como um diálogo internalizado e o surgimento da cultura a partir do pensamento mítico primordial, para mencionar apenas três.[3] A mais forte alegação da influência do Círculo de Bakhtin sobre Vygotsky foi feita por L. A. Radzikhovski (1982: 489, n. 93) em seus comentários à edição russa de *Collected Works* de Vygotsky, na qual mostra que certos exemplos literários evocados por Vygotsky, em 1934, foram usados nas obras de Voloshinov publicadas na década de 1920. Van der Veer e Valsiner (1991: 370-2), de forma convincente, solaparam as mais fortes alegações sobre o assunto, notando que os exemplos, na verdade, derivavam de terceiras fontes, bem conhecidas na época, tais como o influente artigo de Lev Iakubinski de 1923, "O dialogicheskoi rechi" (*On Dialogic Discourse*) (Iakubinski, 1987 [1923]). Pesquisa recente sobre o Círculo de

---

* N. O.: Artigo originalmente publicado como quinto capítulo do livro *Language in Action: Vygotsky and Leontievian Legacy Today*, Reino Unido, Cambridge Scholars Publishing, 2007, pp. 79-100, organizado por Riikka Alanen e Sari Pdyhonen. Título original "The Vygotsky and Bakhtin Circles: Explaining the Convergence".

Bakhtin mostrou que os membros do Círculo comumente recorriam tanto a fontes soviéticas como alemãs para esses itens e, no caso dos trabalhos de Vygotsky e de Bakhtin, isso frequentemente ultrapassou as atuais fronteiras dos padrões de plágio.[4] É claro que há fatores atenuantes que podem nos tornar reticentes a fazer um julgamento claro sobre o assunto, mas, certamente, devemos ser cautelosos ao atribuir originalidade a esses estudiosos na ausência de uma pesquisa histórica sistemática.

Além das práticas problemáticas de composição, compartilhadas por Bakhtin e Vygotsky, algumas das quais podendo ser explicadas pelas recorrentes doenças de ambos,[5] há diversos problemas comuns em relação à maneira pela qual esses pensadores foram publicados desde suas respectivas mortes. Bakhtin publicou apenas dois livros (um deles em duas edições) durante sua vida e a maior parte de seu trabalho mais importante teve uma publicação póstuma a partir de manuscritos que subsistiram, sem que seja clara sua situação. Além disso, essas obras foram publicadas com omissões editoriais significativas, uma situação que foi melhorada, mas não corrigida, na atual publicação das obras reunidas de Bakhtin. Não foi feito ainda um inventário dos arquivos de Bakhtin que permanecem sob a custódia de colegas dos últimos anos de sua vida. Assim, por algum tempo, é improvável vermos uma edição que possamos considerar completamente satisfatória. As publicações de Voloshinov e Pavel Medvedev são menos problemáticas, apesar da discussão muito infundada e infrutífera sobre a autoria de seus textos mais significativos. Entretanto, o legado arquival desses autores é enganoso, principalmente em decorrência da destruição da maior parte do arquivo pessoal de Medvedev na época de sua prisão, em 1937, e sua execução no ano seguinte. Felizmente, os arquivos de instituições relevantes têm auxiliado os pesquisadores a reconstruir um quadro relativamente coerente de suas respectivas carreiras.[6] O legado publicado de Vygotsky foi severamente prejudicado pela repressão às tendências em psicologia com as quais ele estava envolvido, quase imediatamente após sua morte. Isso se refere especialmente à *pedologiia* (estudo da criança) e *psikhotekhnika* (psicotécnica, psicologia aplicada), que fornecem o crucial contexto intelectual e institucional dentro do qual as ideias de Vygotsky se desenvolveram.[7] Esse contexto só recentemente foi restabelecido e o trabalho de Vygotsky precisa ser aqui reinserido para que seja apreciado de forma inteiramente histórica. Tanto no caso de Bakhtin como no de Vygotsky, a publicação das edições russas de suas obras reunidas resultou em textos não confiáveis e comentários discutíveis.[8] Em alguns casos, vê-se que as omissões politicamente motivadas continuaram na época pós-soviética. No caso de Bakhtin, citações da intervenção de Stalin na linguística, em 1950, foram removidas das notas a um artigo sobre os gêneros discursivos, quando foram finalmente publicadas em 1996

(Bocharov et al., 1996: 559-62). No caso de Vygotsky, referências positivas a Lev Trotski foram eliminadas da versão republicada de seu *Pedagogicheskaia psikhologiia* (*Psicologia pedagógica*), de 1926, e certas ideias de Trotski foram apresentadas como invenções de Vygotsky (Etkind, 1993: 52-54).[9] As traduções em línguas ocidentais que surgiram desde a morte de cada um deles também têm sido extremamente irregulares e, em alguns casos, não são confiáveis, obscurecendo ainda mais o legado desses pensadores.

A evidência de fontes comuns, porém, é mais significativa do que geralmente se supõe, já que um exame sistemático da questão nos permite identificar os tijolos com os quais cada um dos edifícios teóricos foi construído e, com isso, julgar a contribuição particular de cada pensador. Contudo, Voloshinov e Vygotsky compartilhavam algo mais que era importante: ambos desenvolveram suas ideias enquanto trabalhavam em projetos de pesquisa coletivos dentro de instituições que aderiram a um programa de pesquisa comum. Essas instituições eram geridas pelo mesmo órgão administrativo: a Associação Russa de Institutos de Pesquisa Científica em Ciências Sociais (*Rossiiskaia assotsiatsiia nauchno-issledovatel'skikh institutov obshchesvennykh nauk,* RANION). Voloshinov trabalhou no Instituto de Estudos Comparados das Literaturas e Línguas do Ocidente e do Oriente (*Nauchno-issledovatel'skii institut sravnitel'noi istorii literatur i iazykov Zapada i Vostoka,* ILIaZV), em Leningrado, de 1925 a 1932, enquanto Vygotsky trabalhou no Instituto de Psicologia Experimental (*Institut eksperimental'noi psikhologii,* IEP), em Moscou.

CONTEXTO INSTITUCIONAL

A RANION exigia que o trabalho de seus institutos tivesse "um caráter tópico-científico, tanto do ponto de vista da teoria e metodologia da ciência quanto dos interesses da construção socialista" (GARF A-4655/l/94/5-7ob). No IEP, isso ficava refletido principalmente na relação da teoria psicológica com a *pedologia* e *psikhotekhnika,* e, embora a relação de Vygotsky com a primeira tenha sido discutida em certa extensão (Van der Veer; Valsiner, 1991: 293-327), sua relação com a última permanece relativamente inexplorada (Munipov; Radzikhovskii, 1981; Noskova, 1981). A última, entretanto, é muito significativa, já que Vygotsky (1997 [1926-7]) via o desenvolvimento dessa ciência aplicada como um fator crucial para evocar a questão da "crise na psicologia", bem como para dar a ela uma possibilidade de solução. Isso ocorre porque a *psikhotekhnika* fornecia uma ligação entre a psicologia e a prática social, por sua relação direta com a industrialização e o desenvolvimento da comunicação de massa (na qual Vygotsky mesmo não trabalhava). A prática social foi, pela primeira vez, considerada o critério da veracidade da teoria psicológica, já que os fenômenos psicológicos poderiam ser explicados pelo desempenho de tarefas relacionadas com previsões de desenvolvimento, a formação de qualidades psicológicas e a direção de suas mudanças. Os pesquisadores podiam chegar a um acordo, generalizando a partir de fatos empíricos e fazendo a análise de dados práticos, e isso forneceria uma base para uma nova abordagem teórica que poderia transcender a divisão entre "explicação" e "entendimento". No entanto, a *psikhotekhnika* precisa ser complementada com uma análise geral das formas complexas de comportamento e das funções psicológicas mais elevadas (Vygotskii, 1930a). Como Vygotsky no IEP, Voloshinov, no ILIaZV, não estava diretamente envolvido com as atividades práticas do instituto, mas com a reflexão teórica sobre essas atividades. A pesquisa empírica sobre as patologias da fala, a estratificação sociológica da linguagem e as formas de interação discursiva formavam dimensões cruciais no trabalho do instituto, tudo isso deixando marcas no trabalho de Voloshinov sobre psicologia e filosofia da linguagem, e foram subsequentemente adotadas por Bakhtin, em seus ensaios sobre o romance da década de 1930 (Brandist, 2005a).

FONTES COMUNS

Vygotsky e Voloshinov certamente sabiam pelo menos um pouco do trabalho um do outro. Voloshinov refere-se ao artigo de Vygotsky de 1925, "Consciousness as a Problem for the Psychology of Behaviour", em seu livro de 1927 sobre Freud (Voloshinov, 1995 [1927]: 101; 1987: 21), enquanto Vygotsky refere-se a esse mesmo livro em seu artigo de 1930, "Psyche, Consciousness, Unconscious" (Vygotskii, 1930b: 61). Um caso que ilustra os problemas com as recentes republicações é o fato de esta última referência estar ausente na reimpressão do artigo de Vygotsky em *Collected Works* (Brushlinskii, 1996: 20-1). Elas nos dizem um pouco sobre a importância que esses pensadores russos tinham um para o outro, uma vez que Voloshinov está se referindo à citação que Vygotsky fez do filósofo neokantiano da escola de Marburg, Paul Natorp (1854-1924), do livro *Sozialpadagogik* (*Pedagogia Social*) (Natorp, 1899: 95; 1911) sobre a natureza social da psique individual, e Vygotsky simplesmente está observando que Voloshinov é um dos críticos de Freud que equaciona o inconsciente com o "associal e não verbal". Entretanto, o significado da referência a Natorp é mais importante.

Os neokantianos de Marburg eram bem conhecidos na Rússia como filósofos idealistas que simultaneamente buscaram solapar o psicologismo, estabelecer fundações quase matemáticas para disciplinas acadêmicas e, ao mesmo tempo, desenvolver um socialismo ético que facilitaria o desenvolvimento da personalidade. Isso fez das ideias da Escola de Marburg um ponto de referência importante para os psicólogos soviéticos. Um exemplo proeminente é Sergei Rubinstein (1889-1960), o mais influente psicólogo soviético das décadas de 1940 e 1950, que estava entre os muitos pensadores russos educados em Marburg nos anos anteriores à Primeira Guerra Mundial e que defendeu sua dissertação "On the Problem of Method", tendo Hermann Cohen (1842-1918) e Natorp como oponentes oficiais (Brushlinskii, 1999: 110). Natorp era conhecido especialmente como uma influência no antipsicologismo de Husserl e como teórico da pedagogia social que encontrou um eco construtivo entre os iniciais pensadores soviéticos.[10] Não é surpresa, portanto, encontrar o trabalho de Natorp como objeto da atenção de Bakhtin, Voloshinov e Vygotsky.

O "metodologismo" da escola de Marburg, porém, não era igualmente aceitável para Bakhtin e Vygotsky. Bakhtin e, em certa medida, todo o seu Círculo aceitavam a noção dessa escola de que as ciências naturais e humanas operavam de acordo com diferentes princípios lógicos, o que, no caso de Bakhtin, foi mais tarde transformado na asserção de que as ciências naturais funcionam de acordo com uma "mono-lógica", e as ciências humanas de acordo com uma "dia-lógica". Bakhtin também combinou isso com a crítica social, de modo que a opressiva operação do poder era equivalente à imposição dos métodos das ciências naturais às ciências humanas (Brandist, 2002: cap. 5 e 7). Os neokantianos lançaram a base para isso em oposição à afirmação de Spinoza de que a unidade do ser exigia uma unidade da lógica,[11] e o fizeram com base em que ser e validade *(Geltung)* eram mutuamente excludentes e que o conhecimento do mundo empírico é impossível. As marcas deixadas em Vygotsky decorrentes de seu inicial entusiasmo por Spinoza tornaram essa bifurcação da ciência bastante inaceitável. Assim, enquanto a pedagogia social e o antipsicologismo podiam ser compartilhados, as filosofias da ciência que os estudiosos russos desenvolveram eram fundamentalmente diferentes.

Essa divergência essencial explica o fato que em todas as observações sobre semelhanças entre os trabalhos de Vygotsky e Bakhtin, poucas se relacionam àqueles textos em que Vygotsky se aventura em áreas nas quais ele discute o mesmo objeto que Bakhtin, ou seja, a arte. Isso é especialmente interessante, uma vez que o trabalho de Bakhtin do início da década de 1920 foi influenciado por algumas das mesmas figuras que influenciaram o trabalho inicial de Vygotsky sobre arte: *inter alia,* Aleksandr Potebnia (1835-91), Viktor Zhirmunski (1891-1971) e Broder Christiansen (1869-1958). É somente com Christiansen, da escola neokantiana de Baden, que nos preocuparemos aqui. Em toda a sua obra *The Psychology of Art* (*Psicologia da arte*) (1971 [1925]), Vygotsky envolve-se criticamente com vários pontos do argumento desenvolvido na *Philosophy of Art* de Christiansen (Khristiansen, 1911 [1909]), em uma tentativa de conduzir uma investigação unitária das respostas psicológicas do leitor à arte (principalmente a arte literária). "Para o psicólogo", argumenta Vygotsky, "qualquer obra de arte é um sistema de estímulos, consciente e intencionalmente organizado de modo a provocar uma reação estética. Quando analisamos a estrutura dos estímulos, reconstruímos a estrutura da reação". A fórmula metodológica resultante é: "a partir da forma da obra de arte, por meio da análise funcional de seus elementos e estrutura, recriar a reação estética e estabelecer suas leis gerais" (Vygotsky, 1971 [1925]: 24). A noção de "reação", derivada da "reatologia" de Konstantin Kornilov (1879-1957), aqui, claramente estende a fronteira entre o fisiológico e o ético/intencional. Bakhtin (1990 [1924]), por outro lado, adota a definição que Christiansen dá ao objeto estético quase em sua totalidade, sem na verdade referir-se ao livro (Matejka, 1996), e o faz em um argumento que visa a criticar o trabalho dos críticos formalistas russos por empregar inadequadamente os métodos das ciências naturais em um campo onde que deveria ser aplicado o método das ciências humanas. Ao fazer a ligação entre o estudo da arte e a axiologia e ética, Bakhtin busca separar a estética de todas as ligações com o reino da necessidade associado ao mundo físico (para ele, impossível de conhecer).[12] Desse modo, é difícil pensar em uma epigrama menos apropriada para a obra de Bakhtin do que a citação da ética de Spinoza, com a qual o livro de Vygotsky começa e termina: "aquilo de que o corpo é capaz ainda não foi determinado" (Vygotsky, 1971 [1925]: 259).

Embora uma rejeição ao reducionismo, de acordo com o qual as mais altas funções da consciência, como a linguagem e outros fenômenos culturais, são redutíveis a suas fundações biológicas, seja compartilhada por Bakhtin e Vygotsky, só o primeiro está inclinado a colocar uma barreira entre os dois – com base em que o objeto das ciências humanas *é produzido* por um método distinto de pensamento. Como já demonstrei em outro trabalho (Brandist, 2004), Voloshinov tinha uma tendência a se equivocar nessa questão.

A TEORIA DA *GESTALT*

Voloshinov, como Vygotsky, foi atraído pela principal tentativa antikantiana de superar a pobreza do reducionismo da época: a teoria da *gestalt*, de acordo com a qual a qualidade do todo é, em princípio, algo bem distinto da soma de suas partes componentes. O exemplo clássico é a melodia que pode ser reconhecida em dois tons diferentes, mesmo quando todas as notas são iguais. Dentro dessa escola do pensamento havia, porém, uma importante divisão, já que uma tendência, a assim chamada escola de Graz, em torno de Alexius Meinong (1853-1920), argumentava que *gestalt* é uma qualidade distinta que um complexo perceptual *tem* quando percebido de uma posição específica, enquanto a escola de Berlim, que incluía Max Wertheimer (1880-1943), Kurt Koffka (1886-1941) e outros, argumentava que um complexo perceptual *é* uma *gestalt* que existe e tem propriedades distintas (Smith, 1988). A tendência de Graz está subjacente à psicologia desenvolvimentista e a teoria do ato do discurso de Karl Bühler (1879-1963), e a tendência de Berlim tornou-se a base da forma dominante do que é atualmente chamado de *psicologia* da *gestalt* e fundamenta, entre outras coisas, o trabalho de Wolfgang Kohler (1887-1967) sobre a inteligência de antropoides. Embora ambas as tendências sejam antikantianas e, principalmente, antineokantianas, a primeira provavelmente seduziria mais um pensador semineokantiano como Voloshinov, e sempre haveria a possibilidade de que, nas mãos de pensadores kantianos, o complexo perceptual poderia ser entendido como a aparência de uma "coisa em si mesma que, em princípio, seria impossível conhecer". Foi isso que permitiu a Bakhtin incorporar algumas dessas ideias em seus trabalhos posteriores.

Como já mostrei em outro trabalho (Brandist, 2004), o débito de Voloshinov com a teoria da *gestalt* está principalmente em sua adoção do "modelo *organon*" de Bühler sobre o evento do discurso, de acordo com o qual (1) cada evento do discurso tem três funções e fundações relacionais que só podem ser separadas de forma abstrata e (2) o significado de uma palavra em uso deve ser ativamente inferido pelo receptor em relação ao contexto linguístico e campo dêitico em que está inserida. Isso se tornou a base do que é hoje chamado de teoria bakhtiniana do enunciado e do gênero do discurso, embora tenha sido combinada com importantes reflexões teóricas sobre a linguagem que tinham sido desenvolvidas no ILIaZV, na década de 1920. Vygotsky e Aleksandr Luria (1902-1977) foram entusiastas iniciais da psicologia da *gestalt*, como uma forma de psicologia objetiva que superava o reducionismo sem necessitar de uma ciência dicotômica. Como Voloshinov, Vygotsky provavelmente também estava em débito com o artigo de Bühler de 1926, "Der Krise der Psychologie", quando escreveu seu próprio livro sobre a *Historical Significance of the Crisis in Psychology*, em 1926-27, e, embora as conclusões de Vygotsky fossem diferentes das de Bühler, a análise dos problemas frequentemente era bastante similar.[13] Outra provável influência comum vinda da teoria da *gestalt* foi a do neurologista Kurt Goldstein (1878-1965) que teve confirmada influência sobre a teoria de Vygotsky do "discurso interno" e provavelmente também sobre a de Voloshinov (Van der Veer; Valsiner, 1991: 279-82; Brandist, 2002: 60-1).[14] Tanto Voloshinov quanto Vygotsky tornaram-se cada vez mais críticos da teoria da *gestalt* na década de 1930, mas isso não deve obscurecer a importância dessa tendência de pensamento particularmente rica em seu respectivo desenvolvimento intelectual.

Poderia ser escrita uma dissertação de doutorado ou uma monografia sobre a complexa interação entre marxismo e a teoria da *gestalt* no período, mas é suficiente dizer que houve diversas reuniões produtivas, das quais o trabalho dos pensadores russos aqui discutidos são apenas exemplos significativos (Scheerer, 1980; Windholz, 1984). Kornilov, chefe do Instituto de Psicologia Experimental, interpretou a relação entre a qualidade da *gestalt* e suas fundações relacionais como uma relação entre qualidade e quantidade na dialética, e argumentou que "do ponto de vista dialético, a personalidade humana é naturalmente uma unidade definida, qualitativa e estrutural, cujas partes somente podem ser compreendidas em conexão com as propriedades e leis do todo" (Kornilov, 1973 [1930]: 255). Em 1930, Vygotsky buscou uma "noção de estrutura dialeticamente reconstruída" como a "principal ferramenta para a investigação psicológica" (Van der Veer; Valsiner, 1991: 163).

Os russos estavam então recapitulando movimentos que haviam começado na Alemanha. Max Horkheimer (1895-1973) e seus colegas no Instituto de Pesquisa Social da Universidade de Frankfurt envolveram-se em um constante diálogo com os teóricos da *gestalt*, culminando com um trabalho acadêmico de 1933, no qual Wertheimer e Adhemar Gelb (1887-1936), teóricos da *gestalt*, posicionaram-se em defesa da dialética e em oposição ao materialismo mecânico. Kurt Lewin (1890-1947), psicólogo da escola de Berlim, teve amplas conexões com os marxistas alemães, como a Escola de Frankfurt, e foi amigo íntimo do marxista hegeliano Karl Korsch (1886-1961). Lewin também parece ter sido amigo de Sergei Eisenstein e, no início da década de 1930, viajou para a URSS, onde encontrou Vygotsky, após uma continuada correspondência (Harrington, 1996: 121-3; Ash, 1998: 215, 288, 305). Após emigrar para os Estados Unidos, com a tomada nazista, Lewin buscou uma última tentativa abortada de um projeto de pesquisa com Korsch, restabelecendo, do exílio, contato com o Instituto de Pesquisa Social (Elteren, 1992; Lewin; Korsch, 1939). Aparentemente, ambos os lados buscavam em vão uma teoria geral da estrutura emergente, da qual uma das primeiras formas foi provavelmente a metáfora da "base e superestrutura" de Marx.[15] Andrew Collier (1994: 110-1) fornece uma útil definição de "teorias da emergência" como

> Aquelas que, enquanto reconhecem que os aspectos mais complexos da realidade (p. ex. vida, mente) pressupõem os menos complexos (p. ex. a matéria), também insistem em que eles têm características que são irredutíveis, por exemplo, não podem ser pensados em conceitos apropriados aos níveis menos complexos – e isso não por causa de qualquer repressão subjetiva ao nosso pensamento, mas em razão da inerente natureza dos estratos emergentes.

O duplo desastre do stalinismo e do nazismo acabou esmagando esses movimentos, mas, em institutos como o ILIaZV e o IEP, projetos coletivos de pesquisa abriram caminho para muitos desenvolvimentos intelectuais potencialmente compensadores.

HISTÓRIA DA CULTURA E DO COMPORTAMENTO

Outro interessante desenvolvimento paralelo no trabalho de Vygotsky e Bakhtin veio no período seguinte a 1928, quando os dois pensadores voltaram sua atenção para as questões das dimensões históricas do desenvolvimento cultural. No caso de Vygotsky, o primeiro resultado dessa mudança foi uma série de artigos sobre o comportamento de animais e do homem, de 1928-29, seguida pelos livros (dois em coautoria com Aleksandr Luria) *Studies of the History of Behaviour: Ape, Primitive, Child* (*Estudos da história do comportamento: o macaco, o primitivo e a criança*) (1930), *Tool and sign* (Vygotskii; Luria, 1984 [1930]) e *The History of the Development of the Higher Psychological Functions* (Vygotskii, 1983 [1931]). No caso de Bakhtin, o desenvolvimento começa com o longo ensaio "Discurso no romance" (1975 [1934]) e talvez culmine no ensaio "Epos e romance" (1975 [1940]), mas inclui seu famoso livro sobre Rabelais (1965 [1938]). Os focos respectivos dos dois pensadores são tão divergentes que uma comparação detalhada não teria sentido, mas as teorias subjacentes desses trabalhos são, no entanto, esclarecedoras.

Quando o Círculo de Bakhtin se dissolveu no final da década de 1920, Bakhtin continuou a trabalhar de acordo com a pauta de pesquisa do ILIaZV, mas seu idealismo era agora sem restrições por reuniões com os membros mais materialistas do Círculo. Bakhtin voltou-se então para as questões históricas e ficou sob a influência do neokantismo hegelianizado de Natorp e principalmente de Ernst Cassirer (1874-1945) que, em *Philosophy of Symbolic Forms* (*Filosofia das formas simbólicas*) (1923-29), havia apresentado a história humana como o desdobramento do espírito humano por meio de uma dialética de formas simbólicas míticas e críticas. Por meio desse processo, a humanidade se liberta do pensamento mítico primordial, reconhece que o mundo empírico não pode ser conhecido e se concentra na construção de um mundo da cultura imaginado separado. Bakhtin transfere essa concepção para a história literária, na qual as relações entre a poesia e o romance são mapeadas naquelas entre formas simbólicas míticas e críticas, mas a anterior teoria do gênero baseada na teoria da *gestalt* está ainda aqui, de modo que o romance torna-se uma estrutura emergente que se ergue sobre as estruturas mais simples das formas culturais pré-romanescas.

Nessa análise, Bakhtin recorre a pelo menos duas fontes que eram comuns à análise histórica do desenvolvimento cognitivo de Vygotsky e Luria: a descrição da mentalidade primitiva do etnógrafo e filósofo durkheimiano Lucien Lévy-Bruhl (1857-1939) (Lévy-Bruhl, 1922; Levi-Briul', 1930) e a localização do pensamento mítico no comunismo primitivo que tinha sido desenvolvida por Nikolai Marr (1865-1934) e seus seguidores. Sabemos que, como muitos de seus contemporâneos, Bakhtin e Luria nutriam grande respeito por Marr e que Luria apresentou Vygotsky a Marr no início da década de 1930 (Vygodskaia, 1996: 125). Voloshinov, quase certamente, encontrou Marr enquanto trabalhava no ILIaZV, na década de 1920, mas a sugestão de Michael Smith de que o Círculo de Bakhtin era formado simplesmente por "clientes da escola de Marr" (Smith, 1998: 92) é exagerada. A relação de Voloshinov com o marrismo é muito mais complexa (Lahteenmaki; Vasil'ev, 2005). Entretanto, a influência do próprio Marr é menos importante que a forma como suas prestigiosas ideias coloriram o modo como certas ideias alemãs e francesas foram interpretadas na Rússia dessa época.

Além de ter sua origem na controversa teoria da linguagem de Marr, que dominou a linguística soviética entre 1930 e 1950, o *marrismo* tornou-se uma forma de psicologia sociocultural que combinava aspectos da *Volkerpsychologie* com marxismo e neokantismo (Brandist, 2005b). Da *Volkerpsychologie* os marristas adotaram a ideia de que a linguagem, e, na verdade, todo o material semântico é principalmente uma "atividade psicofísica", um *continuum* linguístico ou semântico, desdobrando-se no tempo e no espaço por meio da atividade linguística ou semântica da totalidade dos indivíduos que compõem a sociedade. O elemento marxista que os marristas adotaram foi uma adesão à supremacia explanatória das relações de produção, de modo que, onde a *Volkerpsychologen* adotou a primazia das formas de consciência nacionais, os marristas adotaram a primazia da consciência de classes. Formas de consciência comuns surgiam, agora, de uma base material comum e relações produtivas. Os elementos neokantianos derivavam principalmente da teoria social *durkheimiana* (especialmente com Lévy-Bruhl) e do segundo volume de *Filosofia das formas simbólicas,* de Cassirer, sobre o pensamento mítico. Isso inclui uma adesão ao antipsicologismo e a uma teoria estagial do desenvolvimento da consciência humana, do pensamento primordial mítico à consciência crítica. A obra de Cassirer havia sido adotada como fundação filosófica por alguns marristas no final da década de 1920 e isso levou a alguns trabalhos histórico-culturais interessantes na década de 1930, especialmente o de Izrail' Frank-Kamenetski (1880-1937) e Ol'ga Freidenberg (1890-1955).[16] A cultura passava a ser vista como um fenômeno sedimentário que podia ser escavado, com estágios comuns a todas as nações e povos sendo revelados no processo. Todas as formas culturais representavam formas de pensamento e o pesquisador podia revelar as formas progressivamente mais simples, nas quais formas mais complexas surgiriam.

Tais considerações avançaram para o campo dentro do qual Vygotsky e Luria estavam trabalhando por influência do marrismo em etnografia e arqueologia. Marr dirigiu o instituto da RANION preocupado com arqueologia e cultura material da época, a Academia Estatal para a História da Cultura Material (*Gosudarstvennaia akademiia istorii material'noi kul'tury,* GAIMK). Durante toda a década de 1920, esse instituto explorou as partes menos desenvolvidas da URSS e publicou trabalhos com uma inclinação definitivamente marrista.[17] A partir de dezembro de 1929, Marr tornou-se chefe da Comissão para o Estudo da Composição Tribal da População da Rússia (*Kommissia po izucheniiu plemennogo sostava naseleniia Rossii,* KIPS), da Academia de Ciências (Hirsch, 2005: 141-2), o que fez do marrismo a força dominante no estudo de partes subdesenvolvidas da URSS. Isso só poderia deixar sua marca nas teorias de Vygotsky e Luria sobre os fundamentos culturais e sociais de desenvolvimento cognitivo, mesmo que eles não estivessem preparados para seguir o pensamento marrista até os absurdos extremos de seu fundador. A maioria das ideias partilhadas por Vygotsky e Marr, tal como a afirmação de que "a ferramenta e o gesto da mão foram os primeiros meios de trabalho e comunicação, os primeiros sistemas de signos" (Smith, 1998: 91), pode ser explicada pela leitura que ambos faziam das mesmas fontes, tais como Wilhelm Wundt (1832-1920) e Ludwig Noire (1829-89), mas o atrativo dessas ideias foi indubitavelmente reforçado pela dominância do marrismo na década de 1930.

Entretanto, o que é bastante diferente no trabalho de Bakhtin e Vygotsky, nessa época, é que as estruturas emergentes da cultura são, no primeiro caso, *sui generis* e, no segundo, enraizadas na história natural e estruturas biológicas. Notamos como a primeira asserção surgiu da filosofia neokantiana, enquanto a segunda derivou de outras fontes. Uma delas foi, sem dúvida, o marxismo, mas a principal influência sobre Vygotsky, que o levou a uma direção oposta à de Bakhtin, foi provavelmente o experiente psicólogo evolutivo Vladimir Vagner (1849-1934), que tentou ver a psique como um fenômeno em evolução que não pode ser reduzido às leis físicas e químicas em que está assentado. Ele também se opôs fortemente a todas as tentativas, inclusive a dos neokantianos, de apresentar o reino da consciência humana como completamente descontínuo com o do reino animal. A influência de Vagner já foi bem estabelecida (Van der Veer; Valsiner, 1991: 194-7), mas, eu gostaria de mencionar algumas dimensões recentemente descobertas. Entre 1928 e 1934, o ano em que ambos morreram, Vygotsky esteve em constante contato com Vagner e as cartas subsistentes mostram que Vygotsky solicitou que ele orientasse seu estudo da psicologia comparada e, especialmente, da zoopsicologia, áreas nas quais Vygotsky sentia-se profundamente deficiente (RNB 122/1/332; Vygodskaia; Lifanova, 1996: 364-89). Na época, Vagner estava tentando publicar seu último livro, *Sravnitel'naia psikhologiia, oblast' ee issledovaniia i zadachi* (*Comparative Psychology, its Fields of Research and its Tasks*). A publicação estava sendo travada devido a uma crítica negativa e mesquinha dos manuscritos feita por Kornilov, diretor do IEP, e Vygotsky estava pressionando para que o livro fosse publicado, entre outras coisas, levando o manuscrito para o mais proeminente filósofo da época, Abram Deborin (1881-1963), para conseguir sua ajuda.[18] Esse livro nunca foi publicado, mas o manuscrito que subsistiu inclui diversas reflexões interessantes sobre o surgimento do pensamento humano e do discurso, nos níveis ontogenéticos e filogenéticos, o que tem forte semelhança com as ideias desenvolvidas na obra final de Vygotsky.[19]

De acordo com Vagner (RNB f. 122, op. 1, d. 224), os animais só "falam" porque não podem "não falar" – é como uma borboleta batendo suas asas, e os bebês inicialmente são assim. O próximo estágio da evolução ocorre quando os sons vocais começam a ser combinados com instintos específicos. No terceiro estágio, há uma mistura da capacidade de raciocinar com a emissão dos sons vocais. Não há nenhuma evidência de um ser humano "esforçando-se pela linguagem" – o princípio teológico invocado por aqueles que tentam apresentar uma aguda dicotomia entre o mundo animal e o humano. Em vez disso, a diferença entre animais e humanos,

Os círculos de Vygotsky e Bakhtin

nesse domínio, é a maior capacidade e habilidade da criança, e as especificidades do "ambiente psicológico". Os adultos humanos dirigem-se à criança com um propósito definido e, utilizando o balbuciar da criança como material para o discurso futuro, aos poucos, revestem esse balbuciar com um sentido definido. A linguagem, portanto, é um produto da vida social e um fenômeno qualitativamente diferente da "fala" do animal, embora assentada nela.

Aqui, temos a perspectiva na qual Vygotsky inseriu a noção do físico e psicólogo francês Pierre Janet (1859-1947), de que representações coletivas (durkheimianas) são transformadas em funções psicológicas internas por meio de um processo de internalização.[20] Também modelou sua adoção das ideias de pessoas como Frederic Paulhan (1856-1931) e Karl Bühler, de quem Vygotsky extraiu seu modelo funcional dos atos linguísticos, juntamente com a priorização do sentido, ou significado pragmático, sobre a significação, ou significado linguístico.[21] Isso permitiu a Vygotsky ir além da concepção unilateralmente naturalística de estrutura que dominava a teoria da *gestalt* da escola de Berlim e apreciar a importância da orientação semiótica nos atos perceptuais.[22] Vygotsky foi, portanto, capaz de redescobrir a orientação intencional subjacente à base da teoria da *gestalt*, antes que fosse transformada em uma forma mais estreita de psicologia experimental.

Isso também nos permite entender finalmente como as ideias dos Círculos de Vygotsky e Bakhtin[23] convergem, mas nunca coincidem inteiramente. Ambos os grupos buscavam uma teoria geral das estruturas emergentes em psicologia e cultura e, ao fazê-lo, recorreram a um círculo muito semelhante de pensadores contemporâneos que sugeriam maneiras pelas quais determinados subdomínios poderiam ser repensados dessa maneira. Entretanto, os dois grupos de pensadores permaneceram marcados por seus pontos de partida filosóficos: Enquanto Vygotsky foi motivado por uma busca por unidade, de acordo com a qual os fenômenos culturais são coerentes com as estruturas físicas e biológicas, mesmo sendo qualitativamente diferentes delas, o Círculo de Bakhtin foi marcado por uma necessidade neokantiana de dividir o mundo em domínios governados, de um lado, pela causalidade e, de outro, pela teleologia. Se Vygotsky e Bakhtin situam-se como os representantes mais explícitos de cada tendência, então, Voloshinov ficou entre eles, lendo os mesmos trabalhos e envolvendo-se no mesmo tipo de programa de pesquisas coletivas e institucionais que Vygotsky, mas sob contínua influência de um filósofo ligado a uma visão do mundo muito diferente. Desse modo, nós o encontramos afirmando uma pesquisa pela síntese que distintamente lembra Vygotsky, mas, finalmente, incapaz de resistir à forte atração da filosofia dualística de seu colega idealista.

Conclusão

Até o momento, o trabalho sobre as interseções das ideias dos Círculos de Bakhtin e de Vygotsky não se mostrou muito esclarecedor, pois enfocou semelhanças superficiais e não aquilo que lhes é subjacente. Na ausência de um trabalho mais substancial, surgiram muitas tentativas de combinar suas ideias em uma pletora de aplicações, sem qualquer consideração séria sobre as questões de princípio que tornam tais combinações problemáticas. Por exemplo, é impossível integrar as ideias de Bakhtin sobre o discurso monológico e dialógico com uma perspectiva moldada pela psicologia de Vygotsky, sem revisões amplas e estruturais de uma ou de outra. Na ausência de tais revisões, uma combinação, cedo ou tarde, inevitavelmente fracassará em razão de suas contradições internas. Desse modo, a investigação histórica da obra dos respectivos grupos de pensadores não é uma alternativa para o desenvolvimento das ideias, mas uma precondição para um desenvolvimento coerente.

É necessário um complexo estudo histórico que integre a história das ideias e a história das instituições, mas que o faça com um permanente olhar ao ambiente sociopolítico que levou os pesquisadores a formular novas questões sobre os textos em que estavam envolvidos. As ideias com as quais trabalhamos são sempre integradas em um nível "molecular" às estruturas sociais mais amplas e institucionais e, quando são transpostas de um contexto para o outro, inevitavelmente trazem consigo traços das estruturas em que estavam inseridas e que as nutriram. Os pesquisadores precisam estar agudamente cientes de seu próprio ambiente e do ambiente das ideias com as quais trabalham se desejarem fazer uma contribuição competente ao desenvolvimento de seu campo. Esse é claramente um aspecto importante da própria teoria vygotskiana que frequentemente é ignorado por aqueles que trabalham nesse campo nos dias de hoje.

O presente artigo apresenta somente algumas importantes características estruturais que os pesquisadores precisam ter em mente quando trabalham simultaneamente com as ideias dos dois grupos de estudiosos. Muito mais pode ser feito quando se presta maior atenção aos textos individuais e as ideias se esclarecem mutuamente. É preciso lembrar que o resultado dessa pesquisa histórica pode ser o de que os indivíduos com os quais nos ocupamos revelam-se menos interessantes do que havíamos imaginado inicialmente e que é necessária uma avaliação mais profunda da história intelectual. Mesmo se for esse o caso, eles, ainda assim, terão desempenhado um importante papel histórico.

NOTAS

[1] Texto escrito como parte do projeto *The Rise of Sociological Linguistics in the Soviet Union, 1917-1938: Institutions, Ideas and Agendas (O surgimento da linguística sociológica na União Soviética, 1917-1938: instituições, ideias e agendas)*, financiado pelo Conselho Britânico de Pesquisa em Artes e Humanidades e realizado no Bakhtin Centre e no Departamento de Estudos Russos e Eslavônicos da Universidade de Sheffield, Reino Unido.

[2] Suscita preocupação principalmente a obra de Mikhail Bakhtin (1895-1975) e Valentin Voloshinov (1895-1936). É preciso considerar Pavel Medvedev (1891-1938) e Matvei Kagan (1889-1937).

[3] Uma pesquisa na base de dados analítica do Bakhtin Centre está longe de ser exaustiva ou atualizada, em http://rother.shef.ac.uk/bakhtin/ para itens sobre Círculo de Bakhtin e os de Vygotsky, está em torno de 67 entradas. Algumas das mais interessantes pesquisas incluem Caryl Emerson (1983), Friedrich (1993), Melik-Pashaev (1996) e Shorter (1996).

[4] Van der Veer e Valsiner (1991: 363, 7-8) discutem a prática de Vygotsky. Os empréstimos problemáticos feitos por Bakhtin foram claramente demonstrados em Matejka (1996) e Poole (1998).

[5] Bakhtin sofria de problemas recorrentes de inflamação da medula óssea, osteomielite, o que o confinava à cama por longos períodos e o levou à amputação de uma das pernas em meados da década de 1930. Vygotsky estava igualmente incapacitado por ataques recorrentes de tuberculose, que afinal ceifou sua vida em 1934 (e, incidentalmente, a de Voloshinov em 1936). O acesso a publicações era inevitavelmente muito limitado naquela época.

[6] A carreira de Pavel Medvedev foi reconstruída com dificuldade por meio dos esforços de seu filho, Iuri; conferir, principalmente, Medvedev (1998). A carreira de Voloshinov tornou-se mais clara com a publicação de documentos advindos de dois de seus arquivos pessoais no ILIaZV, onde ele trabalhou de 1925 até 1932. O primeiro foi publicado como Voloshinov (1995) e a maior parte traduzida como Voloshinov (2004). O segundo está publicado em russo e em versão inglesa, como um suplemento no artigo originalmente publicado em C. Brandist, Sociological linguistics in Leningrad: the Institute for the Comparative History of the Literatures and Languages of the West and East (ILIaZV) 1921-1933, em Russian Literature LXIII (2008), II/III/IV, pp. 171-200. A tradução em português do texto encontra-se presente neste livro.

[7] Sobre a repressão a essas tendências, conferir Piskoppel' e Shchedrovitskii (1991), Noskova (1995) e, principalmente, Kurek (2004). Sobre os efeitos dessa repressão na recepção dada aos textos de Vygotsky, conferir Etkind (1993).

[8] Sobre a confiabilidade dos textos, conferir Brushlinskii (1996).

[9] Entretanto, algumas das conclusões a que Etkind chegou foram questionadas em Iaroshevskii (1993). Sobre as ligações entre Trotski, *pedologiia e psikhotekhnika*, e o papel que isso desempenhou em sua destruição, na década de 1930, conferir Kurek (2004: 93-7). Sobre as ligações entre Trotski e o início da psicanálise soviética, conferir Etkind (1991).

[10] Um exemplo é o trabalho relacionado de Natorp (1920), parcialmente traduzido na década de 1920 por Matvei Kagan, membro do Círculo de Bakhtin, mas publicado somente em 1995 (Natorp, 1995).

[11] Conferir, por exemplo, a discussão de Kagan sobre a obra de Hermann Cohen no obituário do filósofo alemão (Kagan, 2004: 208-9).

[12] A raiz dessa posição está na distinção de Kant entre *Willkur*, vontade no sentido de desejo, e *der Wille*, a vontade moralmente legislativa. Sobre isso, conferir Brandist (2001).

[13] O artigo de Bühler foi posteriormente expandido como Bühler (1927). Conferir também Pleh (1998).

[14] Deve ser observado que Goldstein, primo de Ernst Cassirer, exerceu uma influência sobre as ideias do filósofo, que foi uma das principais fontes de Bakhtin na década de 1930. Sobre a relação entre Goldstein e Cassirer, conferir Harrington (1996: 148-9).

[15] Essa interpretação do marxismo foi testada em alguns textos da tendência realista crítica, como Collier (1998) e Creaven (2000).

[16] Conferir, principalmente, Frank-Kamenetskii (1929).

[17] *Conferir Marr (1927).*

[18] A crítica de Kornilov está em RNB f. 122, op. l, d. 461; a resposta de Vagner em d. 204. Deborin era, naquela época, membro do IEP.

[19] O manuscrito *Sravnitel'naia psikhologiia, oblast' ee issledovaniia i zadachi,* juntamente com diversas seções retiradas da versão final, é mantido em diversos fichários no arquivo de Vagner RNB f. 122, op. l. O manuscrito completo está no departamento de São Petersburgo do Arquivo da Academia de Ciências Russa (ARAN SPb f. 4, op. l, d. 867).

[20] Sobre como Vygotsky desenvolveu sua ideia a partir de Janet, conferir Akhutina (2004).

[21] Vygotsky recorreu a Paulhan (1928) em Vygotsky (1986 [1934]: 244-6). Sobre isso, conferir Van den Veer e Valsiner (1991: 368) e Innis (1986: 14-5). Para um sumário das ideias de Paulhan, conferir Nerlich (1992: 167-71) e Nerlich e Clarke (1996: 250-3).

[22] Sobre esse problema no trabalho da Escola de Berlim, conferir Macnamara e Boudewijnse (1995).

[23] Aqui emprego "Círculo de Vygotsky" para me referir principalmente a Vygotsky, Luria e A. N. Leontiev (1903-79).

REFERÊNCIAS

ASH, M. *Gestalt Psychology in German culture 1890-1967*: Holism and the Question of Objectivity. Cambridge: Cambridge University Press, 1998.

AKHUTINA, T. L. L. S. Vygotskii: Kul'turno-istoricheskii i estestvenno-nauchnyi podkhody k interiorizatsii [Vygotsky: Cultural-Historical and Natural Scientific Approaches to Interiorization]. *Vestnik Moskovskogo universiteta*, n. 3, 2004, pp. 41-56.

BAKHTIN, M. M. *Tvorchestvo Fransua Rable i narodnaia kul'tura srednevekov'ia i Renessansa* [The Work of François Rabelais and the Popular Culture of the Middle Ages and the Renaissance]. Moscow: Khudozhestvennaia literatura, 1965 [1938].

_____. Slovo v romane [Discourse in the Novel]. *Voprosy literatury i estetiki.* Moscow: Khudozhestvennaia literatura, 1975 [1934], pp. 73-233.

_____. Epos i roman. *Voprosy literatury i estetiki* [Problems of Literature and Aesthetics]. Moscow: Khudozhestvennaia literatura, 1975 [1940], pp. 3-40.

_____. The Problem of Content, Material and Form in Verbal Art. *Art and Answerability*. Austin: University of Texas Press, 1990 [1924], pp. 257-325.

Bocharov, S. G. et al. Komentarii k "Iz arkhivnykh zapisei k rabote 'Problemy rechevykh zhanrov'" [Commentaries on "Of the Archival Notes on 'The Problem of Speech Genres'"]. In: Bakhtin, M. (ed.). *Sobranie sochineniia t. 5*. [Collected Works, v. 5]. Moscow: Russkie slovari, 1996, pp. 555-91.

Brandist, C. The Hero at the Bar of Eternity: The Bakhtin Circle's Juridical Theory of the Novel. *Economy and Society*, v. 30, n. 2, 2001, pp. 208-28.

_____. *The Bakhtin Circle: Philosophy, culture and politics*. London: Pluto Press, 2002.

_____. Bakhtin, Marrism and the Sociolinguistics of the Cultural Revolution. Proceedings of the Eleventh International Bakhtin Conference. Curitiba: Universidade Federal do Paraná, 2003, pp. 145-53. Disponível em: <http://eprints.whiterose.ac.uk/archive/00001115/>.

_____. Voloshinov's Dilemma: On the Philosophical Roots of the Dialogic Theory of the Utterance. In: Brandist, C.; Shepherd, D.; Tihanov, G. (ed.). *The Bakhtin Circle*: In the Master's Absence. Manchester: Manchester University Press, 2004, pp. 97-124.

_____. Early Soviet Research Projects and the Development of "Bakhtinian" Ideas: the View from the Archives. In: *Proceedings of the XII International Bakhtin Conference*. Jyvaskyla: Finland, 2005a.

_____. Le marrisme et l'heritage de la Volkerpsychologie dans la linguistique sovietique In: *Un paradigme perdu:* la linguistique marriste. *Cahiers de l'ILSL*, n. 20, 2005b, pp. 29-56. Disponível em: <http://eprints.whiterose.ac.uk/archive/00001107/>.

_____. Sociological Linguistics in Leningrad: The Institute for the Comparative History of the Literatures and Languages of the West and East (ILIaZV) 1921-33. *Russian Literature LXIII (2008)*, II/III/IV, 2008, pp. 171-200.

Brushlinskii, A. V. Pervye utochneniia tekstov L. S. Vygotskogo [The First Corrections to the Texts of L. S. Vygotsky]. *Psikhologicheskii zhurnal*, v. 17, n. 3, 1996, pp. 19-25.

_____. Sub'ektno-deiatel'nostnaia kontseptsiia i teoriia funktsional'nykh system [The Conception and the Theory of Functional Systems]. *Voprosy psikhologii*, n. 5, 1999, pp. 110-121.

Bühler, K. Die Krise der Psychologie [The Crisis of Psychology]. *Kant-Studien*, v. 31, 1926, pp. 455-526.

_____. *Die Krise der Psychologie* [The Crisis of Psychology]. Jena: G. Fischer, 1927.

_____. *Theory of Language*: The Representational Function of Language. Amsterdam/Philadelphia: John Benjamins, 1990 [1934].

Collier, A. *Critical Realism*: An Introduction to Roy Bhaskar's Philosophy. London: Verso, 1994.

_____. Stratified Explanation and Marx's Conception of History. In: Archer, M. et al. (ed.). *Critical Realism*: Essential Readings. London: Routledge, 1998, pp. 258-81.

Creaven, S. *Marxism and Realism*: A Materialistic Application of Realism in the Social Sciences. London: Routledge, 2000.

Elteren, M. van. Karl Korsch and Lewinian Social Psychology: Failure of a Project. *History of the Human Sciences*, v. 5, n. 2, 1992, pp. 33-62.

EMERSON, C. Bakhtin and Vygotsky on Internalization of Language. *The Quarterly Newsletter of the Laboratory of Comparative Human Cognition*, v. 5, n. 1, 1983, pp. 9-13.

ETKIND, A. M. Trotskii i psikhoanaliz [Trotsky and Psychoanalysis]. *Neva*, n. 4, 1991, pp. 183-90.

_____. Eshche o L.S. Vygotskom: Zabytye teksty i nenaizdennye konteksty [Once More About L. S. Vygotsky: Forgotten Texts and Unpublished Contexts]. *Voprosy psikhologii*, n. 4, 1993, pp. 37-55.

FRANK-KAMENETSKII, I. G. Pervobytnoe myshlenie v svete iafeticheskoi teorii i filosofii [Primordial Thinking in the Light of Japhetic Theory and Philosophy]. *Iazyk i literatura*, n. 3, 1929, pp. 70-155.

FRIEDRICH, J. *Der Gehalt der Sprachform:* Paradigmen von Bachtin bis Vygotskij [The Content of the Form of Language: Paradigms from Bakhtin to Vygotsky]. Berlin: Akademie-Verlag, 1993.

HARRINGTON, A. *Reenchanted Science:* Holism in German Culture from Wilhelm II to Hitler. Princeton: Princeton University Press, 1996.

HIRSCH, F. *Empire of Nations:* Ethnographic Knowledge and the Making of the Soviet Union. Ithaca/London: Cornell University Press, 2005.

IAKUBINSKII, L. P. O dialogicheskoi rechi [On Dialogic Speech]. In: *Izbrannye raboty:* Iazyk i ego funktsionirovanie [Collected Works: Language and its Function]. Moscow: Nauka, 1987 [1923], pp. 17-58.

IAROSHEVSKII, M. G. L. S. Vygotskii - Zhertva "opticheskogo obmana" [L.S. Vygotsky - the Victim of an "Optical Illusion"]. *Voprosy psikhologii*, n. 4, 1993, pp. 55-60

INNIS, R. Introduction. In: HORMANN, H. (ed.). *Meaning and Context.* New York/London: Plenum Press, 1986, pp. 3-30.

KAGAN, M. Hermann Cohen (4 July 1842-4 April 1918). Trad. e ed. C. Brandist e D. Shepherd. In: BRANDIST, C. et al. (ed.). *The Bakhtin Circle*: In the Master's Absence. Manchester: Manchester University Press, 2004 [1922], pp. 193-211.

KHRISTIANSEN, B. [CHRISTIANSEN, B.]. *Filosofiia iskusstva* [The Philosophy of Art]. St. Petersburg: Shipovnik, 1911 [1909].

KORNILOV, K. N. Psychology in the Light of Dialectic Materialism. In: MURCHISON, C. (ed.). *Psychologies of 1930.* New York: Arno Press, 1973 [1930], pp. 243-78.

KUREK, N. S. *Istoriia likvidizatsii pedologii i psikhnotekhniki* [The History of the Liquidation of Pedology and Psychotechnics]. St. Petersburg: Aletieiia, 2004.

LAHTEENMAKI, M.; VASIL'EV, N. L. Retseptsiia "novogo ucheniia" N. Ia. Marra v rabotakh V. N. Voloshinova: iskrennost' ili kon"iunktura? [The Reception of "the New Theory" of N. Ia. Marr in the Works of V. N. Voloshinov: Sincerity or the Way Things Were?]. *Russian Linguistics*, 297, n. 1, 2005, pp. 71-94.

LEVI-BRIUL' [LEVY-BRUHL], L. *Pervobytnoe myshlenie* [Primordial Thinking]. Moscow: Ateist, 1930.

LÉVY-BRUHL, L. *La mentalité primitive*. Paris: Felix Alcan, 1922.

LEWIN, K.; KORSCH, K. *Mathematical Constructs in Psychology and Sociology.* Paper Submitted for the Fifth International Congress for the Unity of Science. Cambridge, 1939.

MACNAMARA, J.; BOUDEWIJNSE, G.-J. Brentano's Influence on Ehrenfels's Theory of Perceptual Gestalts. *Journal of the Theory of Social Behaviour*, v. 24, n. 4, 1995, pp. 401-18.

MARR, N. IA. Gosudarstvennaia akademiia istorii material 'noi kul'tury [The State Academy of the History of Material Culture]. *Pechat' i revoliutsiia*, n. 7, 1927, pp. 285-92.

MATEJKA, L. Deconstructing Bakhtin. In: MIHAILESCU, C.; HAMARNEH, W. (ed.). *Fiction Updated:* Theories of Fictionality, Narratology, and Poetics. Toronto/Buffalo: University of Toronto Press, 1996, pp. 257-66.

MEDVEDEV, LU. P. Na puti k sozdaniiu sotsial'noi poetiki [On the path to the creation of sociological poetics]. *Dialog Karnaval Khronotop*, n. *2,* 1998, pp. 5-57.

MELIK-PASHAEV, A. A. L. S. Vygotskii i M. M. Bakhtin: podgotovitel'nye materialy k nesostoiavshemusia dialogu [L. S. Vygotsky and M. M. Bakhtin: Preliminary Materials Towards a Dialogue that Never Happened]. *Voprosy psikhologii*, n. 5, 1996, pp. 51-6.

MUNIPOV, V. M.; RADZIKHOVSKI, L. A. Psikhotekhnika v sisteme nauchnykh predstavlenii L. S. Vygotskogo [Psychotechnics in the System of Scientific Notions]. In: DAVIDOV, V. V. (ed.). *Nauchnoe tvorchestvo L. S. Vygotskogo i sovremennaia psikhologiia* [L. S. Vygotsky's Scientific Work and Contemporary Psychology]. Moscow: Akademiia pedagogicheskikh nauk SSSR, 1981, pp. 104-07.

NATORP, P. *Sozialpadagogik:* Theorie der Willenserziehung auf der Grundlage der Gemeinschaft [Social Pedagogy: Theory of the Education of the Will at the Foundation of Community]. Stuttgart: F. Frommann (E. Hauff), 1899.

_____. *Sotsial 'naia pegagogika:* Teoria vospitaniia voli na osnove obshchnosti [Social Pedagogy: The theory of the Education of the Will at the Foundation of Sociality]. Trad. A. A. Grombakh. St. Petersburg: Bogdanov, 1911.

_____. *Sozial-Idealismus:* Neue Richtlinien sozialer Erziehung [Social idealism: New Directions in Social Education]. Berlin: Cassirer, 1920.

_____. Sotsial'nyi idealizm [Social idealism]. Trad. M. Kagan. *Dialog Karnaval Khronotop*, n. 1, 1995, pp. 55-126.

NERLICH, B. *Semantic theories in Europe 1830-1930:* From Etymology to Contextuality. Amsterdam and Philadelphia: John Benjamins, 1992.

NERLICH, B.; CLARKE, D. *Language, Action and Context*: The early History of Pragmatics in Europe/America, 1780-1930. Amsterdam/Philadelphia: John Benjamins, 1996.

NOSKOVA, O. G. L. S. Vygotskii o roli psikhotekhniki v razvitii psikhologicheskoi nauki [L. S. Vygotsky on the Role of Psychotechnics in the Development of Psychological Science]. In: DAVIDOV, V. V. (ed.). *Nauchnoe tvorchestvo L. S. Vygotskogo i sovremennaia psikhologiia* [L. S. Vygotsky's Scientific Work and Contemporary Psychology]. Moscow: Akademiia pedagogicheskikh nauk SSSR, 1981, pp. 115-16.

_____. Sotsial'naia istoriia industriarnoi psikhologii v rossii (20-30e gody XX veka) [The Social Theory of Industrial Psychology in Russia (20s and 30s of the 20th century)]. Vestnik MGU ser. 14. *Psikhologiia*, n. 1, 1995, pp. 31-41.

PAULHAN, F. Qu'est-ce que le sens des mots? *Journal de Psychologie*, n. 25, 1928, pp. 289-329.

PISKOPPEL', A. A.; SHCHEDROVITSKII, L. P. Mificheskoe i real'noe v sud'be sovetskoi pedologii [The Mythical and the Real in the Fate of Soviet Psychology]. *Psikhologicheskiizhurnal*, v. 12, n. 6, 1991, pp. 123-3.

PLETI, C. Two Conceptions on the Crisis of Psychology: Vygotsky and Biihler. In: ESCHBACH, K. (ed.). *Karl Biihler's Theory of Language*. Amsterdam/Philadelphia: John Benjamins, 1998, pp. 405-13.

POOLE, B. Bakhtin and Cassirer: The Philosophical Origins of Bakhtin's Carnival Messianism. *South Atlantic Quarterly*, v. 97, n. 3-4, 1998, pp. 357-78.

Repensando o Círculo de Bakhtin

RADZIKHOVSKII, L. A. Komentarii [Commentaries]. In: *L. S. Vygotskii, Sobranie sochinenii torn 2. Problemy obshchei psikhologii* [The Collected Works of L. S. Vygotsky, v. 2: Problems in General Psychology]. Moscow: Pedagogika, 1982, pp. 480-491.

SCHEERER, E. Gestalt Psychology in the Soviet Union: (1) the Period of Enthusiasm. *Psychological Research*, v. 41, (2-sup-3), 1980, pp. 113-32.

SHORTER, D. [SHORTER, J.]. M. M. Bakhtin i L. S. Vygotskii: interiorizatsiia kak "fenomen granitsy" [M. M. Bakhtin and L. S. Vygotsky: Internalisation as a "Border Phenomenon"]. *Voprosy psikhologii*, n. 6, 1996, pp. 118-124.

SMITH, B. Gestalt Theory: An Essay in Philosophy. In: _____ (ed.). *Foundations of.* Munich/Vienna: Philosophia, 1988, pp. 11-81.

SMITH, M. *Language and Power in the Creation of the USSR 1917-1953.* Berlin/New York: Mouton, 1998.

VAN DER VEER, R.; VALSINER, P. *Understanding Vygotsky:* A Quest for Synthesis. Oxford: Blackwell, 1991.

VOLOSHINOV, V. N. *Freudianism:* A Critical Sketch. Trad. I. R. Titunik. Bloomington and Indianapolis: Indiana University Press, 1987.

_____. Lichnoe delo V. N. Voloshinova Voloshinova [V. N. Voloshinov's Personal File]. *Dialog Karnaval Khronotop*, n. 2, 1995, pp. 70-99.

_____. Freidizm: Kriticheskii ocherk [Freudianism: A Critical Sketch]. In: *Filosofiia i sotsiologiia gumanitarnykh nauk* [The Philosophy and Sociology of the Human Sciences]. St. Petersburg: Asta Press, 1995 [1927], pp. 87-190.

_____. Archival materials. In: BRANDIST, C.; SHEPHERD, D.; TIHANOV, G. *The Bakhtin Circle:* In the Master's Absence. Manchester: Manchester University Press, 2004, pp. 223-50.

VYGODSKAIA, G. L. Kakim on byl [How He Was]. *Voprosy psikhologii*, n. 5, 1996, pp. 122-33.

VYGODSKAIA, G. L.; LIFANOVA, T. M. *Lev Semenovich Vygotskii:Zhizn' deitel'nost' shtrizhki k portretu* [Lev Semenovich Vygotsky: Life, Activity, Lines Towards a Portrait]. Moscow: Academia, 1996.

VYGOTSKII, L. S. Problemy vysshikh intellektual'nykh funktsii v sisteme psikhotekhnicheskogo issledovaniia [The Problem of the Higher Intellectual Functions in the System of Psychotechnical Research]. *Psikhotekhnika i psikhofiziologiia truda* III, n. 5, 1930a, pp. 373-84.

_____. Psikhika, soznanie i bessoznatel'noe [The Psyche, Consciousness and the Unconscious]. In: KORNILOV, K. N. (ed.). *Elementy obshcheipsikhologii (osnovnye mekhanizmy chelovecheskogo povedeniia)* [Elements of General Psychology (the Basic Mechanisms of Human Behaviour)]. Moscow: Izd. zaochnye kursy po psikhologopedagogich distsiplinam, 1930b, pp. 48-61.

_____. Istoriia razvitiia vysshikh psikhicheskikh funktsii [The History of the Development of the Higher Psychic Functions]. In: *L. S. Vygotskii, Sobranie sochinenii. Tom 3* [The Collected Works of L. S. Vygotsky, v. 3]. Moscow: Pedagogika, 1983 [1931], pp. 5-228.

VYGOTSKII, L. S.; LURIA, A. R. *Etiudy po istorii povedeniia. Obez'iana. Primitiv. Rebenok* [Studies on the History of Behaviour. Ape. Primitive. Child]. Moscow/Leningrad: Gosizdat, 1930.

_____. Orudie i znak [Tool and Sign]. In: *L. S. Vygotskii, Sobranie sochinenii. Tom 6* [The Collected Works of L. S. Vygotsky, v. 6]. Moscow: Pedagogika, 1984 [1930], pp. 6-90.

VYGOTSKY, L.S. *The Psychology of Art.* Cambridge: MIT Press, 1971 [1925].

_____. *Thought and Language.* Trad. A. Kozulin. Cambridge Mass.: MIT Press, 1986 [1934].

_____. The Historical Meaning of the Crisis in Psychology: a Methodological Investigation. In: REIBER, R. W.; WOLLOCK, J. (ed.). *The Collected Works of L. S. Vygotsky,* v. 3: Problems of the Theory and History of Psychology. New York/London: Plenum Press, 1997 [1926-7], pp. 233-343.

WINDHOLZ, G. Pavlov and the Demise of the Influence of Gestalt Psychology in the Soviet Union. *Psychological Research,* v. 46, n. 3, 1984, pp. 187-206.

FONTES ARQUIVAIS

Arkhiv rossiiskoi akademii nauk (ARAN, St. Petersburg). Fond 4, Pravlenie delami AN SSSR 1927-1934.

Gosudarstvennyi arkhivrossiiskoi federatsii (GARF, Moscow). Fond A- 4655 RANION.

Otdel' rukopisi. Rossiiskaia natsional'naia biblioteka (RNB, St. Petersburg). Fond 122, V.A. Vagner.

As origens da sociolinguística soviética

Em artigo sóbrio e minucioso, o renomado historiador de linguística Konrad Koerner observou que a escassez de consciência histórica nas ciências da linguagem levou a reivindicações exageradas de "novidade, descontinuidade, ruptura e revolução", quando se fala da ascensão da sociolinguística na década de 1960 (Koerner, 2002: 1).[1] Essa observação, sem dúvida, poderia ser estendida a muitos outros elementos das ciências da linguagem e além delas.[2] Koerner partiu em busca do que Vladmir I. Lênin (1975 [1913]), escrevendo sobre marxismo, chamou de as "três fontes e três partes componentes" da sociolinguística. Estas são encontradas: (1) na geografia do dialeto europeu do início do século xx; (2) nas tentativas de definir a linguística como uma ciência social, em vez de natural, seguindo a divisão de ciências naturais e humanas de Wilhelm Dilthey, em seu *Einleitung in der Geisteswissenschaften*, de 1883, e (3) nos trabalhos americanos sobre contato, planejamento e conflitos da linguagem para a década de 1950. Uma precondição para o nascimento da sociolinguística que Koerner não menciona, entretanto, é a forma pela qual o Movimento pelos Direitos Civis nos Estados Unidos facilitou o programa de pesquisa sociolinguística, ao forçar o governo federal a patrocinar pesquisas sobre as falhas educacionais afro-americanas e outros problemas sociais (Dittmar, 1976: 240-9). Também, o movimento motivou o mais conhecido trabalho de Labov e forneceu um clima ideológico que permitiu que ele estabelecesse sua reputação. Assim, o trabalho inicial de Labov sobre "dialetos

---

* N. O.: Artigo originalmente publicado na revista *Journal of Sociolinguistics,* v. 7, n. 2, 2003, pp. 213-31. Título original: "The origins of Soviet Sociolinguistics".

prestigiados" nunca teve o impacto que tiveram seus estudos sobre "O Inglês Negro" (Murray, 1998: 170-4). O próprio Labov caracterizou seu trabalho como uma tentativa de "descobrir se o dialeto falado por crianças negras do Harlem tinha algo a ver com o fracasso das escolas em ensiná-las a ler". Ele concluiu que a conexão era "a desvalorização simbólica do inglês vernáculo afro-americano, parte do racismo institucionalizado de nossa sociedade". O projeto de Labov foi motivado por preocupações democráticas e igualitárias, como fica demonstrado por sua conclusão de que "a linguagem de casa da comunidade negra" é "perfeitamente adequada para o pensamento lógico e o aprendizado", e sua preocupação de que a comunidade negra "nunca se beneficiará com nosso trabalho" (Labov, 1997). Defenderei que uma síntese sociolinguística de duas das "três fontes e componentes" de Koerner foi de fato alcançada na União Soviética nas décadas de 1920 e 1930, e que a função do terceiro componente foi desempenhada pela democrática e igualitária política de linguagem soviética nos primeiros anos após a revolução. Essa política dominou as agendas das instituições em que estavam reunidos alguns dos linguistas mais talentosos e progressistas do início do século XX, e isso foi decisivo para o desenvolvimento da "sociolinguística" soviética.[3] Além disso, a preocupação marxista com a história da ciência social levou a um engajamento muito mais informado historicamente e autoconsciente com as fontes do pensamento sociolinguístico e, correspondentemente, desestimulou os linguistas soviéticos a exagerar a descontinuidade dos estudos futuros.

Em um levantamento dos avanços da linguística soviética da década de 1917-1927, o diretor de estudos linguísticos para a *Rossiiskaia assotsiatsiia nauchno-issledovatel'skikh institutov obshchestvennykh nauk* (RANION, Associação Russa dos Institutos de Pesquisa Científica em Ciências Sociais), Evgeny D. Polivanov (1891-1938), observou que, nessa década, a "transferência do centro de gravidade para o lado sociológico do estudo da linguagem" tornou-se bem estabelecida (Polivanov, 1974b [1928]: 58). Entretanto, Polivanov foi cuidadoso ao observar que a pesquisa por uma "linguística sociológica" era um fenômeno de toda a Europa, clara no trabalho de Meillet, Bally, Vossler, Wrede, Gilliéron e muitos outros. A ciência linguística russa, contudo, em muitos aspectos, "superou a que estava sendo feita no ocidente", como mostraram claramente os trabalhos do professor do próprio Polivanov, o linguista polaco-russo Jan Baudouin de Courtenay (1845-1929) (Polivanov, 1974c [1929]: 176). Apesar de seus avanços, a linguística russa não havia se tornado bem conhecida porque muitos dos mais importantes trabalhos de seus principais praticantes, Baudouin, Filipp F.

Fortunatov (1848-1914) e Aleksei A. Shakhmatov (1860-1920), "permaneceram em manuscrito ou mesmo em rascunho preliminar" e suas conquistas só podiam ser plenamente conhecidas por seus alunos diretos (Polivanov, 1974b [1928]: 60). Chamarei de sociolinguística soviética o que foi, na verdade, desenvolvido pelos alunos desses importantes linguistas, sob os auspícios da RANION. As principais figuras foram Polivanov e Mikhail M. Peterson (1885-1962), no *Institut iazyka i literatury* (IIaL, Instituto de Língua e Literatura) em Moscou, e Lev P. Iakubinski (1892-1945), Viktor M. Zhirmunski (1891-1971) e Boris A. Larin (1893-1964), no *Gosudarstvennyi institut rechevoi kul'tury* (GIRK, Instituto Estatal de Cultura Discursiva, anteriormente *Institut sravnitel'nogo izucheniia literatur i iazykov Zapada i Vostoka* [ILIaZV, Instituto para a História Comparativa das Literaturas e Línguas Orientais e Ocidentais]), em Leningrado.[4] Os linguistas de Leningrado serão, aqui, o foco de nossa atenção.

A avaliação de Polivanov das virtudes da linguística russa pré-revolucionária foi amplamente precisa. *The Moscow Linguistic School* (A Escola Linguística de Moscou), estabelecida por Fortunatov, fez avançar de forma significativa o estudo histórico-comparativo das línguas eslavônicas, engajou-se em importante pesquisa dialetológica e, especialmente no trabalho de Shakhmatov, produziu um trabalho valioso sobre a formação da língua nacional russa. Baudouin é hoje reconhecido como um dos fundadores da linguística moderna, por meio tanto da revolucionarização da fonética quanto de sua delineação metodológica das ciências da linguagem. O estudo de Baudouin sobre a formação da língua polaca e seus estudos sobre os dialetos eslavônicos, ao lado de seus contatos pessoais com importantes linguistas europeus, como Saussure, Hermann Paul e Graziadio Ascoli, são cada vez mais reconhecidos como tendo exercido uma duradoura e recíproca influência nas ciências linguísticas eslavônicas e europeias de modo geral, mesmo se consideramos que a dispersão de seu trabalho em centenas de artigos e diversas línguas tendeu a obscurecer sua completa conquista. Além disso, Baudouin, um ativista político e forte oponente das políticas imperialistas russas, repetidamente enfatizou a necessidade de um encontro entre a ciência social e a linguística, mas percebeu que ambas as disciplinas estavam em um nível muito rudimentar de desenvolvimento para que ele mesmo seguisse essa agenda. Enquanto ensinava na Universidade de São Petersburgo, entre 1900 e 1916, Baudouin transmitiu essa preocupação a seus alunos Polivanov, Iakubinski, Larin e Zhirmunski, que também compartilhavam o radicalismo de seu mestre.[5] Além disso, Iakubinski foi também aluno de Shakhmatov durante a época em que este último foi professor na Universidade de São Petersburgo, em 1908-20, o que só pode ter fortalecido seu conhecimento da formação da língua nacional russa e seu interesse por ela, um tópico que ele sociologizaria extensamente a partir do final da década de 1920.

COMPONENTE UM: GEOGRAFIA DO DIALETO

A geografia do dialeto foi bem estabelecida na Rússia nos anos anteriores à revolução. As tarefas da geografia do dialeto russa foram definidas por Izmail I. Sreznevski (1812-30) já em 1851 (Sreznevski, 1851) e, no final do século XIX, Baudouin de Courtenay, Aleksei I. Sobolevski (1857-1929), Shakhmatov e a Comissão Dialetológica de Moscou iniciaram o estudo dos dialetos eslavônicos (Avanesov, 1952). Esse trabalho foi ampliado e fortalecido pelos linguistas de Leningrado. Em meados da década de 1920, Zhirmunski começou a estudar a dialetologia, folclore e etnografia das colônias alemãs na Rússia. Essas colônias haviam sido estabelecidas no século XVIII e seu isolamento levou à retenção de certas características que haviam desaparecido de outras áreas falantes de alemão no final do século XIX. Em conexão com essa pesquisa, em 1925, 1927 e 1929, o Comissariado Soviético da Educação enviou Zhirmunski para a Alemanha para estudar e dar palestras sobre a dialetologia e folclore alemães. Zhirmunski passou algum tempo nas universidades de Bonn, Marburg e Freiburg, onde trabalhou com alguns dos maiores especialistas da época, tais como Ferdinand Wrede. Seu trabalho dessa época sobre geografia linguística resultou em uma série de artigos e monografias, tanto em russo como em alemão.[6] Zhirmunski, contudo, não estava satisfeito em permanecer vinculado a um estudo da distribuição regional dos dialetos e logo começou a introduzir considerações em seu trabalho que se tornaram preocupações centrais da sociolinguística ocidental nos dias de hoje. De acordo com ele, a geografia linguística auxiliou a desenvolver um tipo de dialetologia especificamente soviético, que se distinguiria da dialetologia "tradicional" por sua preocupação com o relacionamento entre os dialetos e sua estrutura social, e não mais apenas com sua distribuição regional. Em contradistinção à "velha ideia de que existem dialetos mais ou menos isolados que são caracterizados pela totalidade das diversas características dialetológicas", devemos usar os métodos da "geografia social" para traçar a mudança linguística causada pelo comércio e outros fatores, e a formação de áreas "avançadas" e atrasadas. Também é preciso procurar "zonas mistas, com 'exceções' ao tipo dominante em ambos os lados de uma fronteira, acomodações e formas híbridas, e outros sinais de bilingualismo (*dvuiazychie*) que precedem a uniformidade e o estabelecimento de novas fronteiras" (Zhirmunski, 1932: 84).[7]

Embora não tenha tido o mesmo nível de contato pessoal com os linguistas ocidentais que Zhirmunski teve na época, Larin tinha em grande consideração a dialetologia ocidental, especialmente o trabalho de Gilliéron, e esperava editar um atlas dos dialetos eslavônicos, no modelo do *Atlas linguistique de la France*, de Gilliéron (Kornev, 1969). A partir de 1916, Larin envolveu-se com o círculo dialetológico de Lev V. Shcherba (1880-1944), em Petrogrado; ele fez inúmeras expedições para coletar material para sua pesquisa dialetológica que resultaram em duas importantes conferências, em Leningrado e Rostov, no final da década de 1930.

Essa agenda compartilhada entre os estudiosos do ILIaZV-GIRK e as formulações que resultaram de segui-la têm notável semelhança com a tentativa de Antonio Gramsci, líder do Partido Comunista, de reestruturar o trabalho dos geógrafos linguistas italianos de acordo com os princípios do marxismo. Como mostrou Franco Lo Piparo (1979; Brandist, 1996), o trabalho de Gramsci sobre a hegemonia devia muito à neolinguística de Matteo Bartoli que, de acordo com Gramsci, havia estabelecido a linguística como uma disciplina histórica. De fato, a atitude de Gramsci em relação a Bartoli foi muito semelhante àquela dos linguistas de Leningrado em relação a Baudouin. Gramsci encontrou no trabalho de Bartoli sobre conflito linguístico e padrões de inovação uma forma extremamente útil de teorizar as relações de poder político e cultural, mas considerou que a confiança de Bartoli no idealismo psicologista de Croce enfraquecia seriamente o poder analítico da neolinguística. De forma semelhante, os linguistas de Leningrado valorizavam os estudos de Baudouin sobre a dialetologia eslavônica, juntamente com sua concepção da mudança da linguagem por meio do conflito, mas não estavam dispostos a segui-lo ao basear isso em uma etnopsicologia afim com a de Wilhelm Wundt (Adamska-Salaciak, 1998: 33-4).[8] O marxismo forneceria uma base metodológica para remodelar a geografia linguística em uma geografia sociolinguística.

A rápida urbanização do Império Russo e da União Soviética deu um considerável impulso à inicial dialetologia soviética na direção de torná-la uma disciplina sociológica. O crescimento do proletariado urbano, ainda chegando das vilas, tinha sido o fator decisivo na revolução, já que a estrutura estatal czarista mostrou-se incapaz de conter as forças que havia liberado em sua tentativa de competir com poderes econômicos mais avançados. Dentro de um contexto urbano, os particularismos regionais e a linguagem oficial eram correlacionados com várias funções sociais e distinções de classes. Como notou o filósofo e teórico cultural Mikhail Bakhtin, em 1929, o "romance polifônico" de Dostoiévski, no qual é representada uma variedade de "vozes" sociais, encontrou o "terreno mais propício justamente na Rússia, onde o capitalismo avançara de maneira quase desastrosa e deixara incólume a diversidade de mundos e grupos sociais, que não afrouxaram, como no Ocidente, seu isolamento individual no processo de avanço gradual do capitalismo" (Bakhtin, 1984 [1963]: 19-20, 1994 [1929]: 29).* A geografia dos dialetos levou diretamente à pesquisa sociolinguística, quando Larin conduziu um projeto de pesquisa para estudar a "dialetologia urbana" no ILIaZV, em meados da década de 1920, resultando em artigos sobre a variação linguística urbana e jargão (Larin, 1928a; 1931). No primeiro desses artigos, ele afirma: "Se o trabalho linguístico for apresentado cartograficamente, como, por exemplo, na Europa contemporânea, os problemas mais evidentes não pareceriam ser os cantos remotos e inacessíveis, mas as grandes cidades" (1928a: 61).

Entre os estudiosos russos, a "forma elaborada da língua comum-nacional, reforçada por normas escritas" é chamada de "língua literária" (Babkin, Barkhudarov e Filin, 1957: 263).[9] Larin argumentava que "a evolução e o destino" dessa linguagem devem ser estudados por meio da aplicação de "princípios sociológicos" e isso deve envolver o estudo de "seu ambiente linguístico imediato, i.e., *outros tipos de linguagem escrita e toda a variedade do discurso conversacional do coletivo urbano*" (Larin, 1928b: 176). "O folclore urbano, os tipos não canônicos de linguagem escrita, o discurso conversacional dos vários grupos sociais da população urbana exercem uma influência enorme e direta sobre a linguagem literária normalizada, em suas 'mais altas' formas" (Larin, 1928a: 61-2), De acordo com Larin, uma das principais tarefas da dialetologia urbana é descobrir as regularidades e particularidades do desenvolvimento da linguagem urbana não padrão, por meio do "condicionamento mútuo de dois ou diversos sistemas linguísticos à disposição de todo grupo social (ou, respectivamente, individual), porque esse grupo (ou indivíduo) pertence simultaneamente a diversos coletivos que são diferentes em âmbito" (Larin, 1928a: 64).[10] Em seu subsequente trabalho nessa área, Larin lidou com diversos problemas relacionados: as inter-relações dos vários sistemas linguísticos e o problema do multilinguismo dentro de um único coletivo; uma

---

* N. O.: Tradução em português: M. M. Bakhtin, *Problemas da poética de Dostoiévski*, 4. ed., Rio de Janeiro, Forense Universitária, 2008, p. 21.

metodologia para o estudo histórico de vários jargões; o problema da inter-relação de diferentes sistemas de jargão pertencendo a diferentes nações, mas a um único grupo social, e o estudo do movimento dos grupos linguísticos entre a cidade e o campo (Larin 1928b; 1931; 1938).

O estudo da relação entre os dialetos e a "linguagem literária" foi complementado com o estudo da relação entre folclore e literatura. Tanto a seção de linguística como a literária eram representadas no ILIaZV, IIaL e outras instituições da RANION, onde eram conduzidos importantes estudos do folclore (Howell, 1992: 91-118). Os três estudiosos que destacamos tiveram um início de carreira significativo como especialistas literários e Zhirmunski continuou a ser um estudioso literário importante até o fim de sua vida.[11] Na década de 1930, Zhirmunski seguiu pesquisa paralela em dialetologia e folclore, conforme indicado pelo título de seu artigo de 1932 (Zhirmunski, 1932), "The Methodology of Social Geography (Dialectology and Folklore in the Light of Geographical Research)". Nele e em seu artigo de 1934 sobre "The Problem of Folklore", ele argumentava que a sociologia do folclore é o estudo da "antiguidade viva", as relíquias culturais de grupos sociais menos desenvolvidos que conservam "a estrutura transicional da existência econômica e cultural, e são geralmente objeto da exploração capitalista colonial ou semicolonial". De forma semelhante, os dialetos são as relíquias vivas de "relações linguísticas da época feudal" fragmentadas territorialmente, "características dos grupos sociais sobreviventes". O objeto de estudo para a etnografia, folclorística e dialetologia é, portanto, idêntico em sua natureza social (Zhirmunski, 1934: 198, 200). Em 1967, Zhirmunski refere-se ao livro de Iakubinski, *Ocherki po iazyku* (*Essays on Language*), escrito em 1932, que ele o chamou de "formulação clássica da formação da linguagem comum-nacional da sociedade burguesa a partir dos dialetos da época feudal" na base do "entendimento marxista do processo sócio-histórico" (Zhirmunski, 1969).[12] Havia, de fato, paralelos próximos entre as duas abordagens. Zhirmunski argumentava que a cultura dos trabalhadores era qualitativamente diferente da "antiguidade viva" do folclore, assim como Iakubinski defendia que a pluralidade do discurso (*rech*) entre trabalhadores era bem diferente da pluralidade de dialetos (*raznoiazychie*) que o proletariado herda do campesinato. Este último contradiz os interesses objetivos da classe trabalhadora e deve ser "liquidado" na formação de uma linguagem proletária independente (Iakubinskii, 1931: 24-5).

Os linguistas de Leningrado sabiam bem que estavam, em parte, continuando o trabalho de estudiosos pré-revolucionários, como Shakhmatov, que havia usado o método histórico-comparativo em dialetologia, examinando dados etnográficos e históricos ao lado de material dialetológico. Entretanto, seu foco havia mudado decisivamente em direção às implicações sociolinguísticas da urbanização e da concentração de capital, em vez das dimensões psicológicas da formação de uma identidade nacional (Larin, 1960).[13] Shakhmatov escreveu sobre as forças "centrífugas" e "centrípetas" em ação nas relações entre a linguagem escrita que emana do centro do estado e as particularidades do discurso popular (Bezlepkin, 2001: 131-2), que os linguistas de Leningrado reformulam de acordo com princípios sociológicos. Já em 1929, o veterano orientalista e folclorista Sergei Ol'denburg (1863-1934) havia feito o mesmo para os folcloristas românticos russos do século XIX (Toporkov, 1997). Ol'denburg delineou a metodologia do folclore soviético, defendendo que as "interações entre diferentes meios sociais são fenômenos não menos importantes que aquelas entre raças e povos" e que "às tendências em direção à diferenciação são sempre opostas às tendências rumo à unificação" (Ol'denburg, 1929: 234-5). A sociologização da geografia do dialeto foi claramente levada a cabo de forma até bem completa pelos linguistas de Leningrado, com uma insistência paralela em que tais trabalhos colocam o estudo da linguagem de forma sólida entre outras ciências sociais e culturais.

COMPONENTE DOIS: A LINGUÍSTICA COMO UMA CIÊNCIA SOCIAL

Em seu artigo sobre as fontes da sociolinguística, Koerner chama a atenção do leitor para a importância da recolocação que Baudouin faz da ciência linguística como uma ciência social, na Rússia, e mesmo de seus limitados *insights* sociológicos sobre a linguagem (Koerner, 2002: 7, 11).[14] A importância de Baudouin para a metodologia dos linguistas de Leningrado, porém, vai além disso, pois suas ideias serviram para delimitar a aplicação do marxismo às ciências da linguagem. Polivanov estava certo ao observar que abordagens sociológicas à linguagem tornaram-se dominantes na década de 1920, mas eram muito variadas, indo da formulação durkheimiana do problema, por Peterson, às várias tentativas de criar uma linguística especificamente marxista (Alpatov, 2000a; Peterson, 1927).

A mais notória entre estas últimas foi a "New Doctrine of Language", desenvolvida por Nikolai Ia. Marr (1865-1934) e seus seguidores, que era uma tentativa de correlacionar formas linguísticas diretamente com fatores socioeconômicos, levando a ideias bizarras, como a de que não há famílias de línguas e a de que diferentes classes em uma sociedade monolingual falam diferentes línguas. Alpatov mostrou que, embora uma quantidade de estudos muito bons tenha sido desenvolvido pelos linguistas que trabalhavam sob a bandeira do marxismo, de modo geral, não havia nada especificamente marxista na maioria das formulações resultantes da "linguística marxista", e mesmo os pronunciamentos do próprio Marr eram ideias geralmente já formuladas (e frequentemente fantásticas) que foram subsequentemente atreladas a slogans marxistas. Somente em 1950 a busca por uma linguística especificamente marxista foi abruptamente interrompida, quando o próprio Stalin removeu-a efetivamente da agenda, "equacionando a linguagem com os objetos de estudo das ciências naturais" (Alpatov, 2000a: 186).[15] A mais famosa tentativa posterior de distinguir entre uma "ciência natural" da linguística e uma ciência social do discurso foi o ensaio de Bakhtin sobre os gêneros discursivos de 1953-54, mas mesmo este último permaneceu enraizado em algumas das ideias desenvolvidas pelos estudiosos do ILIaZV-GIRK, mais especificamente na própria ideia dos gêneros discursivos (Bakhtin, 1996 [1953-1954]).[16] Não obstante, a intervenção de Stalin, seguida pela influência das ideias estruturalistas, teve o efeito, não apenas de restringir a dominância do marrismo, mas de remover o "problema da dialetologia social" da linguística soviética por uma década.[17]

Como argumentou Zhirmunski de forma bastante razoável, em 1964, a afirmação de Stalin de que a diferenciação de classe da linguagem era uma "fórmula incorreta e não marxista", introduzida por Marr que vulgarizou consideravelmente a questão, já que muitos linguistas, nas décadas de 1920 e 1930, haviam formulado o mesmo problema de forma bastante diferente (Zhirmunski, 1964; 1968). Embora promovendo um encontro entre a linguística e a ciência social marxista, os estudiosos do ILIaZV-GIRK nunca tentaram de fato construir uma concepção especificamente marxista da linguagem como tal. Nisso eles permaneceram leais à distinção de seu professor entre a história interna e externa de uma língua:

> Essa história interna de uma língua (ou línguas) deve ser claramente distinta de sua história externa, que aborda a linguagem etnologicamente, do ponto de vista do destino de seus falantes, e que é consequentemente uma parte da linguística aplicada, visto que aplica sua sistemática à etnografia e etnologia (nesse sentido que falamos de linguística aplicada como pertinente a outras ciências). (Baudouin de Courtenay, 1972 [1870]: 63-4)

Os estudiosos do ILIaZV usaram o marxismo para construir uma linguística sociológica aplicada, uma sociolinguística no verdadeiro sentido, em vez de perseguir o sonho de uma linguística marxista. Iakubinski, por exemplo, recorreu muito aos escritos históricos de Marx e ao detalhado estudo de Lênin de 1899 (2ª edição, 1908), *The Development of Capitalism in Russia*, que ele, então, integrou à sua concepção da formação da língua nacional russa. De modo semelhante, Zhirmunski recorreu produtivamente a fontes marxistas para seu importante trabalho de 1936, *Natsional'nyi iazyk i sotsial'nye dialekty* (*National Language and Social Dialects*) (Zhirmunskii, 1936). Embora referências gratuitas aos "clássicos marxistas" fossem *de rigueur* nos estudos soviéticos, na época em que esses trabalhos foram publicados, e os estudiosos do ILIaZV-GIRK não fossem imunes a essa tendência, não há dúvida quanto à importância estrutural das ideias sociológicas marxistas subjacentes a esses trabalhos. O marxismo foi chamado para explicar as forças sociais que formaram a interação discursiva em cada época, o que levou ao surgimento do fenômeno da língua nacional e discurso público.

Marr e seus seguidores foram representados no ILIaZV desde seu início e a "nova doutrina" era matéria obrigatória de ensino para os pós-graduados, mas reinava nesse instituto uma pluralidade de abordagens sobre as relações entre o marxismo e o estudo da linguagem. Até mesmo restou alguma flexibilidade depois que houve o endosso oficial ao marrismo como o "marxismo em linguística" e o instituto foi transformado no GIRK (Zinder; Stroeva, 1999). Além disso, Polivanov foi o mais visível oponente ao marrismo e os outros linguistas com que nos preocupamos aqui tinham uma relação claramente ambivalente com ele. Olhando para o período de Marr, Zhirmunski observou que, embora o "trabalho linguístico concreto" de Marr devesse ser rejeitado naquilo que se baseava na "fantástica ideia de uma análise paleontológica de todas as línguas do mundo, de acordo com quatro elementos primários", certas de suas características levaram os linguistas de Leningrado para direções produtivas:

> Tenho especialmente em mente coisas como a luta de Marr contra a teoria estreitamente eurocêntrica da linguística tradicional; a abordagem estagial-tipológica ao desenvolvimento das linguagens e sua comparação, independente de sua linha comum de descendência; pesquisa na área das inter-relações entre linguagem e pensamento; e o que pode ser chamado de abordagem semântica aos fenômenos gramaticais. (Bazylev; Neroznak, 2001: 18)

A partir de 1923, Iakubinski adotou características semelhantes do marrismo, mas rejeitou a correlação direta de Marr entre formas gramaticais e estruturas socioeconômicas, ou seja, entre formas linguísticas e classe social.[18] Decisiva no trabalho de Iakubinski sobre a linguagem como um fenômeno social foi a distinção

122

entre duas funções primárias da linguagem, das quais derivam todas as demais: (1) linguagem como meio de comunicação e (2) linguagem como ideologia. Embora distintas, "*essas funções fundamentais nunca devem ser separadas*: em todos os seus fenômenos a linguagem cumpre ao mesmo tempo essas duas funções". De acordo com Iakubinski, a "linguística marxista" argumenta que "uma língua é uma unidade dessas funções" e mostra como, em vários estágios de desenvolvimento de uma sociedade, esses dois aspectos "entram em contradição". Ele mostra também como essa contradição, determinada por circunstâncias socioeconômicas, atua como o "motor interior" do desenvolvimento da língua (Ivanov; Iakubinski, 1932: 62-3). Isso se torna especialmente evidente sob o capitalismo:

> O mesmo capitalismo que no grau máximo diferencia a linguagem como ideologia luta para transformar interclasses em toda a nação em um meio de intercurso. Desse modo, a linguagem, tendo tomado forma na sociedade capitalista, é caracterizada pela intensificação dessa contradição interna que mencionei acima. Essa contradição pode ser formulada como a contradição entre o aspecto comum da linguagem como meio de intercurso (forma) e a diferenciação de classe da linguagem como ideologia (conteúdo). (Ivanov; Iakubinski, 1932: 62-3)

Essa dialética é um princípio metodológico central para os linguistas de Leningrado e é também a mais direta fonte do hoje famoso trabalho de Mikhail Bakhtin sobre as forças "centrífugas" e "centrípetas" em ação no desenvolvimento da língua, levando à centralização linguística (*edinyi iazyk*), e pluralidade discursiva (*raznorechie*) (Bakhtin, 1975 [1934-1935]; 1981 [1934-1935]).[19]

Os linguistas de Leningrado, portanto, tentaram construir uma linguística aplicada, ou seja, uma ciência social no pleno sentido dessa expressão. Diferente do marrismo, isso não significou a redução dos trabalhos internos da língua a princípios sociológicos, mas, em vez disso, significou um estudo da forma pela qual fatores sociológicos deram forma a uma língua ao longo do tempo. Não há dúvida de que as conexões entre formações sociais e formas linguísticas que os estudiosos de Leningrado perceberam foram "muito diretas e não mediadas", como eles mesmos mais tarde admitiram (Zhirmunskii, 1968: 22; Zinder; Stroeva, 1999: 206), mas sua orientação teórica geral era construtiva. Nos artigos de Iakubinski da década de 1930, isso resultou em uma análise sutil da formação da língua nacional russa e da pluralidade discursiva resultante. No caso de Zhirmunski e Larin, isso acarretou em algumas análises da relação entre estrutura social e dialeto que, sob muitos aspectos, ainda não foram superadas nos estudos russos.

Componente três: política linguística

Quando a Revolução Russa irrompeu, em 1917, a linguística estava bem preparada para tirar proveito das novas condições para o desenvolvimento intelectual. Parece não ter faltado linguistas e jovens e talentosos que, no mínimo, estavam preparados para atuar como "simpatizantes" do novo regime revolucionário e foi especialmente verdadeiro entre os herdeiros intelectuais de Baudouin de Courtenay. Em um panfleto escrito em 1905, mas publicado um ano mais tarde, Baudouin defendia que nenhuma língua deve receber o *status* de língua estatal e que, enquanto a língua governamental central deva ser a da nacionalidade mais numerosa, não deve ser proibido o uso de outras: "todo cidadão tem direito a se comunicar com as instituições estatais centrais em sua própria língua nativa". A educação deve estar disponível na língua das minorias nacionais, pois uma "escolha da língua completamente livre" é a melhor forma de assegurar um estado multinacional harmonioso (Baudouin de Courtenay, 1906: 12-6). Mais tarde, ele desenvolveu essa ideia em princípios para uma federação multilingual de línguas formalmente iguais (Baudouin de Courtenay, 1913), o que o levou à prisão por "atividades contra o estado". A política bolchevique inicial era quase idêntica à posição de Baudouin. Desse modo, Lênin pôde argumentar o seguinte em um artigo de jornal de 1914:

> O que significa uma língua oficial compulsória? Na prática, significa que a língua dos Grandes Russos, que são uma minoria na população da Rússia, é imposta a todo o restante da população. Em toda escola, o ensino da língua oficial deve ser obrigatório. Toda a correspondência oficial deve ser feita na língua oficial, não na língua da população local.

> Os marxistas russos dizem que... não deve haver nenhuma língua oficial obrigatória... a população deve ter escolas onde o ensino seja conduzido em todas as línguas locais... uma lei fundamental deve ser introduzida na constituição, declarando inválidos todos os privilégios de qualquer nação e as violações aos direitos das minorias nacionais. (Lênin, 1983 [1914]: 134, 136)

Lênin defendia um modelo suíço de relações linguísticas e passou tempo suficiente pensando sobre a questão para que seus dispersos escritos sobre a linguagem enchessem um volume separado, publicado diversas vezes durante o período soviético, mesmo quando as políticas recomendadas já há muito tinham sido abandonadas.

Não é nem um pouco surpreendente que os herdeiros intelectuais de Baudouin de Courtenay, entre outros, estivessem preparados para se aliar aos bolcheviques, e não houve falta de trabalho prático para eles. Como recordam Zinder e Stroeva sobre sua época no ILIaZV-GIRK:

> Uma característica típica da época era a urgência em conseguir qualquer coisa de utilidade diretamente prática de toda pesquisa. E, nesse sentido, o campo para atividade era vasto: em primeiro lugar, a maioria das línguas era essencialmente não estudada e não tinha forma escrita, a política de língua nacional do novo estado soviético introduziu o estudo de uma língua nativa e em uma língua nativa; houve a difusão da linguagem literária entre as massas trabalhadoras: correspondentes operários e camponeses, agitadores e propagandistas; um método para o ensino de línguas europeias estrangeiras amplamente fincou raízes entre as massas, um método que devia ser decisivamente distinto do "método da governanta" (I. V. Shcherba). Novos tipos de concessões foram criadas em conexão com todas essas tarefas. (Zinder; Stroeva, 1999: 207)

Polivanov e Nikolai F. Iakovlev (1892-1974) assumiram papéis de destaque na nova política que visava a trazer as línguas nacionais menos desenvolvidas do velho Império Russo para um ponto em que elas pudessem adquirir igualdade formal com o russo. Isso frequentemente significou a codificação de uma "linguagem literária" e o desenvolvimento de alfabetos, geralmente baseados no cursivo latino.[20] A participação de Marr no planejamento da linguagem foi bem mais limitada que a de muitos outros linguistas da época. Ele foi, porém, membro do Alphabet Comitee (Comitê do Alfabeto), influenciando a direção da "latinização", de acordo com sua doutrina da hibridização gradual de todas as línguas em uma única língua global. Embora o russista Iakubinski não tenha participado dos trabalhos concretos sobre os alfabetos, ele escreveu muito sobre os problemas teóricos da política linguística. A "questão da língua" foi política tão premente nos anos após a revolução e o envolvimento dos linguistas foi tal que a terceira "fonte e componente" da sociolinguística dominou a atenção, tanto de linguistas como de cientistas sociais da época.

Iakubinski definiu "política linguística" como "a intervenção consciente da sociedade no processo linguístico em desenvolvimento" (Iakubinskii; Ivanov, 1930: 49) e isso coloriu sua relação com os linguistas ocidentais. Quanto a isso, é típico o trabalho que ele entregou no ILIaZV, em 1929, intitulado "F. de Saussure on the Impossibility of Linguistic Policy", no qual a imobilidade e compulsão da *Langue* de Saussure foram, como era comum na época, tratadas como uma reivindicação da condição ontológica de uma língua, em vez de uma orientação metodológica:

"Se Saussure estiver correto, então, o famoso e excelente conselho de Marx aos filósofos, para não apenas estudar mas reformar o mundo, é recusado aos linguistas" (Iakubinskii, 1986 [1931]: 73).[21] De acordo com essa ideia, a língua "se desenvolve de modo elementar, independente da vontade do povo" e o povo em "sociedade deve tomar a língua simplesmente como a recebe da antiga geração e não tem poder para mudar nada" (Iakubinskii; Ivanov, 1930: 49). É encontrada uma avaliação semelhante de Saussure em *Marxism and Philosophy of Language* (*Marxismo e a filosofia da linguagem*), de V. N. Voloshinov, publicado no mesmo ano, enquanto Voloshinov estudava no ILIaZV.[22] Tal abordagem foi considerada errônea, pois a "política linguística existiu no passado e, além disso, deve existir em uma sociedade que se move em direção ao socialismo". A política da linguagem é uma parte vital da "construção socialista" (Iakubinskii; Ivanov, 1930: 50). A retórica do Primeiro Plano Quinquenal certamente pode ser detectada nos artigos de Iakubinski desse período, mas as preocupações indubitavelmente se espalhavam e pré-dataram a "revolução a partir de cima" de Stalin. Também, as discussões dos linguistas de Leningrado sobre a política linguística eram muito mais sofisticadas do que a mera disseminação de frases de burocratas culturais ou da linguística marrista da década de 1930. Assim, Iakubinski insiste em que "se uma política da linguagem deseja alcançar algum resultado, deseja ser socialmente útil [*poleznyĭ*], ela deve ser uma política racional, *orientada para um objetivo*, e, para isso, precisa ser *guiada* por uma *teoria científica*" (Iakubinskii; Ivanov, 1930: 50). Os estudiosos do ILIaZV-GIRK, de modo geral, viam a si mesmos como formuladores dessa teoria científica, mas também ligando-a com as muitas tarefas práticas do cotidiano.

SOCIOLINGUÍSTICA SOVIÉTICA?

Em que medida, então, pode-se dizer que o trabalho dos estudiosos soviéticos que discutimos constitui uma sociolinguística *avant la lettre*? Vamos tomar a seguinte definição:

> A sociolinguística olha para a escolha sistemática de itens de linguagem correlacionados com fatores sociais que se relacionam com o orador e o receptor (origem regional ou social, idade, sexo), aqueles relativos ao contexto da situação da expressão (participantes, cenário, propósito e natureza da interação) e aqueles relativos ao meio (falado ou escrito) da mensagem (gênero e registro). A sociolinguística é, portanto, preocupada tanto com o estudo da linguagem como

As origens da sociolinguística soviética

com o estudo da sociedade: com a esfera dos itens de linguagem usados e as razões pelas quais são usados, mas também com as características sociais de quem fala, suas atitudes e seu uso da linguagem para transmitir sentido e efetuar funções sociais. (Ager, 1990: 1-2)

Embora se possa encontrar uma ou várias áreas desse domínio cobertas pelo estudo de vários linguistas no século XIX, *todas* elas são cobertas pelo trabalho dos estudiosos soviéticos discutidos. O exemplo mais claro é, sem dúvida, o de Iakubinski no início da década de 1930. Perto do final de sua série de artigos de 1930-1931, ele observa que o que distingue a linguagem do proletariado não é (como tinha reivindicado Marr) sua pronúncia, gramática ou vocabulário, mas seu "*método discursivo*". Esse é o "*modo de usar* do material da língua comum-nacional", o "*tratamento* (*obrashchenie*)" desse material, "o *modo de seleção,* a partir dele, de fatos necessários para fins concretos", a "*atitude* em relação a esses fatos e sua avaliação". Esse "método discursivo proletário" é formado espontaneamente durante a luta do proletariado com a burguesia "na ordem do intercurso conversacional cotidiano e é organizado pelos trabalhadores linguísticos mais avançados, os ideólogos do proletariado (escritores e oradores), nos vários gêneros de discurso público oral e escrito". Esse método é, a princípio, formado principalmente nos "gêneros político, filosófico e científico do discurso público", mas, após a tomada do poder político pelo proletariado, o processo adquire um "caráter de massa" e se estende para "todos os gêneros discursivos" (Iakubinskii, 1931: 32-3).

Assim como Labov operou dentro de um contexto dominado pela política de raça e, com isso, focou na sociolinguística do negro urbano americano, os linguistas de Leningrado operaram dentro de um contexto dominado por questões de classe e opressão nacional. O foco da atenção dos linguistas envolvidos era definido de acordo com isso. Uma grande diferença, porém, foi que, enquanto os sujeitos de Labov "nunca se beneficiaram" de seu trabalho, o proletariado e campesinato soviéticos, juntamente com as minorias nacionais, beneficiaram-se consideravelmente do trabalho dos linguistas de Leningrado. Os movimentos contra o analfabetismo e a dominação da linguística russa tiveram sucesso considerável – até que a "revolução a partir de cima" de Stalin, juntamente com sua agenda chauvinista russa, penetrasse a política da linguagem na década de 1930. Mesmo assim, entretanto, o impulso libertário do marxismo e as lições da inicial política da linguagem viveram no trabalho dos linguistas de Leningrado, embora distorcidos pelas exigências do marrismo e pressões da censura estatal. Somente com o ataque de Stalin ao marrismo a questão da "dialetologia social" foi removida da agenda acadêmica e a língua compartilhada (com predomínio do russo) dos povos soviéticos, presumidamente "sem classes", dominou sempre. Houve uma breve sobrevida na época do assim chamado "degelo", mas a erradicação do marxismo crítico, a passagem de gerações e a falta de apoio institucional significaram que a "época de ouro" da sociolinguística soviética havia passado. Como observa Alpatov (2000a: 192):

> Restaurada à legitimidade na URSS a partir de 1960, a sociolinguística caiu em duas tendências distintas, que não raramente eram combinadas no mesmo trabalho: de um lado, a análise séria e informativa de fatos concretos relativos à política linguística, a difusão do bilingualismo e monolingualismo em um país ou em uma região ou outra, e assim por diante; e, de outro lado, declarações radicais, tiradas dos editoriais dos jornais e decisões dos congressos do Partido, frequentemente criticando os próprios fatos mencionados no mesmo trabalho (isso foi especialmente verdade em trabalhos sobre a URSS, onde encantamentos com a "igualdade" e o "florescimento" das línguas menores assentavam ao lado de dados factuais atestando o oposto).

Embora tenha sido realizado um trabalho valioso, certa paralisia teórica resultou dessa contradição, deixando finalmente a sociolinguística soviética subdesenvolvida em comparação à sua prima ocidental.

O trabalho dos primeiros linguistas soviéticos tem sido injustamente ignorado no Ocidente e na Rússia. No Ocidente, isso levou a uma difundida impressão de que os pensadores marxistas, de modo geral, ignoraram a linguagem, enquanto na Rússia, a vulgarização e em seguida a demonização do marxismo levou à impressão de que os engajamentos marxistas com a linguagem estão fadados a ser exercícios de charlatanismo. A tentativa disso é sintomática, tanto na Rússia quanto no Ocidente, de tratar o livro de Voloshinov (1973), *Marxism and Philosophy of Language* (*Marxismo e a filosofia da linguagem*), um produto de seu trabalho no ILIaZV, como um exercício mascarado de subversão do marxismo realizado pelo estudioso supostamente antimarxista Mikhail Bakhtin. Como esse é um trabalho de considerável sofisticação, assume-se simplesmente que ele não poderia ser uma tentativa genuína de realizar um diálogo entre o marxismo e a filosofia da linguagem. Na ausência de qualquer evidência concreta que dê suporte a essas ideias, fica clara que a aceitação desses argumentos repousa na ignorância do contexto a partir do qual o trabalho emergiu.[23] Uma sociolinguística marxista sofisticada, aberta a ideias de outras tradições intelectuais, foi característica do trabalho dos principais estudiosos dos ILIaZV. Esse trabalho merece ser revisto

As origens da sociolinguística soviética

e pesquisado por seus próprios méritos. Essa pesquisa nos daria não só uma impressão mais exata do desenvolvimento das ciências da linguagem na União Soviética e nos obrigaria a rever preconceitos atuais sobre o marxismo e as ciências da linguagem, como serviria para mitigar as reivindicações exageradas de novidade e descontinuidade, para as quais Koerner chama a nossa atenção.

NOTAS

[1] Koerner, assim como eu neste trabalho, concentra-se nos estudos da variação linguística e sua importância social foi iniciada pelo programa de pesquisa de Labov, em vez da sociologia e etnologia do uso da linguagem associados com o trabalho variado de, por exemplo, Basil Bernstein, Joshua Frishman, Dell Hymes e John Gumperz. Embora sejam possíveis, e até prováveis, ligações entre os acadêmicos soviéticos aqui discutidos e o trabalho desses pensadores precisaria ser traçada uma rota diferente dentro da história intelectual.

[2] Um exemplo particularmente claro seriam as exageradas alegações de novidade em nome da teoria do ato da fala; sobre isso conferir Nerlich e Clarke (1996: 2ff.) e Smith (1990).

[3] Emprego "sociolinguística" com o significado de "estudo das relações entre linguagem e sociedade, com o objetivo de compreender a estrutura da linguagem" (Chambers, 1995: 11).

[4] Em 1926, quando o ILIaZV foi trazido para os auspícios da RANION, após ser estabelecido dentro da Universidade de Leningrado, sua missão era realizar: "(1) trabalho teórico de pesquisa acadêmica no campo das línguas e literaturas de todo o mundo; (2) trabalho prático de ensino acadêmico para preparar alunos pós-graduados, linguistas e estudiosos de linguística para conduzir atividade independente de pesquisa acadêmica e ensino em instituições de educação superior" (anon., 1926: 409). Quando o instituto tornou-se o GIRK, em 1930, a seção literária foi fechada.

[5] Ao que parece, Zhirmunski não foi de fato aluno de Baudouin, mas, como observa L. P. Zinder, ex-assistente de Zhirmunski, este último "via Baudouin de Courtenay como seu professor (e sempre falava sobre isso)" (Zinder, 1998: 190). A associação próxima de Zhirmunski com os alunos de Baudouin, Lev. V. Shcherba, Iakubinski e Larin, no ILIaZV e no GIRK foi, sem dúvida, uma experiência formativa. Deve-se observar também que Shcherba foi o mais antigo aluno de Baudouin no ILIaZV e exerceu significativa influência sobre outros linguistas de Leningrado. Sobre isso, conferir Larin (1977).

[6] Para um relato dos estudos de Zhirmunski e uma relação de suas publicações dialetológicas, conferir Zinder (1998: 192-3).

[7] Zhirmunski estava claramente ecoando os achados de Georg Wenker e Jules Gilliéron. Essa formulação também ecoa Baudouin de Courtenay (1963 [1901]) e Shcherba (1958 [1925]), tendo sido o segundo originalmente publicado em *Iafeticheskii sbornik*, de Marr. Os paralelos entre Marr e Baudouin nesse ponto foram notados por Polivanov (1974c [1929]: 176).

[8] Como Gramsci, contudo, os "baudouinianos" tendiam a pensar a linguagem como um processo ininterrupto de pensamento coletivo, como atividade linguística.

[9] O *The Soviet Encyclopaedic Dictionary of Linguistics* define a categoria da seguinte maneira: "A forma fundamental supradialeto da língua existente, caracterizada por um maior ou menor grau de desenvolvimento [*obrabotannost*], polifuncionalidade, diferenciação estilística e tendência à regulação. De acordo com seu *status* cultural e social, a

129

linguagem literária é contraposta aos dialetos territoriais, vários tipos de *koines* cotidianos e discurso não padrão – como uma forma superior da língua existente" (Iartsev, 1990: 270).

[10] Os "coletivos" de Larin parecem ser usados de maneira similar às "comunidades de discurso" de Labov.

[11] Iakubinski foi membro do grupo formalista OPOIaZ, enquanto Zhirmunski começou sua carreira como simpatizante dos formalistas. Sobre Larin como estudante da linguagem da literatura artística, conferir Fedorov (1974).

[12] O livro em questão é Ivanov e Iakubinski (1932), embora sua maior parte tenha sido publicada como uma série de artigos em *Literaturnaia Ucheba*, em 1930-1931.

[13] Sobre o método histórico-comparativo de Shakhmatov, conferir Berezin (1976: 133-49).

[14] Conferir também Lenek (1989) e Olmsted (1989).

[15] O argumento de Stalin de que "embora seja diferente, em princípio, da superestrutura, a linguagem não difere dos implementos de produção, das máquinas, por assim dizer, que são tão indiferentes à classe quanto à linguagem" (Stalin, 1950).

[16] Conferir também Brandist (2002: 156-64). Iakubinski repetidamente usa a expressão "gênero discursivo" (*rechevoi zhanr*) em seus artigos do início da década de 1930. Conferir, por exemplo, Iakubinskii (1930: 89-92).

[17] Até o aparecimento do Círculo de Bakhtin nos estudos ocidentais, o desenvolvimento estruturalista da linguística russa foi mais visível no Ocidente, principalmente por meio da influência dos emigrados Roman Jakobson e Nikolai Trubetskoi.

[18] Um relato completo do trabalho de Marr está além do âmbito deste artigo. Para um esquema detalhado, conferir Thomas (1957) e Alpatov (1991: 32-78). Sobre a dominância do marrismo, conferir também Slezkine (1996).

[19] A noção de forças centrífugas e centrípetas na linguagem remonta no mínimo à palestra inaugural de Baudouin, de 1870 (Baudouin de Courtenay 1972 [1870]).

[20] Sobre isso, conferir Polivanov (1974d [1927]), Crisp (1989), Smith (1998: 121-42) e Alpatov (2000b: 51-72). Os cursivos latinos foram geralmente substituídos pelos cirílicos no final da década de 1930, à medida que a agenda nacionalista russa retornou à linguística.

[21] Para uma crítica dessa interpretação comum de Saussure, conferir Thibault (1997: 80-2).

[22] Para uma discussão detalhada das relações acadêmicas entre Voloshinov e Iakubinski, conferir Ivanova (2000). A crítica de Voloshinov a Saussure está em Voloshinov (1973 [1929]: 65-8; 1995 [1929]: 279-98).

[23] Para estudos críticos sobre a questão dos "textos questionados" do Círculo de Bakhtin, conferir Hirschkop (1999: 126-40); Tihanov (2000: 8-9); Brandist (2002: 4, 8-9, 53).

REFERÊNCIAS

ADAMSKA-SALACIAK, A. Jan Baudouin de Courtenay's Contribution to Linguistic Theory. *Historiographia Linguistica* v. 25, n. 1/2, 1998, pp. 25-60.

AGER, D. *Sociolinguistics and Contemporary French*. Cambridge: Cambridge University Press, 1990.

ALPATOV, V. M. *Istoriia odnogo mifa: Marr i marrizm*. Moscow: Nauka, 1991.

_____. What is Marxism in Linguistics? In: BRANDIST, C.; TIHANOV, G. (ed.). *Meterializing Bakhtin*: The Bakhtin Circle and Social Theory. Houndmills: Macmillan, 2000a, pp. 173-93.

_____. *150 iazykov i politika 1917-2000:* Sotsiolingvisticheskie problemy SSSR i postsovetskogo prostranstva. Moscow: Kraft + IV RAN, 2000b.

ANONYMOUS. Kratkii otchet o rabote ILIaZVa pri Leningradskom Gosudarstvennom Universitete za 1926-26g. *Iazyk i literatura* v. 1, n. 1/2, 1926, pp. i-xx.

AVANESOV, R. I. Lingvisticheskaia geografiia i istoriia russkogo iazyka. *Voprosy iazykoznanii*, n. 6, 1952, pp. 25-47.

BABKIN, A. M.; BARKHUDAROV, S. G.; FILIN, F. P. (ed.). *Slovar' russkogo literaturnogo iazyka*. Moscow/Leningrad: Izdatel'stvo Akademii Nauk SSSR, v. 6, 1957.

BAKHTIN, M. M. Slovo v romane. *Voprosy literatury i estetiki*. Moscow: Khudozhestvennaia literature, 1975 [1934-1935], pp. 72-233.

_____. Discourse in the Novel. In: *The Dialogic Imagination*. Trad. Michael Holquist e Caryl Emerson. Austin: University of Texas Press, 1981 [1934-1935], pp. 259-422.

_____. *Problems of Dostoevsky's Poetics*. Trad. Caryl Emerson. Manchester: Manchester University Press, 1984 [1963].

_____. Problemy tvorchestva Dostoevskogo. *Problemy tvorchestva/poetiki dostoevskogo*. Kiev: Next, 1994 [1929], pp. 9-180.

_____. Problema rechevykh zhanrov. *Sobranie sochinenii*. Moscow: Russkie slovari. v. 5, 1996 [1953-1954], pp. 159-206.

BAUDOUIN DE COURTENAY, Jan. *Proekt osnovnykh polozhenii dlia resheniia pol'skogo voprosa*. St. Petersburg: Sadovaia, 1906.

_____. *Natsional'nyi i territorial'nyi priznak v avtonomii*. St. Petersburg: Stasiulevich, 1913.

_____. O smeshannom kharaktere vsekh iazykov. In: *Izbrannye trudy po obshchmu iazykoznaniiu*. Moscow: Izd. Akademii nauk SSSR, 1963 [1901], pp. 363-72.

_____. Some General Remarks on Linguistics and Language. In: *A Baudouin de Courtenay Anthology:* The Beginnings of Structural Linguistics. Trad. e ed. E. Stankiewicz. Bloomington, Indiana: Indiana University Press, 1972 [1870], pp. 49-80.

BAZYLEV. V. N.; NEROZNAK, V. P. Traditsiia, mertsaiuschchaia v tolshche istorii. In: NEROZNAK, V. P. (ed.) *Sumerky lingvistiki*: iz istorii otechestvennogo iazykoznaniia. Moscow: Academia. 2001, pp. 3-20.

BEREZIN, F. M. *Russkoe iazykoznanie kontsa XIX-nachala XXv.* Moscow: Nauka, 1976.

BEZLEPKIN, N. *Filosofiia iazyka v Rossii: k istorii russkoi lingvofilosofii*. St. Petersburg: Iskusstvo, 2001.

BRANDIST, C. The Official and the Popular in Gramsci and Bakhtin. *Theory, Culture and Society*, n. 13, 1996, pp. 59-74.

_____. *The Bakhtin Circle* Philosophy, Culture and Politics. London: Pluto, 2002.

CHAMBERS, J. K. *Sociolinguistic Theory*: Linguistic Variation and its Social Significance. Oxford: Blackwell, 1995.

CRISP, S. Soviet Language Planning 1917-1953. In: KIRKWOOD, M. (ed.). *Language Planning in the Soviet Union*. London: Macmillan, 1989, pp. 23-45.

DITTMAR, N. *Sociolinguistics*: A Critical Survey of Theory and Application. Trad. P. Sand, P. A. Seuren e K. Whitely. London: Edward Arnold, 1976.

FEDOROV, A. A. B. A. Larin kak issledovatel' iazyka khudozhestvennoi literatury. In: LARIN, B. A. *Estetika slova i iazyk pisatelia:* izbrannye stat'i. Leningrad: Khudozhestvennaia literature, 1974, pp. 3-23.

HIRSCHKOP, K. *Mikhail Bakhtin*: An Aesthetic For Democracy. Oxford: Oxford University Press, 1999.

HOWELL, D. P. *The Development of Soviet Folkloristics*. New York/London: Garland, 1992.

IAKUBINSKII, Lev P. Klassvyi sostav sovremennogo russkogo iazyka. Stat'ia chetvertaia. *Literaturnaia Ucheba*, n. 4, 1831, pp. 80-92.

_____. Klassovyi sostav sovremennogo russkogo iazyka: iazyk proletariata. Stat'ia piataia. *Literaturnaia Ucheba*, n. 7, 1931, pp. 22-33.

_____. F de Sossiur o nevozmozhnosti iazykovoi politiki. *Izbrannye raboty:* iazyk i ego funktsionirovanie. Moscow: Nauka, 1986 [1931], pp. 71-82.

IAKUBINSKII, Lev P.; IVANOV, A. N. O teoreticheskoi uchebe pisatelia: stat'ia tret'ia. *Literaturnaia Ucheba*, n. 3, 1930, pp. 49-64.

IARTSEV, V. N. (ed.). *Lingvisticheskii entsiklopedicheskii slovar'*. Moscow: Sovetskaia Entsiklopediia, 1990.

IVANOV, A. N.; IAKUBINSKII, Lev P. *Ocherky po iazyku*. Leningrad: Khudozhestvennaia Literatura, 1932.

IVANOVA, I. S. Kontseptsiia dialoga v rabotakh L. P. Iakubinskogo i V. N. Voloshinova (k voprosu o vzaimossviazy). *Iazyk i rechevaia deiatel'nost'*, n. 3, 2000, pp. 285-304.

KOERNER, K. William Labov and the Origins of Sociolinguistics. *Folia Linguistica Historica* v. 22, n. 1/2, 2002, pp. 1-40.

KORNEV, A. I. B. A Larin i russkaia dialektologiia. In: DMITRIEV, P. A.; MASLOV, Iu. S. (ed.). *Voprosy teorii i istorii iazyka*. Leningrad: Izd. Leningradskogo Universiteta, 1969, pp. 13-26.

LABOV, W. How I Got into Linguistics, and What I Got Out of it. 1997. Disponível em: <http://www.ling.upenn. edu/~wlabov/Papers/HowIgot. html>. Acesso em: 09/08/2002.

LARIN, B. A. O lingvisticheskom izuchenii goroda. *Russkaia rech'*, n. 3, 1928a, pp. 61-75.

_____. K lingvisticheskoi kharakteristike goroda (neskol'ko predposylok). *Izvestiia LGPI im. A. I. Gertsena* 1, 1928b, pp. 175-185.

_____. Zapadnoevropeiskie elementy russkogo vorovskogo argo. *Iazyk i literatura*, n. 7, 1931, pp. 1-20.

_____. Ob atlase russkogo iazyka i sovremennoi dialektologii. *Uchenie zapiski Rostovskogo-na-donu GPI*, n. 1, 1938, pp. 105-16.

_____. Istoricheskaia dialektologiia russkogo iazyka v kurse lektsii akad. A. A. Shakhmatova i naschi sovremennye zadachi. *Uchenye zapiski* LGU (267, 56, 2), 1960, pp. 3-10.

_____. Znachenie rabot akademika L. V. Shcherby v russkom iazykoznanii. In: LARIN, B. A. *Istoriia russkogo iazyka i obshchee iazykoznanie (Izbrannye raboty)*. Moscow: Prosveshchenie, 1977, pp. 200-8.

LENCEK, R. L. Language-society nexus in Baudouin's theory of language evolution: Language change in progress. In: RIEGER, J.; SZYMCZAK, M.; URBANCZYK, S. (ed.) *Jan Niecislaw Baudouin de Courtenay a lingwistyka swiatowa*. Wroclaw: Zaklad Narodowy im. Ossolinskich, pp. 73-81.

LÊNIN, Vladimir I. The Three Sources and Three Component Parts of Marxism. In: *Selected Works in Three Volumes*. Moscow: Progress, 1975 [1913], v. 1, pp. 44-48.

_____. Is a Compulsory Official Language Needed? In: *Lenin on Language*. Moscow: Raduga Publishers, 1983 [1914], pp. 134-136.

LO PIPARO, Franco. *Lingua, intellettuali, egemonia in Gramsci*. Bari: Laterza, 1979.

MURRAY, Stephen O. *American Sociolinguistics:* Theorists and Theory Groups. Amsterdam/Philadelphia: John Benjamins, 1998.

NERLICH, Brigitte and David D. CLARKE. *Language, Action and Context*. The Early History of Pragmatics in Europe and America, 1780-1930. Amsterdam/Philadelphia: John Benjamins, 1996.

OL'DENBURG, Sergei F. Le conte dit populaire, problèmes et methods. *Revue des Études Slaves*, n. 9, 1929, pp. 221-236.

OLMSTED, D. L. Baudouin, Structuralism and Society. In: RIEGER, J.; SZYMCZAK, M.; URBANCZYK, S. (ed.). *Jan Niecislaw Baudouin de Courtenay a lingwistyka swiatowa*. Wroclaw: Zaklad Narodowy im. Ossolinskich, 1989, pp. 26-34.

PETERSON, M. N. Iazyk kak sotsial1noe iavlenie. In: *Institut iazyk i literatury*: uchenie zapiski. Moscow: Ranion, 1927, v. 1, pp. 5-21.

POLIVANOV, E. D. *Selected Works:* Articles on General Linguistics. Trad. Daniel Armstrong. Ed. Aleksei A. Leont'ev et al. The Hague and Paris: Mouton, 1974a.

_____. Specific features of the last decade, 1917-1927, in the history of our linguistic thought. In: *Selected Works:* Articles on General Linguistics. Trad. Daniel Armstrong. Ed. Aleksei A. Leont'ev et al. The Hague and Paris: Mouton. 1974b [1928], pp. 57-61.

_____. The sphere of immediate problems in contemporary linguistics. In: *Selected Works:* Articles on General Linguistics. Trad. Daniel Armstrong. Ed. Aleksei A. Leont'ev et al. The Hague and Paris: Mouton. 1974c [1929], pp. 171-8.

_____. Revolution and the literary languages of the USSR. In: Evgenii D. Polivanov (1974a), 1974d [1927], pp. 179-94.

SHCHERBA, Lev V. O poniatii smeshcheniia iazykov. In: *Izbrannye raboty po iazykoznaniiu i fonetike*. Leningrad: Izd. Leningradskogo Universiteta, 1958 [1925], pp. 40-53.

SLEZKINE, Y. N. Ia. Marr and the National Origins of Soviet Ethnogenetics. *Slavic Review*, n. 55, 1996, pp. 826-62.

SMITH, B. Towards a History of Speech Act Theory. In: BURKHARDT, A. (ed.). *Speech Acts, Meanings and Intentions. Critical Approaches to the Philosophy of John R. Searle*. Berlin/New York: de Gruyter, 1990, pp. 29-61.

SMITH, M. *Language and Power in the Creation of the USSR*, 1917-1953. Berlin: Mouton de Gruyter, 1998.

SREZNEVSKII, I. I. Zamechaniia o materialakh dlia geografii russkogo iazyka. *Vestnik Russkogo geographicheskogo obshchestva*, v. 1, n.1, 1851, pp. 1-24.

STALIN, J. V. Marksizm i voprosy iazykoznaniia. *Pravda*, n. 20, June 1950.

THIBAULT, P. *Re-reading Saussure*: The Dynamics of Signs in Social Life. London: Routledge, 1997.

THOMAS, L. L. *The Linguistic Theories of N. Ja. Marr*. Berkeley: University of California Press, 1957.

TIHANOV, G. *The Master and the Slave:* Lukacs, Bakhtin and the Ideas of their Time. Oxford: Oxford University Press, 2000.

TOPORKOV, A. L. *Teoriia mifa v russkoi filologicheskoi nauke XIX veka*. Moscow: Indrik, 1997.

VOLOSHINOV, V. N. *Marxism and the Philosophy of Language*. Trad. Ladislav Matejka e I. R. Titunik. Cambridge: Harvard University Press, 1973 [1929].

_____. Marksizm i filosofiia iazyka. *Filosofiia i sotsiologiia gumanitarnykh nauk*. St. Petersburg: Asta Press, 1995 [1929], pp. 216-380.

ZHIRMUNSKII, V. M. Metodika sotsial'noi geografii (dialektologiia i fol'klor v svete geograficheskogo issledovaniia). *Iazyk i leteratura*, n. 8, 1932, pp. 83-117.

_____. Problema fol'klora. In: *Sergeiu Fedorovichu Ol'denburgu:* k 50 letiiu nauchno-obshchestvennoi deiatel'nosti 1882-1932. Leningrad: Izdatel'stvo Akademii Nauk, 1934, pp. 195-213.

_____. *Natsional'nyi iazyk i sotsial'nye dialekty*. Leningrad: Khudozhestvennaia Literature, 1936.

_____. Problemy sotsial'noi dialektologii. *Izvestiia Akademii Nauk SSSR: Seria literatury y iazyka*, v. 23, n. 2, 1964, pp. 99-112.

_____. Problema sotsial'noi differentsiatsii iazykov. In: FILLIN, F. P. (ed.). *Iazyk i obshchestvo*. Moscow: Nauka, 1968, pp. 22-38.

_____. Marksizm i sotsial'naia lingvistika. In: DESNITSKAIA, A. V.; KOVTUN, L. S.; ZHIRMUNSKII, V. M. (ed.). *Voprosy sotsial'noi lingvistiki*. Leningrad: Nauka, 1969, pp. 5-25.

ZINDER, L. P. V. N. Zhirmunskii i ostrovnaia dialektologiia. *Iazyk i rechevaia deiatel'nost'*, n. 1, 1998, pp. 187-93.

ZINDER, L. P.; STROEVA, T. V. Institut rechevoi kul'tury i sovetskoe iazykoznanie 20-30-x godov. *Iazyk i rechevaia deiatel'nost'*, n. 2, 1999, pp. 206-11.

Primeiros projetos soviéticos de pesquisa e o desenvolvimento das ideias bakhtinianas: uma visão a partir dos arquivos

Quando a história dos estudos de Bakhtin finalmente foi escrita, um aspecto irônico que se sobressaiu foi o entendimento preciso do desenvolvimento das ideias dialógicas, exigindo que nos libertássemos de uma série de mitos monológicos. Esse pensamento, para parafrasear o próprio Bakhtin, "empobrecia" nosso entendimento, "desorganizava e esvaziava" uma imagem exata da dinâmica da formação intelectual, "misturando-a" com noções "fantásticas" e "alienadas", e encerrando-a em um "todo mitológico" (Bakhtin, 1979 [1936-8]: 224; 1986 [1936-8]: 43).**

Quatro variedades particularmente persistentes podem ser brevemente resumidas da seguinte maneira: 1) Bakhtin foi um pensador totalmente original que delineou todas as suas ideias *ab nihilo*; 2) Bakhtin cercou-se de mediocridades e havia um fluxo de ideias unidirecional a partir dele para Voloshinov e Medvedev; 3) Bakhtin foi um pensador "não oficial" que escolheu ficar fora das tendências dominantes na esfera da cultura soviética e não foi fundamentalmente afetado por ela; 4) quando Bakhtin se viu compelido a engajar-se nessa esfera, o resultado foi ou a refutação ou a subversão interna, em vez de um engajamento sério.

Neste artigo, não identificarei trabalhos específicos nos quais esses mitos estão presentes, já que eles permeiam a maior parte das pesquisas nesse campo até há rela-

---

* N. O.: Este artigo foi publicado originalmente nos Anais da XII International Bakhtin Conference, em Jyväskylä, Finlândia, entre 18 a 22 julho de 2005. Organizado por Mika Lähteenmäki, Hannele Dufva, Sirpa Leppänen & Piia Varis. Department of Languages, da Universidade de Jyväskylä, Finlândia, em 2006. O título em inglês é "Early Soviet Research Projects and the Development of 'Bakhtinian' ideas: The View from the Archives".

** N. O.: Tradução em português: M. M. Bakhtin, "O tempo e o espaço nas obras de Goethe", em *Estética da criação verbal*, São Paulo, Martins Fontes, 2003, p. 246.

tivamente pouco tempo e só gradualmente eles vêm enfraquecendo. Além disso, os mitos não se desintegraram uniformemente, mas recuaram de forma irregular, diante da quantidade e qualidade variáveis das pesquisas em áreas específicas.

O primeiro mito desmoronou-se amplamente no início do século XXI diante de sérias informações históricas que demonstraram o débito dos membros do Círculo de Bakhtin, predominantemente – embora não exclusivamente, às tendências filosóficas alemãs e austríacas. Aspectos do trabalho de Bakhtin aparecem como derivativos e não como inovadores, mas a forma pela qual essas ideias foram combinadas e postas a serviço de uma nova agenda delineia o Círculo como uma formação intelectual significativa. O segundo mito ainda encontra adeptos, mas cuidadosas análises do trabalho de Voloshinov e Medvedev mostraram posições distintas sendo assumidas e áreas de especialização diferentes das de Bakhtin na época.[1] A sociologização de Medvedev (1928; 1978) das categorias de conhecimento de arte e estilística dos alemães e a sociologização, por Voloshinov, das ideias dos pensadores antikantianos sobre a psicologia dos atos linguísticos, Anton Marty (1847-1914) e Karl Bühler (1879-1963), foram precondições fundamentais para o trabalho de Bakhtin sobre o romance, ainda que ele, por vezes, as tenha desenvolvido de forma oposta à de seus colegas (Brandist, 2004a).

Embora possamos encontrar algumas das ideias de Bakhtin nos livros de Voloshinov e Medvedev, com certeza também encontraremos as ideias de Voloshinov e Medvedev no estudo que Bakhtin fez de Dostoiévski (1929). Voloshinov e Medvedev forneceram o conhecimento e as conexões institucionais necessárias tanto para traduzir a anterior fenomenologia da autoria de Bakhtin, em termos genéricos e discursivos, quanto para dar a ele a oportunidade de publicar seu trabalho na mesma série em que eles o faziam.

O terceiro e quarto mitos começaram a enfraquecer só no início do século XXI. Material publicado em 2006* mostra Bakhtin continuamente tentando garantir um lugar em uma instituição acadêmica, até mesmo preparado para usar as biografias de seu irmão e do amigo íntimo para consegui-lo. De forma semelhante, ficou demonstrado que o trabalho de Bakhtin a partir dos anos 1930 estava repleto de ideias tomadas da cultura soviética oficial. Como mostrei em meus trabalhos no Brasil** (Brandist,

---

* N. O.: Conferir dados na revista russa *Dialog, Karnaval, Khronotop* e em outros periódicos.

** N. O.: Tradução em português: "Mikhail Bakhtin e os primórdios da sociolinguística soviética", em C. A. Faraco, C. Tezza e G. Castro (org.), *Vinte ensaios sobre Mikhail Bakhtin*, Petrópolis, Vozes, 2006, pp. 67-88.

2004b), as ideias de heteroglossia, gêneros discursivos, forças centrífugas e centrípetas no desenvolvimento da linguagem e outras vieram do trabalho de Lev Iakubinski (1892-1943) do início dos anos 1930,[2] enquanto muito da ideia do carnaval veio dos estudos literários e folclóricos marristas, sendo, ainda, possível encontrar certos pontos tomados do discurso de Maksim Gorki de 1934 sobre o realismo socialista (Gorky, 1977).

Acredito que essa prova textual é bastante convincente, mas teremos uma impressão mais exata se explorarmos as provas arquivais sobre que tipo de pesquisa em língua e literatura era feita nos institutos em que os membros do Círculo de Bakhtin trabalhavam na década de 1920. Recordo, em particular, mas não exclusivamente, do Instituto de Estudos Comparados das Literaturas e Línguas do Ocidente e do Oriente (*Nauchno-issledovatel'skii institut sravnitel'noi istorii literatur i iazykov Zapada i Vostoka*, ILIaZV), em Leningrado. Quando comecei minha pesquisa nos arquivos dessa área, não fiquei surpreso ao ver que diversos estudiosos que trabalhavam com os estudos de Bakhtin já haviam examinado certos arquivos nos quais, a julgar por seus títulos, podia-se esperar que fossem encontradas informações sobre Voloshinov ou Medvedev. Porém, quando pedi os principais arquivos sobre o tipo de pesquisa que estava sendo realizado nas instituições em que trabalhavam, fiquei surpreso ao ver que, em muitas vezes, eu era a primeira pessoa a solicitá-los. Uma preocupação fetichista com certos indivíduos tinha obscurecido uma pesquisa mais ampla e significativa sobre questões mais gerais. Além disso, esse enfoque estreito havia distorcido nosso sentido da excepcionalidade e relevância do próprio Círculo de Bakhtin.

A questão não é se havia grande quantidade de informação sobre o trabalho individual de Voloshinov e de Medvedev nos arquivos – não havia. Há muito mais informação sobre as atividades de Matvei Kagan na Academia Estatal para Estudos Artísticos (*Gosudarstvennaia akademiia khudozhestvennykh nauk*, GAKhN), em Moscou, em meados da década de 1920,[3] e esses arquivos de fato nos dizem algo sobre a maneira pela qual certas ideias alemãs do período foram recebidas e transferidas para o Círculo de Bakhtin. Ainda que essa seja uma informação interessante, Matvei Kagan, nessa época, estava um tanto afastado do Círculo, embora visitasse Leningrado de tempos em tempos (RGALI 941/10/297/13) e tivesse contato com outros de seus membros.[4] Nos arquivos do ILIaZV, encontramos relatos mais gerais e, a meu ver, mais significativos dos projetos de pesquisa coletivos realizados dentro da instituição na qual Voloshinov e Medvedev estavam envolvidos e onde tinham, algumas vezes, um papel de liderança. Às vezes, mais importante era o trabalho de outras seções, nas quais Voloshinov e Medvedev não tinham envolvimento direto, mas que desempenhou um papel tão importante dentro da instituição a ponto de moldar a pesquisa realizada por pesquisadores individuais.

Defendo, essencialmente, que certas precondições institucionais para o trabalho que o Círculo de Bakhtin buscava têm sido negligenciadas. Quando o ILIaZV ficou formalmente sob o controle administrativo e orçamentário da Associação Russa de Institutos de Pesquisa Científica em Ciências Sociais (*Rossiiskaia assotsiatsiia nauchno-issledovatel'skikh institutov obshchesvennykh nauk*, RANION), em maio de 1927, os projetos de pesquisa individuais, bem como os projetos de pesquisa coletivos dos quais eram parte, precisaram refletir o plano de produção desse instituto. Os mesmos problemas estão, portanto, refletidos em todos os aspectos do trabalho do instituto. Nossa história, contudo, começa antes da formação do ILIaZV, com o estabelecimento do Instituto da Palavra Viva (*Institut zhivogo slova*, IZhS), em 1918. Não me estenderei muito sobre isso, já que Irina Ivanova* tem um trabalho sobre esse instituto, entretanto, há de se considerar que ele consolidou toda uma tendência de pesquisa em linguagem na Rússia que os membros do Círculo de Bakhtin viriam a herdar. Na abertura desse instituto, o Comissário para a Educação, Anatoli Lunacharski (1875-1933), declarou que a revolução havia tornado possível e necessário ensinar todo o povo a falar publicamente, "do pequeno ao grande" (*Institut zhivogo slova*, 1919: 23). Essa era uma evocação do princípio da *isęgoria*, ou igualdade do discurso, base da democracia ateniense (Wood, 1996). O classicista Faddei Zelinski (1859-1944), similarmente defendia, com referência à antiga Atenas, a inseparabilidade entre a palavra viva e a democracia (*Institut zhivogo slova*, 1919: 8).

Surgiram pesquisas sérias sobre a relação entre política e formas discursivas, especialmente com foco em oratória e retórica. Devemos lembrar que o *rhçtôr* era qualquer pessoa que propusesse e discutisse uma resolução na assembleia ateniense, antes que todos os cidadãos reunidos pudessem se decidir e votar (Hansen, 1987: 56-63; Ober, 1989: 104-55). Parece haver pouca dúvida de que a figura mais popular e influente na seção de oratória era Aleksei Koni (1844-1927), intimamente conectado com a ascensão da oratória jurídica russa e cujos cursos atraíam alunos de várias especialidades (Chukovskii, 1969). Embora Koni já ensinasse oratória jurídica bem antes da Revolução, quando sua atividade pedagógica deixou de ser moldada por um instituto puramente jurídico, ele passou a colocar a oratória jurídica entre uma variedade de outras formas de discurso público, catalogando as tarefas sociopolíticas do mundo vivo, as ferramentas do discurso, as formas de se dirigir ao ouvinte, as precondições para a influência da palavra viva, a conexão entre palavra

---

* N. O.: Conferir *Le rôle* de l'Institut Živogo Slova (Petrograd) *dans la culture russe du début du xx siècle*.

viva e literatura e outras. Esse foi um passo significativo em direção à classificação sociológica da atividade discursiva, já que as formas de discurso estavam alinhadas com suas funções sociais, e a dimensão ética dessa atividade foi realçada. Uma vez libertado de uma estrutura estreitamente jurídica, um trabalho como *The General Features of Juridical Ethics* (Koni, 1967 [1902]), no qual a justiça é proximamente conectada com o "livre poder de persuasão interno" como oposto a outras formas de discurso autoritário, adquire uma ressonância próxima do que é hoje conhecido como democracia deliberativa. Sabe-se que Bakhtin adota a dicotomia entre o discurso autoritário e o discurso internamente persuasivo em seu trabalho juridicamente modulado sobre o romance (Brandist, 2001).

Embora os cursos de Koni fossem práticos, dois linguistas do instituto, Lev Shcherba (1880-1944) e Iakubinski, estavam bem colocados para desenvolver as implicações teóricas dessa forma de ver a linguagem. O resultado teórico mais importante foi "On Dialogic Discourse" de Iakubinski, de 1922 (Iakubinskii, 1986 [1922]), que se tornou um texto fundamental para o que hoje é frequentemente chamado simplesmente de "dialogismo". Especialmente importante nesse trabalho foi a apresentação do diálogo como manifestação da interação social na linguagem e a afirmação de que o diálogo é a forma natural do discurso, enquanto o monólogo é artificial. Ainda que o instituto tenha sido fechado na primavera de 1924, ele teve um efeito direto sobre os membros do Círculo por meio de Lev Pumpianski e Matvei Kagan que deram cursos, respectivamente, sobre ética cultural e história da estética (IRLI 474/1/470 e 151). A seção de oratória do IZhS tornou-se a base dos "cursos estatais sobre técnicas discursivas" (o primeiro diretor foi Iakubinski), mais tarde tornou-se o *Volodarskii Institute of Agitation* (Instituto Volodarski de Agitação). Koni morreu em 1927, mas Shcherba, Iakubinski e outros trabalharam nesse instituto do partido até meados da década de 1930, concomitantemente com seu trabalho no ILIaZV. Logo se tornou evidente certo paralelismo entre os dois institutos e isso refletia a estrutura da educação superior, do meio para o final da década de 1920.[5] O ILIaZV forneceu um fórum para a reflexão teórica sobre problemas levantados na atividade do *Volodarskii Institute of Agitation* (Instituto Volodarski de Agitação).

O ILIaZV foi originalmente fundado em 1921 como *A.N. Veselovskii Institute of Language and Literature* (Instituto de Língua e Literatura A. N. Veselovski) e, de acordo com o trabalho desse especialista em história da literatura internacional, sua orientação era "histórico-comparativa". Veselovski (1838-1906) havia estudado a "evolução da consciência poética e suas formas" de uma "perspectiva histórico-psicológica". Com essa pauta em mente, ele estudou intensivamente os clássicos da etnografia burguesa, tais como *Primitive Culture*, trabalho em dois volumes de E. B. Tylor (1871),[6] que coleta uma enorme quantidade de material factual e examina esse material sob uma perspectiva *Völkerpsychologische*, de acordo com a qual a linguagem e a literatura são expressões da psicologia de um povo. Veselovski ficou dividido entre uma busca positivista dos fatos e uma narrativa idealista e psicologística do desenvolvimento cultural, o que o levou a um exame caso a caso do desenvolvimento histórico dos gêneros literários a partir de uma unidade primordial, sincrética, nos mitos da sociedade primitiva. O aluno mais antigo de Veselovski, Vladimir Shishmarev (1875-1957), especialista em línguas e literaturas românicas, liderou um projeto para reunir, editar e publicar a obra de Veselovski e alguns dos projetos de pesquisa realizados no ILIaZV que se seguiram, mas sem a abordagem psicologística e atualizados, de modo a se adaptar a uma agenda sócio-histórica mais ampla. A adesão de Veselovski às principais características da *Völkerpsychologie* foi também típica da maior influência em estudos linguísticos, em Leningrado, na época, Jan Baudouin de Courtenay (1845-1929), cujos alunos Shcherba, Iakubinski e Boris Larin (1893-1964) dominaram o estudo linguístico no instituto.[7] Baudouin foi, sem dúvida, um dos mais importantes linguistas na virada do século xx, trabalhando para definir o fonema e a estratificação social das línguas nacionais, entretanto suas reflexões sociológicas permaneceram sujeitas à hegemonia dos processos psicológicos. Uma figura que lança uma enorme sombra sobre o trabalho do instituto foi o arqueólogo e filólogo que se tornou linguista, Nikolai Marr (1864-1934), que também era um entusiasta do trabalho de Veselovski e moldou sua controversa teoria de que todas as línguas se desdobram a partir de uma linguagem sincrética primordial na teoria de Veselovski sobre os gêneros literários (Thomas, 1957: 114-5).[8]

A noção-chave da *Völkerpsychologie* sobre a *Volkseele,* ou alma coletiva do povo como o "assento" de uma psicologia coletiva, foi abandonada pelos pesquisadores do instituto que buscavam desenvolver uma perspectiva sociológica. No trabalho de Iakubinski e Larin, o "outro" e os grupos sociais que surgem no território das relações produtivas tornam-se a base de uma psicologia social,[9] enquanto, no final da década de 1920, Marr ligou as ideias da *Völkerpsychologie* a certos princípios superficialmente marxistas, argumentando que os estágios no desenvolvimento da linguagem correspondem aos estágios no desenvolvimento das forças e relações de produção e que, como as relações de produção têm primazia explanatória, as diferentes classes falam diferentes linguagens. No ILIaZV, isso resultou em projetos de pesquisa como a análise paleontológica dos termos numéricos e dos nomes dos animais, em línguas que se supunha não haver relações familiais. É notável que a análise funcional do uso da linguagem fosse quase totalmente estranha ao marrismo, que não apenas adotou uma análise unilateralmente genética, mas também focou sua atenção no passado remoto e não em períodos históricos mais recentes (Katsnel'son, 2001: 807).

A partir de 1927, o ILIaZV teve "a) uma seção de linguagem com uma subseção de linguística geral, laboratórios de discurso público e fisiologia do discurso, e um departamento de língua russa contemporânea; b) uma seção literária com uma subseção de metodologia da literatura (da qual Voloshinov foi secretário) e um departamento bibliográfico". O *presidium* de cada seção podia organizar comissões e grupos de trabalho, de acordo com os projetos concretos. No trabalho de ambas as seções do instituto, foram seguidos três temas: 1) questões de metodologia da língua e literatura; 2) questões de troca linguística e literária internacional e internonacional, na base das interações socioeconômicas, políticas e geral-culturais de povos e países; 3) o estudo das línguas e da criação oral da cidade, vila e minorias nacionais da URSS e também dos povos mistos do leste e oeste, com base em seu desenvolvimento socioeconômico, político e geral-cultural. Isso teve o efeito de criar certo paralelismo entre o trabalho de cada seção: o estudo da "paleontologia do discurso" encontrou um paralelo na paleontologia dos enredos e dispositivos literários; o "estudo da interação das unidades linguísticas (língua nacional e linguagem de classe, dialetos étnicos e sociais etc.)" encontrou um paralelo no estudo da "troca literária internacional, em conexão com o desenvolvimento de povos e países encontrados na interação literária"; o estudo da língua da cidade e do campo, dialetos e discurso público encontraram paralelos no folclore rural e urbano, e na ascensão de literaturas nacionais (TsGALI 288/1/39/1).

Considerava-se que as linhas gerais dos projetos de pesquisa coletivos tinham aspectos linguísticos e literários, e isso se adaptou bem ao perfil de muitos membros do *staff*. Isso foi particularmente verdadeiro no caso de Viktor Zhirmunski (1891-1971) e Shishmarev que trabalharam respectivamente com as línguas e literaturas germânicas e românicas. Em harmonia com a extensa colaboração entre os etnógrafos alemães e soviéticos, em meados da década de 1920 (Hirsch, 2005: 233-46), Zhirmunski visitou a Alemanha por quatro meses na primavera e verão de 1927 para se familiarizar com as últimas técnicas de coleta de material dialetológico e folclórico, e para dar prosseguimento à pesquisa em arquivos e bibliotecas. Suas visitas a Bonn, Marburg, Freiberg e Berlim forneceram muito material e ele pôde usar a experiência na condução de um projeto para estudar a língua e a cultura das colônias alemãs na Ucrânia, Volga e Swedes, na região de Leningrado da URSS (TsGALI 288/1/29/83). Entretanto, Zhirmunski simultaneamente dedicou-se ao romance da Europa ocidental, especificamente à morfologia comparativa do romance alemão e inglês, e aos padrões de influência entre diferentes literaturas nacionais (TsGALI 288/1/39/73). O primeiro estudo publicado na série de monografias do ILIaZV, na qual apareceriam os principais trabalhos de Voloshinov, Medvedev e Bakhtin, foi seu estudo da influência de Byron sobre Pushkin, em 1924. Similarmente, Shishmarev estudou a língua dos moldávios e remanescentes de colonizadores italianos no sul da URSS, ao mesmo tempo em que trabalhava na publicação dos trabalhos de Veselovski e estudava literatura francesa dos séculos XVIII e XIX (TsGALI 288/1/39/73/92). Aqui, a formação de línguas nacionais a partir de dialetos regionais e o surgimento de literaturas nacionais a partir do mito e do folclore tornaram-se aspectos de um único problema, e as conclusões teóricas do estudo foram impressas no início da década de 1930. Talvez a mais avançada versão seja o artigo de Zhirmunski, de 1932, "The Method of Social Geography (Dialectology and Folklore in the Light of Geographers Research)", que apareceu na edição final da publicação *Language and Literature* (*Iakyk i literatura*) do ILIaZV. O trabalho dos geógrafos linguistas alemães e franceses, como Jules Gilliéron (1854-1926), Ferdinand Wrede (1863-1934) e Theodor Frings (1886-1968) foram combinados com a teoria social e a sociologia da literatura e folclore que tinham sido desenvolvidas no ILIaZV, na década de 1920. Zhirmunski e Shishmarev também trabalharam juntos em um projeto para estudar o surgimento do épico nas literaturas da Europa ocidental. Um dos desenvolvimentos mais significativos foi o precursor estudo de Boris Larin sobre as relações linguísticas da cidade, no qual ele analisou a *mnogoiazychie* (poliglossia) de Leningrado e a presença de dialetos sociais. Ao mesmo tempo, entretanto, Larin estudou as funções estéticas da linguagem e a poética da literatura indiana (TsGALI 288/1/16/18-18ob).

Encontramos, então, uma tendência geral a descrever, catalogar e estudar as formas de interação e troca entre diferentes comunidades linguísticas e literárias. A descrição e análise espaciais tendiam a colocar a explicação genética como pano de fundo, enquanto uma análise unilateralmente genética era desenvolvida por seções marristas do ILIaZV, onde a pesquisa era baseada na suposição de que todos os fenômenos semânticos decorrem de uma consciência primitiva e mítica compartilhada, e se desenvolvem em direção a uma unidade linguística e ideológica. O que começamos a ver no ILIaZV, portanto, é a emergência de linhas mutuamente exclusivas de questionamento: uma que lida com as funções sociais da linguagem e da literatura, baseada em uma abordagem de modo geral sincrônica e descritiva, e outra que evitou tal análise em favor de uma abordagem unilateralmente genética que projetou suas linhas de questionamento para trás, para as sombrias profundezas da pré-história e para o futuro inverificável. O trabalho de Voloshinov e Medvedev encaixou-se muito bem nessa primeira tendência e isso é algo que também veio a dominar o estudo de Bakhtin, de 1929, sobre Dostoiévski, que não inclui o material sobre a história do gênero que encontramos na edição de 1963. Na verdade, independente de quanto ele levantou a questão da necessidade de superar o dualismo sincrônico e diacrônico, o próprio trabalho de Bakhtin permaneceu fechado nessa mesma dicotomia e suas tentativas de superá-la repetidamente caíram no mesmo padrão de outros no ILIaZV, na década de 1920.

Voloshinov e Medvedev trabalharam na seção de metodologia e teoria da literatura e estavam firmemente situados no lado funcional do trabalho do ILIaZV. Nesse ponto, Shishmarev e Medvedev organizaram uma seção de teoria da literatura (poética), dentro da qual havia um projeto sobre poética sociológica dirigido por Medvedev e Ieremiia Ioffe (1888-1947) e envolveu Voloshinov quando ele se tornou pós-graduando, em 1927. O livro *The Formal Method* (*Método Formal*) (1978 [1928]), de Medvedev com o subtítulo *A Critical Introduction to Sociological Poetics* * e, em certa medida, o trabalho de Voloshinov sobre a transmissão do discurso estrangeiro que acabou como a parte final de *Marxism and the Philosophy of Language* (*Marxismo e Filosofia da Linguagem*) (1929/1973) com o subtítulo *Basic Problems of Sociological Method in the Study of Language* (*Problemas básicos do método sociológico no estudo da linguagem*), devem ser vistos no contexto desse projeto. Medvedev e Ioffe se concentraram na sociologia do estilo, com Medvedev se especializando em sociologia do estilo literário e Ioffe em estilística sociológica mais geral. Ioffe esforçou-se para traduzir as ideias de estudiosos de arte alemães, como Heinrich Wölfflin (1864-1945) e Wilhelm Worringer (1881-1965) que trataram os estilos artísticos como indicadores de orientações estéticas no mundo, tornando-se um paradigma sociológico, de modo que a arte torna-se uma função da atividade social ou um sistema de mecanismos para a comunicação social (Ioffe, 1927).

As ideias de Wölfflin e Worringer já haviam sido apropriadas para os estudos literários por Oskar Walzel (1864-1944), filólogo alemão, cuja influência sobre o Círculo de Bakhtin ainda não foi plenamente apreciada. Wazel já havia conseguido retrabalhar literariamente o conhecimento alemão de arte recorrendo à fenomenologia e teoria da *gestalt*, argumentando que os gêneros e estilos linguísticos são con-

---

* N. O.: Tradução em português: Medvedev/Círculo de Bakhtin, em *O método formal nos estudos literários*: introdução crítica a uma poética sociológica, trad. Sheila Camargo Grillo e Ekaterina Vólkova Américo (2012).

juntos intencionais e incorporam orientações autorais no mundo. Walzel era amigo de Zhirmunski, que, por sua vez, defendia o trabalho do alemão, patrocinando para que se tornasse membro honorário do Instituto Estatal de História das Artes (Gosudastvennyi institut istorii iskusstv, GIII) em Leningrado (Walzel, 1956: 230).[10] É bem possível que, nesse período, membros do Círculo de Bakhtin tenham encontrado Walzel. Além disso, com a recomendação de ninguém menos que o encarregado das seções literárias do GAKhN e do Conselho Científico Estatal (Gosudarstvennyi uchenyi sovet, GUS) do Comissariado da Educação, Pavel Sakulin (1868-1930), Walzel também foi feito membro honorário do GAKhN no final da década de 1920 (RGALI 941/10/87). Sakulin, com quem Medvedev mantinha uma respeitosa correspondência e planejava colaborar (IRLI 272/2/103),[11] considerava o trabalho de Walzel o mais importante desenvolvimento recente nos estudos literários ocidentais e o mais próximo da agenda dos eruditos soviéticos (941/10/87). Medvedev compartilhava a alta consideração que Zhirmunski e Sakulin tinham pelo trabalho de Walzel, citando-o (juntamente com Zhirmunski e Veselovski), já em 1924, como um dos teóricos com o qual ele mais frequentemente concordava (Medvedev, 1992: 92). Ele também adotou diversas das ideias de Walzel para a causa da poética sociológica (Brandist, 2002: 69-70; Tihanov, 2004: 53). Certos gêneros tornaram-se incorporações de determinadas formas de orientação, tanto no mundo social, como objetos, quanto na audiência, como interlocutores. Desse modo, os gêneros tornam-se formas funcionais de interação social, e a linguagem com a qual a literatura é construída adota uma função socioestética. Voloshinov trabalhou de acordo exatamente com a mesma agenda, mas, em vez dos estudos sobre a arte, recorre à filosofia e psicologia da linguagem contemporâneas, particularmente Marty e Bühler, para defender que, em formas de discurso reportado, formas intencionalmente induzidas de atos discursivos encontram-se e respondem umas às outras. O trabalho final que Voloshinov entregou ao ILIaZV, em 1931, "The Genre and Style of the Artistic Utterance", claramente continua essa tendência (ARAN 827/3/93/50).

A tendência genética dentro dos estudos literários envolveram Shishmarev, como o principal herdeiro das ideias de Veselovski no ILIaZV, e diversas outras figuras talentosas, inclusive o filósofo e estudioso bíblico que estudou com Wundt e Simmel na Alemanha (ARAN 77/5/142/13), Izrail Frank-Kamenetski (1880-1937). Frank-Kamenetski foi importante de diversas maneiras, ao menos porque já em 1929 lutava para conciliar as ideias de Marr com a *Philosophy of Simbolic Forms* (*Filosofia das formas simbólicas*) de Ernst Cassirer, que foi crucial no desenvolvimento das ideias de Bakhtin (Frank-Kamenetskii, 1929). Outra figura importante é a classicista Ol'ga

Freidenberg (1890-1955), cujo trabalho sobre paródia (Freidenberg, 1973 [1926]), e sobre o enredo e o gênero (Freidenberg, 1997 [1935]) foram fontes cruciais para o posterior trabalho de Bakhtin sobre o cronotopo e Rabelais. Enquanto Marr e seus seguidores em linguística haviam buscado traçar o caminho pelo qual uma única unidade semântica pode ser encontrada no passado distante, mudando seu significado em vários pontos ao longo do caminho, esses eruditos tentaram traçar a paleontologia dos mecanismos literários, enredos e imagens para mostrar como as formas que aparecem na literatura moderna são apenas novas instâncias de características que haviam aparecido em toda a história da literatura e, antes disso, no folclore e no mito. Os resultados foram, de fato, muito interessantes. Muitas das ideias específicas que encontramos no trabalho desses estudiosos encontraremos mais tarde no trabalho de Bakhtin da década de 1930.

Não me estendo muito sobre isso, já que mencionei essa questão em outro trabalho (Brandist, 2002: 110-1, 135-7), mas é suficiente dizer que as características compartilhadas são significativas.[12] Do ponto de vista metodológico, entretanto, podemos ver como esses pensadores tentaram superar o caráter unilateralmente genético do marrismo, ou melhor, (parafraseando Nina Perlina, 2002), da *Völkerpsychologie* em vestimenta marrista, tratando o material semântico como eterno e indestrutível. Os sentidos e as ideologias podem mudar, mas as formas semânticas e seus agrupamentos permanecem inalterados. Aqui, vemos a raiz da tendência de Bakhtin, nas décadas de 1930 e 1940, de discutir o romance como um gênero que emerge para se tornar a forma literária característica da modernidade, mas, ao mesmo tempo, de discutir a dicotomia entre romance e poesia como uma característica eterna da história literária. Os planos de publicação encontrados nos arquivos do ILIaZV desde o início da década de 1930 mostram Medvedev planejando uma publicação sobre a história do épico, conjuntamente com Freidenberg e Frank-Kamenetski, e Voloshinov colaborando com Frank-Kamenetski, Freidenberg e Aleksandr Kholodovich (1906-1977), (na época) outro proeminente marrista, para produzir coletâneas em *Classics of Aesthetics and on Contemporary Western-European Literary and Aesthtic Theory* para incluir ensaios sobre Walzel e Cassirer (TsGALI 288/1/41).

Podemos observar como Voloshinov e Medvedev atuaram como um condutor por meio do qual as discussões do ILIaZV chegariam até Bakhtin que tentava desesperadamente encontrar seu próprio lugar na academia soviética. Os membros do Círculo que estavam em posição de ajudá-lo, assim o fizeram. Ivan Sollertinski deu a Bakhtin a oportunidade de falar sobre "Autor e herói" em outro instituto de Leningrado, o Instituto Estatal para a História das Artes (*Gosudarstvennyi institut istorii iskusstv*, GIII), em 1924 (GARF 2307/3/299/62).[13] Voloshinov e Medvedev estavam melhor posicionados para ajudar e facilitar a publicação do estudo de Bakhtin sobre Dostoiévski na mesma série em que estavam seus próprios trabalhos, após familiarizar Bakhtin com os projetos de pesquisa e métodos ali adotados. Assim como algumas das ideias filosóficas de Bakhtin aparecem nos trabalhos de Voloshinov e Medvedev, os frutos das pesquisas destes últimos em metodologia e teoria da literatura dão ao trabalho de Bakhtin sobre Dostoiévski o formato de um trabalho sobre poética sociológica. Esse lado literário exige mais pesquisa: uma análise profunda dos traços da obra de figuras como Ioffe e Shishmarev no trabalho do Círculo representaria, em si mesma, um projeto de doutorado. Shishmarev (1965; 1972), por exemplo, foi um dos principais intérpretes soviéticos de Veselovski e, além disso, escreveu muito sobre a literatura francesa e italiana. Certamente valeria a pena encontrar as marcas desse trabalho no que Bakhtin escreveu sobre Rabelais, Dante e outros. As fontes filológicas do trabalho de Bakhtin são geralmente uma área de estudo pouco pesquisada, mas também está longe de ficar claro se o trabalho do próprio Bakhtin foi o produto mais importante desse instituto – simplesmente não há pesquisa suficiente nessa área.

Do meu ponto de vista, um dos mais importantes projetos realizados no ILIaZV foi a continuação do trabalho iniciado no *Institute of the Living Word* (Instituto da Palavra Viva) que, mais uma vez, se desenvolveu em paralelo com a abordagem genética marrista sem realmente haver uma interseção. O trabalho prático do antigo instituto foi seguido no novo Instituto de Agitação, onde Iakubinski foi o primeiro diretor e onde se reuniu a maioria daqueles envolvidos na seção de oratória do antigo instituto, juntamente com eruditos literários como Boris Eikhenbaum (1886-1959) e Iuri Tinianov (1894-1943) (TsGAIPD 8720/1/3/1-2). O enfoque era um pouco mais estreito, já que a principal função do instituto era treinar os funcionários do partido. Entretanto, até o final da década de 1920, essa não era simplesmente uma escola de administração; o instituto foi pioneiro no que hoje é conhecido sob o rótulo de "estudos da comunicação". O principal trabalho teórico, porém, foi realizado pelas mesmas pessoas no ILIaZV e resultou inicialmente em uma coletânea de artigos sobre o discurso e estilo de argumento de Lênin que apareceu na publicação *Lef,* em 1925. Aqui, dá-se especial atenção à habilidade de Lênin de esvaziar as pretensões retóricas e ideológicas por meio do "snizhnie" ou "redução" (Iakubinskii, 1924). Esses trabalhos levaram a estudos mais gerais da natureza e funções do discurso público e do discurso oratório em particular.

Em 1926, Iakubinski estabeleceu dois laboratórios de discurso público, no Instituto de Agitação e no ILIaZV, que eram dirigidos pelo antigo chefe da seção de oratória do IZhS e fundador da Associação Filosófica Livre (Vol'fila), Konstantin Siunnerberg (pseudônimo Erberg, 1871-1942),[14] e por um aluno de pós-graduação desse instituto, o futuro escritor de roteiros para o cinema Vladimir Kreps (1903-84) que, no mesmo ano, tornou-se diretor do Instituto de Agitação (TsGAIPD 8720/1/54/88; RGALI 2889/1/197/3). O objetivo inicial do LPD estava, de modo geral, de acordo com o trabalho anterior do instituto: "a definição dos termos e a classificação dos conceitos dentro do campo do discurso público" e a "compilação de uma bibliografia sobre questões do discurso público em russo e em línguas estrangeiras" (GARF A-4655/1/275/22, 104-105ob).

É instrutivo voltar o foco para a carreira de Viktor Abramovich Gofman (1899-1942) que, juntamente com Voloshinov, matriculou-se no programa de pós-graduação em História da Literatura Russa em 1º de janeiro de 1927 (TsGALI 288/2/14/76). Gofman trabalhou sob a supervisão de Eikhenbaum, estudando a poesia política do início do século XIX na Rússia (GARF A-4655/2/478/13-14) e publicando artigos sobre o *skaz* (Gofman, 1926) e os "princípios de construção" fundamentais nos quais eram discutidos a semântica política e os gêneros da poesia política da época da guerra de 1812 e dos dezembristas. (GARF A-4655/2/478/5; Gofman, 1929). Gofman, contudo, estudou a história da língua russa e linguística geral, e buscou uma segunda especialização no laboratório de discurso público, com Kreps e Siunnerberg, o que resultou em trabalhos sobre "O problema do discurso oratório agitacional" e "O problema da análise sócio-histórica do discurso oratório" no ILIaZV (GARF A-4655/2/478/6-8b), seguidos por um artigo em uma coletânea publicada pelo laboratório (1931) e, no próximo ano, uma monografia sobre a história e teoria do discurso oratório (1932).

Se examinarmos conjuntamente o trabalho de Gofman e o dos dois membros do Círculo, fica visível em que medida a pauta desse grupo de pensadores e muito de sua abordagem teórica derivaram dos projetos do ILIaZV. Embora ostensivamente trabalhando em questões literárias, tanto Voloshinov quanto Gofman movem-se para questões de teoria linguística e tipologia histórica do discurso, sem abandonar inteiramente a análise ou categorias literárias. Ambos recorreram extensamente ao trabalho de Iakubinski sobre o discurso dialógico e os gêneros do discurso público. Na verdade, o desenvolvimento que Gofman dá ao monólogo e diálogo como categorias analíticas, em seu trabalho de 1931 e 1932, antecipa as principais linhas do uso do próprio Bakhtin em meados da década de 1930. Assim, Gofman defende que a adoção e o uso da retórica clássica no mundo medieval tinham um caráter "monológico" que se tornou cada vez mais separado tanto da linguagem das ruas quanto do discurso verdadeiramente científico. Isso tinha ficado especialmente visível no início da Renascença, levando finalmente às paródias de Rabelais (GARF A-4655/2/478/7). No mundo contemporâneo, a burguesia, de forma semelhante, veste seu discurso público político e jurídico com as formas monológicas da retórica do mundo clássico para mascarar seus próprios interesses, distintos dos do proletariado e até mesmo antagônicos a eles. O proletariado gradualmente aprende a opor-se a isso por meio do desenvolvimento de seus próprios locutores, tornando dialógicas as formas monológicas e rompendo as barreiras entre a linguagem conversacional, o discurso científico e o discurso oratório (Gofman, 1931; 1932). Um aspecto da revolução social é, assim, uma revolução nas funções sociais da linguagem, o que ele habilmente analisa entrelaçando os estudos da retórica clássica, a teoria literária formalista, a análise de Iakubinski sobre as funções dialógicas da linguagem e os estudos empíricos de oratória e discurso público, então desenvolvidos no *Laboratory of Public Discourse* (Laboratório de Discurso Público) no ILIaZV. Nesse meio tempo, Voloshinov incorporou algumas das mesmas fontes com os insights da psicologia brentaniana encontrados nos trabalhos dos estudiosos austríacos Marty e Bühler.

Como é bem sabido, houve transformações catastróficas na estrutura institucional da educação superior soviética entre 1929 e 1932, e o ILIaZV (a partir de 1930 chamado de *Instituto Estatal de Cultura Discursiva* (*Gosudarstvennyi institut rechevoi kul'tury*, GIRK)) foi uma de suas muitas vítimas. O laboratório de discurso público foi redirecionado para o Instituto de Agitação que, então, era pouco mais que uma escola de administração ideológica, perdendo-se a base institucional para a investigação teórica da análise funcional do uso da linguagem (ARAN 827/3/101). Umas poucas publicações, como as de Gofman, provenientes do trabalho do ILIaZV, saíram no início da década de 1930, mas a tendência, de modo geral, desapareceu.[15] Foi concedido ao marrismo o *status* de teoria da linguagem marxista oficial e a abordagem estreitamente genética aos fenômenos semânticos tornou-se a única abordagem legítima. O trabalho de Frank-Kamenetski e Freidenberg passou para o *Instituto de Linguagem e Pensamento de Marr* (*Institut iazyka i myshleniia*, IIaM), onde eles continuaram a produzir alguns estudos valiosos. Na década de 1930, alguns estudiosos como Zhirmunski e Shishmarev publicaram alguns trabalhos instigantes sobre linguagem e literatura provenientes da pesquisa no ILIaZV, mas havia acabado o impulso e o ambiente em que questões funcionais e genéticas eram colocadas lado a lado.

O trabalho de Bakhtin das décadas de 1930 e 1940 constitui algumas das mais significativas tentativas de continuar o que havia sido desenvolvido no ILIaZV. Seu relativo desligamento das instituições acadêmicas soviéticas significou que ele era

Primeiros projetos soviéticos de pesquisa e o desenvolvimento das ideias bakhtinianas

mais capaz de permanecer dentro do programa de pesquisa dos anos 1920 do que teria sido, caso estivesse tão bem integrado quanto gostaria. Em seu trabalho sobre o romance da década de 1930, encontramos uma tentativa de combinar o trabalho sobre a estratificação social da língua nacional com o estudo das funções linguísticas, o estudo da influência mútua das formas literárias e a explicação marrista que dizia que a literatura emerge do mito, mas mantém seus agrupamentos semânticos. Seguindo Frank-Kamenetski (1929), ele tenta relacionar tudo isso por meio da dialética idealista de Cassirer. Entretanto, o problema está em que os modos de análise funcionais e genéticos não se ajustam e, assim, quando ele se concentra em história, por exemplo, no ensaio sobre o cronotopo ou o *Bildungsroman*, a questão do diálogo se perde de vista.

Quando o foco está no encontro entre expressões e estilos linguísticos, a narrativa histórica fica suspensa. O exemplo extremo disso vem de certo modo mais tarde, no ensaio sobre os gêneros do discurso do início da década de 1950. A única maneira de fazer essa relação é por meio da noção de que as formas-chave culturais sempre existiram e apenas reaparecem sob novas formas. Encontramos essa noção em todo o estudo sobre Rabelais, onde vemos o catálogo de agrupamentos semânticos de Freidenberg (1997 [1935]) saqueado para os elementos-chave do carnaval. O problema fica claramente visível na segunda edição do livro sobre Dostoiévski (1963/1984), quando Bakhtin insere um capítulo distinto e anacronicamente marrista sobre a história do gênero em um estudo que estava firmemente localizado no campo funcional, dentro do ILIaZV da década de 1920.

Mesmo sendo relevante o trabalho de Bakhtin desse período, ele representa uma síncrese provocativa de tendências e não uma bem-sucedida síntese delas. Para tecê-las juntas, seria necessária uma detalhada análise histórica que operasse simultaneamente em diversos níveis, incluindo uma detalhada investigação filológica e filosófica, juntamente com a análise econômica e institucional, que Bakhtin ignorou completamente e cuja ausência enfraquece gravemente a força crítica de seu trabalho. Para resumir, exigiria o contínuo esforço de muitas pessoas talentosas cujas pesquisas eram coordenadas em um instituto. Maior a razão, então, para mudar nosso foco de atenção para o nível institucional e observar a obra de Bakhtin apenas como uma contribuição significativa a algo muito maior e mais importante do que seu trabalho individual. O ILIaZV é simplesmente um instituto de prestígio, no qual as ideias da filosofia e filologia alemãs e austríacas bem como da linguística francesa (Desnitskaia, 1991) foram retrabalhadas nitidamente de acordo com programas do início da pesquisa soviética. Mais uma razão para deixar de hipostasiar a pesquisa individual, separando-a de suas precondições institucionais.

Repensando o Círculo de Bakhtin

NOTAS

[1] Conferir, especialmente, Brandist, Shepherd e Tihanov (ed.), 2004.

[2] Alpatov (2005) apresenta o mais confiável relato das relações entre, de um lado, a linguística soviética e a mais geral, e, de outro, o Círculo de Bakhtin.

[3] Conferir, por exemplo, as atas das reuniões da seção de filosofia da GAKhN (RGALI 941/14).

[4] Conferir a correspondência em Kagan (2004).

[5] Sobre esse paralelismo, conferir David-Fox (1997).

[6] Sobre a influência de Tylor na Rússia na década de 1920, conferir Hirsch (2005: 218-9).

[7] Sobre a influência de Baudouin em Shcherba e Iakubinski, conferir Leont'ev (1961); sobre Baudouin e Larin, conferir GARF 298/1/122/13-14.

[8] Para uma discussão mais cuidadosa e refinada da possível influência de Marr sobre Voloshinov, conferir Lähteenmäki e Vasil'ev (2005).

[9] Nesse ponto, os estudiosos russos estavam recapitulando os termos do "repúdio linguístico a Wundt" no trabalho dos linguistas alemães. Sobre este último, conferir Nerlich e Clarke (1998).

[10] Agradeço a Galin Tihanov e Matthias Aumüller pela indicação dessa fonte. Há uma longa discussão sobre a visita de Walzel nas cartas de Zhurmunski a Sakulin mantidas nos arquivos deste último (RGALI 444/1/331).

[11] A atitude crítica encontrada em Medvedev (1926; 1983) evidentemente não chega a denegrir o trabalho de Sakulin como um todo. É uma infelicidade este artigo ter vindo a obstruir uma consideração sistemática da relação entre os dois estudiosos, especialmente já que cada um deles, a seu modo, tentaram recorrer às mesmas fontes alemãs para formular uma abordagem sociológica à literatura. A avaliação crítica e assimilação que Sakulin fez das fontes alemãs encontram-se principalmente em Sakulin (1925).

[12] Conferir Tihanov (2000: 136-8, 159-60).

[13] Deve-se notar que o GIII e o ILIaZV compartilhavam muitos membros do *staff*, inclusive Zhirmunski, Eikhenbaum, Tinianov, Shcherba e Larin. Sollertinski era também aluno pós-graduando visitante no curso de línguas e literaturas da Europa ocidental no ILIaZV em 1925-27 (TsGALI 288/2/137).

[14] Sobre Siunnerberg (Erberg), conferir Grechishkin e Lavrov (1979) e Zabolotskaia (1996). Sobre Volfila, conferir Belous (2005). O arquivo de Siunnerberg contém diversos trabalhos ainda não publicados sobre o discurso público e a oratória que merecem publicação. O único artigo que ele publicou sobre esse assunto é Erberg (1929).

[15] Os arquivos contêm diversos trabalhos interessantes que Katya Chown e eu publicamos em "Diplomnaia rabota T. P. Lomteva" (pp. 22-4). Há também uma publicação de T. P. Lomtev, "Poniatie iazyka v marksistskom osveshchenii", em Boris Orekhov (ed.), *Khronotop i okrestnosti*: Iubileinyi sborniv v chest´ Nikolaia Pan´kova, Ufa, Vagant, 2011, pp. 25-53.

REFERÊNCIAS

ALPATOV, V. M. *Voloshinov, Bakhtin i lingvistika*. Moscow: Iazyki Slavianskikh Kul'tur, 2005.

BAKHTIN, M. M. *Problemy tvorchestva dostoevskogo*. Leningrad: Priboi, 1929.

_____. *Problemy poetiki dostoevskogo*. Moscow: Sovetskii Pisatel, 1963.

150

_____. Roman vospitaniia i ego znachenie v istorii realizma. In: *Estetika skovesnogo tvorchestva*. Moscow: Iskusstvo, 1979 [1936-8], pp. 118-236.

_____. *Problems of Dostoevsky's poetics*. Manchester: Manchester University Press, 1984 [1963].

_____. The Bildungsroman and its Significance in the History of Realism. In: *Speech Genres and Other Late Essays*. Austin: University of Texas Press, 1986 [1936-8], pp. 10-59.

BELOUS, V. G. *Vol'fila [Petrogradskaia vol'naia filosofskaia assotsiatsiia] 1919-1924. Kniga pervaia:* Predistoriia Zasedaniia. Moscow: Modest Kolerov i Tri Kvadrata, 2005.

BRANDIST, C. The Hero at the Bar of Eternity: The Bakhtin Circle's Juridical Theory of the Novel. *Economy and Society*, v. 30, n. 2, 2001, pp. 208-28.

_____. *The Bakhtin Circle:* Philosophy, Culture and Politics. London: Pluto Press, 2002.

_____. Voloshinov's Dilemma: On the Philosophical Roots of the Dialogic Theory of the Utterance. In: BRANDIST, C.; SHEPHERD, D.; TIHANOV, G. (ed.). *The Bakhtin Circle*: In the Master's Absence. Manchester: Manchester University Press, 2004a, pp. 97-124.

_____. Mikhail Bakhtin and Early Soviet Sociolinguistics. In: FARACO, C. A. et al. (ed.). *Proceedings of the Eleventh International Bakhtin Conference*. Curitiba: Universidade Federal do Paraná, 2004b, pp. 145-53.

BRANDIST, C.; SHEPHERD, D.; TIHANOV, G. (ed.). *The Bakhtin Circle:* In the Master's Absence. Manchester: Manchester University Press, 2004.

CHUKOVSKII, K. I. Anatolii Fedorovich Koni. In: KONI, A. F. *Sobranie Sochinenii*, v. 8. Moscow: Iuridicheskaia kniga, 1969 [1967], pp. 5-25.

David-Fox, M. *Revolution of the mind*: Higher Learning Among the Bolsheviks 1918-1929. Ithaca: Cornell University Press, 1997.

DESNITSKAIA, A. V. Frantsuzskie lingvisty i sovetskoe iazykoznanie 1920-1930kh godov. *Izvestiia akademii nauk SSSR:* seriia literatury i iazyka, v. 50, n. 5, 1991, pp. 474-85.

ERBERG, [Siunnerberg], K. A. O formakh rechevoi kommunikatsii. *Iazyk i literatura*, n. 3, 1929, pp. 156-79.

FRANK-KAMENETSKII, I. G. Pervobytnoe myshlenie v svete iafeticheskoi teorii i filosofii. *Iazyk i literatura*, n. 3, 1929, pp. 70-155.

FREIDENBERG, O. M. Proiskhozhdenie parodii. *Trudy po Znakovym Sistemam*, n. 6, 1973 [1926], pp. 490-97.

_____. *Poetika siuzheta i zhanra*. Moscow: Labirint, 1997 [1935].

GOFMAN, V. A. Folklornyi skaz Dalia. In: EIKHENBAUM, B. M. (ed.). *Russkaia proza*. Leningrad: Academia, 1926, pp. 232-61.

_____. Ryleev – poet. In: EIKHENBAUM, B. M.; TYNIANOV, Iu. N. (ed.). *Russkaia poeziia XIX veka*. Leningrad: Academia, 1929, pp. 1-73.

_____. Analiz oratorskikh obraztsov. In: KREPS, V. V.; ERBERG, K. A. (ed.). *Praktika oratorskoi rechi*. Leningrad: Izd. instituta agitatsii im. Volodarskogo, 1931, pp. 98-126.

_____. *Slovo oratora (ritorika i politika)*. Leningrad: Izd. Pisatelei v Leningrade, 1932.

GORKY, M. Soviet Literature. In: GORKY, M. et al. *Soviet Writers Conference 1934*: The Debate on Socialist Realism and Modernism. London: Lawrence and Wishart, 1977 [1934], pp. 27-72.

GRECHISHKIN, S. S; LAVROV, A. V. Predislovie k Konst. Erberg (K. A. Siunnerberg) Vospominaniia. In: *Ezhegodnik rukopisnogo otdelia pushkinskogo doma na 1977 god*. Leningrad: Nauka, 1979, pp. 99-115.

HANSEN, M. H. *The Athenian Assembly in the Age of Demosthenes*. Oxford: Basil Blackwell, 1987.

HIRSCH, F. *Empire of Nations*: Ethnographic Knowledge and the Making of the Soviet Union. Ithaca: Cornell University Press, 2005.

IAKUBINSKII, L. P. O snizhenii vysokogo stilia u Lenina. *Lef*, v. 1, n. 5, 1924, pp. 71-80.

_____. O dialogicheskoi rechi. In: *Izbrannye raboty:* Iazyk i ego funktsionirovanie. Moscow: Nauka, 1986 [1922], pp. 17-56.

INSTITUT ZHIVOGO SLOVA. *Zapiski instituta zhivogo slova*, n. 1, 1919.

IOFFE, I. I. *Kul'tura i stil'*: Sistema i printsipy sotsiologii iskusstv. Leningrad: Priboi, 1927.

KAGAN, M. I. *O khode istorii*. Moscow: Iazyki Slavianskoi Kul'tury, 2004.

KATSNEL'SON, S. D. Istoriia tipologicheskikh uchenii. In: *Kategorii iazaka i myshleniia:* iz nauchnogo naslediia. Moscow: Iazyki Slavianskoi Kul'tura, 2001, pp. 757-815.

KONI, A. F. Nravstvennye nachala v ugolovnom protsesse (Obshchie cherty sudebnoi etiki). In: _____. (1969) *Sobranie Sochinenii*, v. 8. Moscow: Iuridicheskaia Kniga, 1967 [1902], pp. 33-69.

_____. *Sobranie Sochinenii*. Moscow: Iuridicheskaia kniga, 1969, 8 v.

LÄHTEENMÄKI, M; VASIL'EV, N. L. Retsepsiia 'novogo ucheniia o iazyke' N. Ia. Marra v rabotakh V. N. Voloshinova: Iskrennost ili kon iuktura? *Russian Linguistics*, v. 29, n. 1, 2005, pp. 71-94.

LEONT'EV, A. A. I. A. Boduen de Kurtene i peterburgskaia shkola russkoi lingvistiki. *Voprosy iazykoznaniia*, n. 4, 1961, pp. 116-24.

MEDVEDEV, P. N. Sotsiologizm bez sotsiologii (O metodologicheskikh rabotakh P. N. Sakulina). *Zvezda*, n. 2, 1926, pp. 267-71.

_____. *Formal'nyi metod v literaturovedenii*: Kriticheskoe vvedenie v sotsiologiiu poetiku. Leningrad: Priboi, 1928.

_____. *The Formal Method in Literary Scholarship*. Baltimore: John Hopkins University Press, 1978 [1928].

_____. Sociologism Without Sociology (On the Methodological Works of P. N. Sakulin). In: SHUKMAN, A. (ed.). *Bakhtin School Papers*. Oxford: RTP, 1983 [1926], pp. 67-74.

MEDVEDEV, Iu. P. Nas bylo mnogo na chelne. *Dialog Karnaval Khronotop*, n. 1, 1992, pp. 89-108.

NERLICH, B.; CLARKE, D. D. The Linguistic Repudiation of Wundt. *History of Psychology*, v. 1, n. 3, 1998, pp. 179-204.

OBER, J. *Mass and Elite in Democratic Athens*: Rhetoric, Ideology, and the Power of the People. Princeton: Princeton University Press, 1989.

PERLINA, N. *Ol'ga Freidenberg's Works and Days*. Bloomington: Slavica, 2002.

SAKULIN, P. N. *Sinteticheskoe postroenie istorii literatury*. Moscow: Mir, 1925.

SHISMAREV, V. F. *Izbrannye stat i*: frantsuzskaia literatura. Moscow: Nauka, 1965.

_____. *Izbrannye stat i*: istoriya ital'ianskoi literatury i ital'ianskogo iazyka. Leningrad: Nauka, 1972.

THOMAS, L. *The Linguistic Theories of N. Ia. Marr*. Berkeley: University of California Press, 1957.

TIHANOV, G. *The Master and the Slave*: Lukács, Bakhtin and the Ideas of their Time. Oxford: Oxford University Press, 2000.

_____. Seeking a 'Third Way' for Soviet Aesthetics: Eurasianism, Marxism, Formalism. In: BRANDIST, C.; SHEPHERD, D.; TIHANOV, G. (ed.). *The Bakhtin Circle*: In the Master's Absence. Manchester: Manchester University Press, 2004, pp. 97-124.

VOLOSHINOV, V. N. *Marksizm i filosofii iazyka*. Leningrad: Priboi, 1929.

_____. *Marxism and the philosophy of language*. Cambridge: Harvard University Press, 1973.

WALZEL, O. *Wachstum und Wandel*: Lebenserinnerungen von Oskar Walzel. Berlin: E. Schmidt, 1956.

WOOD, E. M. Demos vs. "We the People": Freedom and Democracy Ancient and Modern. In: OBER, J.; HENDRICK, C. (ed.). *Demokratia*: A Conversation on Democracies Ancient and Modern. Princeton: Princeton University Press, 1996, pp. 121-37.

ZABOLOTSKAIA, A. E. Konst. Erberg v nauchno-teoreticheskoi sektsii Narkomprosa (1918-1919). *Minuvshee: Istoricheskii al makakh*, n. 20, 1996, pp. 389-403.

ZHIRMUNSKII, V. M. Metodika sotsial noi geografii (dialektologiia i fol'klor v geograficheskaia issledovaniia). *Iazyk i Literatura*, n. 8, 1932, pp. 83-117.

FONTES ARQUIVAIS

(Referências a fond/opis/delo/list)

ARAN: Arkhiv rossiiskoi akademii nauk (St. Petersburg):
      f. 77 Institut iazyka i myshleniia;
      f. 827 N. F. Derzhavin.

GARF: Gosudarstvennyi arkhiv rossiiskoi federatsii (Moscow):
      f. A-298 Gosudarstvennyi uchenii sovet;
      f. A-2307 Glavnauka Narkomprosa;
      f. A-4655 Rossiiskaia assotsiatsiia nauchno-issledovatel'skikh institutov obshchesvennykh nauk.

IRLI: Institut russkoi literatury (Pushkinskii dom), (St. Petersburg):
      f. 272 P. N. Sakulin;
      f. 474 K. A. Siunnerberg (Erberg).

RGALI: Rossiiskii gosudarstvennyi arkhiv literatury i iskusstv (Moscow):
      f. 444 P. N. Sakulin;
      f. 941 Gosudarstvennaia akademiia khudozhestvennykh nauk;
      f. 2889 V. M. Kreps.

TsGAIPD: Tsentral'nyi gosudarstvennyi arkhiv istoriko-politicheskikh dokumentov (St. Petersburg);
      f. 8720 Institut agitatsii im. Volodarskogo.

TsGALI: Tsentralnyi gosudarstvennyi arkhiv literatury i iskusstv (St. Petersburg):
      f. 288 Nauchno-issledovatel'skii institut sravnitel'noi istorii literatur i iazykov Zapada i Vostoka.

Linguística sociológica em Leningrado:
O Instituto de Estudos Comparados das Literaturas e Línguas do Ocidente e do Oriente (ILIaZV) 1921-1933

O desenvolvimento das ideias linguísticas no início da União Soviética[1] tem sido estudado com enfoque no trabalho de indivíduos específicos ou tendências ideológicas. Geralmente, as questões institucionais surgem quando assuntos como as restrições ao livre questionamento são considerados, mas poucas vezes se pergunta se as estruturas institucionais da época facilitaram o trabalho desses indivíduos. Como observa Christopher Hutton (1999: 37) em seu excelente estudo *Linguistics and the Third Reich*, com frequência, os estudiosos pressupõem haver uma "inteireza orgânica, uma autenticidade de crença, no esforço acadêmico" e que isso é ameaçado pelas incursões do poder político. Embora seja de "considerável interesse sociológico" investigar as pressões sofridas pelos acadêmicos no início do período soviético e muitas vezes se revelem problemas de interpretação, "corremos o risco de invocar um contramito da 'situação normal'. Essa é a noção do profissional imparcial, livre de pressões externas, que procura a verdade sem medo ou favorecimento". O resultado desse mito é que a pesquisa, na cena intelectual soviética, tem sido consideravelmente distorcida e a excepcionalidade de certas figuras, como Lev Vygotsky (1896-1934) ou os membros do Círculo de Bakhtin tem sido exagerada. Na verdade, ainda não há uma descrição geral da fascinante e complexa história dos institutos que lidavam com Ciências Sociais em Moscou e

---

* N. O.: Este artigo foi publicado originalmente na revista especializada da Universidade de Amsterdã, *Russian Literature* LXIII (2008), II/III/IV, pp. 171-200. Título original "Sociological linguistics in Leningrad: the Institute for the Comparative History of the Literatures and Languages of the West and East (ILJaZV) 1921-1933".

Leningrado nas décadas de 1920 e 1930; com certeza isso representa uma situação curiosa, já que não há falta de histórias da Academia de Ciências ou do desenvolvimento da Física na Rússia. Este artigo é um modesto passo no sentido de corrigir esse problema, uma vez que ele enfoca uma única instituição-chave em Leningrado que existiu de 1921 a 1933 e dentro da qual se desenvolveram algumas das mais influentes ideias do Círculo de Bakhtin e na qual várias abordagens coexistiram dentro de projetos coletivos de pesquisa. Ficará claro que a estrutura institucional não era só, ou mesmo principalmente, uma camisa de força restritiva que limitava a liberdade de movimentos dos pesquisadores individuais, mas, em vez disso, uma estrutura capacitadora que estimulava, facilitava e orientava a própria pesquisa.

Como todos os pesquisadores acadêmicos, os estudiosos soviéticos não eram motivados somente por uma busca desinteressada da verdade, mas, ao menos parcialmente, estavam orientados para a aquisição e acumulação do que Pierre Bourdieu (1930-2003) chama de "capital simbólico": autoridade, prestígio, reconhecimento, celebridade ou outros. Para uma análise do trabalho intelectual no período é importante a forma pela qual esse capital podia ser buscado dentro de um cenário institucional específico. Durante a maior parte da década de 1920, os pesquisadores que investigavam essas recompensas eram compelidos a produzir trabalhos que pudessem ser considerados representações mais exatas do mundo que as de seus rivais. Em resumo, a instituição canalizava a competição social, de modo que isso resultava em progresso epistêmico. Conforme observa Bourdieu (2000: 111), no "campo científico", "a luta [pelo capital simbólico] ocorre sob o controle das normas constitutivas do campo e somente com as armas por ele aprovadas. As proposições engajadas nessa luta reconhecem-se umas às outras, tácita ou explicitamente, como receptivas ao teste da coerência e ao veredicto da experimentação". A autoridade científica prevalecia sobre a autoridade estatutária ao determinar a distribuição do capital científico. Contudo, na Rússia soviética, as relações entre as duas formas de autoridade eram especialmente carregadas nos vários campos das ciências sociais. À medida que uma classe governante burocrática se cristalizou no final da década de 1920, a existência de discursos reivindicando a verdade sobre o mundo social estava fadada a fazer com que os poderes simbólicos se sentissem ameaçados. A burocracia cada vez mais desejava que tais discursos fossem regulados e subordinados aos pré-requisitos de sua própria reprodução. Como geralmente acontece, essa exigência externa encontrou pessoas que a apoiassem dentro do campo, oferecendo seus serviços ideológicos aos poderes dominantes sob a forma de comitês de especialistas ou "ideologias científicas". Outros se refugiaram em um formalismo que era uma gaiola dourada na qual se aprisionavam, livres para dizer qualquer coisa, desde que não dissessem nada sobre o essencial, ou o dissessem de tal forma que nada escaparia do círculo fechado dos iniciados.[2] Em qualquer caso, o grau de autonomia do campo se estreitou, em linha com o apelo das várias estratégias adotadas para negociar a autoridade científica e estatutária. Mudanças dentro do ambiente sociopolítico mais amplo gradualmente iriam mudar as relações entre o instituto e a atividade de pesquisa e, por fim, destruíram a instituição como um todo.[3]

O Instituto de Estudos Comparados das Literaturas e Línguas do Ocidente e do Oriente

Esta instituição foi originalmente fundada como Instituto Aleksandr Veselovski (*Institut im. A.N. Veselovskogo*), organizado pelo eslavista Nikolai Derzhavin (1877-1953), dentro da Universidade de Petrogrado, em 1921. Em 1923, a reorganização do instituto e a mudança de sua liderança (Derzhavin tornou-se diretor) foram marcadas pela mudança de seu nome que passou a ser *Instituto de Estudos Comparados das Literaturas e Línguas do Ocidente e do Oriente* (*Nauno-issledovatel'skij institut sravnitel'noj istorii literatur i jazykov Zapada i Vostoka*, ILIaZV), e é sob esse nome que ele é mais lembrado (GARF A-2307/9/231/81).[4] Em 1930, porém, o instituto mudou mais uma vez seu nome para Instituto Estatal para a Cultura Discursiva (*Gosudarstvennyj institut reevoj kul'tury*, GIRK). Durante toda a sua existência, diversos membros mais antigos e influentes assumiram posição de liderança, incluindo os críticos literários formalistas, Boris Tomachevski (1890-1957) e Boris Eichenbaum (1886-1959), o estudioso românico e antigo aluno de Veselovski, Vladimir Shishmarev (1875-1957), os alunos linguistas de Jan Baudouin de Courtenay (1845-1929), Lev Shcherba (1880-1944) e Lev Iakubinski (1892-1943) e o estudioso literário e germanista, Viktor Zhirmunski (1891-1971). Essa distinta e formidável companhia intelectual de muitas maneiras atuou como contrapeso aos excessos de uma figura que, ao longo da década de 1920, tornou-se o mais influente linguista na Rússia, Nikolai Marr (1864-1934). A influência de Marr no ILIaZV cresceu durante sua existência, mas, como corretamente observa Michael Smith (1998: 90), foi mantido "um currículo equilibrado de Linguística Geral, Indo-europeísmo e Jafetidologia [de Marr]". Entretanto, a afirmação de Smith de que o ILIaZV era, ainda assim, uma instituição "marrista" (1998: 90), e que, como consequência, o Círculo de Bakhtin era formado simplesmente por "clientes do marrismo" (1998: 92) é incorreta. Marr até mesmo renunciou à posição de chefe da seção de linguística em fevereiro de 1927, alegando que suas ideias não tinham o apoio adequado entre os membros do *staff* (ARAN SPb 302/2/168/16-16ob). Como veremos adiante, áreas inteiras de estudo permaneceram fora do reinado da abordagem com frequência fantástica e sempre unilateralmente genética de Marr e, apesar de ocasionais convergências com o marrismo, é aqui que Valentin Voloshinov (1895-1936), linguista do Círculo de Bakhtin, estava engajado.[5]

O ILIaZV definiu sua orientação como "histórico-comparativa", um termo consideravelmente mais amplo e flexível do que o termo adotado por Marr, "paleontológica", o que comprova uma abordagem que não era distintamente marrista. Como sugere o nome original da instituição, o modelo intelectual inicial foi o historiador literário Veselovski (1838-1906), cujos estudos comparativo-históricos certamente influenciaram Marr (Šišmarev, 1937; Thomas, 1957: 114-6), mas era mais amplo e muito mais aberto e rigoroso.[6] Isso se refletiu na estrutura do instituto que, entretanto, estava sujeito a uma quase contínua revisão. Em 1923, havia três seções gerais e quatro seções regionais: 1) Teoria e metodologia da literatura; 2) Linguística geral; 3) Literaturas moderna e recente; 4) O mundo românico-germânico; 5) O mundo eslávico-grego e do Oriente próximo; 6) O mundo central-asiático, indiano e do extremo Oriente; 7) O antigo mundo irano-helênico (CGALI 288/1/13/10). A amplitude da cobertura internacional do Instituto e a centralidade desse internacionalismo ficam imediatamente visíveis a partir dessa estrutura, mas, ao longo do tempo, a adoção oficial da teoria do "socialismo em um país" teve impacto considerável sobre a estrutura e os projetos ali realizados, dando-se um papel muito mais central ao estudo das línguas e culturas de várias nacionalidades dentro da URSS e os termos Ocidente e Oriente sendo geralmente reinterpretados para se referir, respectivamente, às nações e culturas soviéticas mais e menos desenvolvidas. Em seus estágios iniciais, entretanto, o instituto estabeleceu para si mesmo a tarefa de renovar os métodos científicos por meio de determinados projetos centrais: a descrição de manuscritos mantidos em importantes bibliotecas e de coletâneas recentemente nacionalizadas; a composição de uma vasta gama de novos dicionários e bibliografias; a publicação dos trabalhos de Veselovski (conduzida por seu aluno Shishmarev); a busca do trabalho de laboratório (como a fonética experimental de Lev Shcherba e o trabalho sobre distúrbios da fala de Sergei Dobrogaev (1873-1952), e importante trabalho textológico, como o estudo da linguagem e estilo de Lênin (conduzido por Iakubinski; CGALI 288/1/13/10-10ob, 29-29ob). No campo da metodologia, a ascensão de abordagens sociológicas que haviam sido sistematicamente desencorajadas na academia czarista e o desmantelamento de abordagens psicologistas ultrapassadas que havia reinado em seu lugar ficaram visíveis, com a atenção mudando, dos *Völker-psychologen* Steinthal e Wundt, em direção aos trabalhos de Marx, Durkheim, Simmel e a fenomenologia.

Em 1925, o instituto definiu suas metas como:

> a) organização da pesquisa científica em literaturas e línguas ocidentais e orientais; b) estudo, do ponto de vista científico, de questões decorrentes de exigências de Estado dentro dos limites do instituto; c) preparação de pesquisadores científicos de acordo com essa especialidade; d) popularização do conhecimento científico dentro do campo. (CGALI 288/1/16/2)

O Instituto passou então a ter apenas duas seções: a de linguística (dirigida por Marr e Iakubinski) e a literária (dirigida por Derzhavin e N. V. Jakovlev (1891-1981); CGALI 288/1/16/84), com diversas subseções, cada uma com seus "temas coletivos". Alguns membros do *staff* participavam em mais de um tema e em mais de uma subseção ou mesmo seção, e geralmente cuidavam de seus próprios projetos individuais dentro de projetos coletivos mais amplos. Dentro da subseção de Linguística Geral, que era dirigida por Marr, por exemplo, o tema coletivo era "O estudo teórico e metodológico das interações entre as unidades linguísticas". Essas "unidades" eram interpretadas muito amplamente: "línguas nacionais e de classes; dialetos étnicos e sociais; linguagem conversacional e escrita; a linguagem da criação poética; linguagens convencionais; jargão e outros". Dentro desse campo, os temas individuais incluíam "a evolução das normas linguísticas com a sociabilidade", de Marr; "Problemas de linguística aplicada", de N. V. Yushmanov (1896-1946) e "Problemas e métodos da semântica", de Boris Larin (1893-1964) e Boris Engelgardt (1887-1942) (CGALI 288/1/16/11ob). Larin tinha também outros temas individuais relacionados com outros projetos, tais como a estética da linguagem, poética indiana e dialetologia geral (CGALI 288/1/16/18-18ob). Nessa época, a subseção jafetidológica da seção de linguística de Nikolai Marr seguia um projeto coletivo sobre termos numéricos e projetos individuais sobre línguas caucasianas específicas, o que mostra a ambivalência do pensamento de Marr, entre o jafético, como um estágio pelo qual todas as línguas passam, e um grupo distinto de línguas caucasianas. Toda essa pesquisa ocorria lado a lado com uma subseção de linguística indoeuropeia, conduzida por Lev Shcherba (1880-1944), com projetos tradicionais e experimentais sobre sintaxe e fonética de línguas específicas (CGALI 288/1/16/11ob).

No ano acadêmico de 1926-27, foram feitas diversas mudanças estruturais significativas, entre as quais o estabelecimento de uma "comissão para o estudo das minorias nacionais do sul e oeste da URSS" e de dois laboratórios que lidavam com a fisiologia do discurso (*re'*), dirigidos por Dobrogaev (com um "círculo de linguistas-biomecanicistas") e o outro lidando com o discurso (*re'*) público, inicialmente dirigido por Iakubinski (GARF A-4655/1/ 275/4-4ob, 103).[7] O primeiro buscava "estudar experimentalmente a base fisiológica do comportamento discursivo por meio do estudo de sujeitos saudáveis e doentes" (CGALI 288/1/39/2ob), enquanto o último contava com dois grupos, um "trabalhando com agitadores do VKP(b)"[8] e a "composição de um esquema visual do discurso e dos processos discursivos"[9] e envolvendo a gravação do som e o discurso agitacional, e o outro lidando com "os erros do discurso russo contemporâneo utilizando materiais do *rabkory*, jornais murais e outros" (GARF A-4655/1/275/4ob, 22). Dois novos pesquisadores foram recrutados para dirigir o Laboratório de Discurso Público (LPD): Konstantin Sjunnerberg (geralmente conhecido sob o pseudônimo de Erberg (1871-1942)) e Vladimir Kreps (1903-84). O primeiro havia colaborado com os poetas Aleksandr Blok e Andrej Belyj, e com o estudioso literário Ivanov-Razumnik, na infrutífera tentativa de estabelecer uma Academia Filosófica Livre (*Volfila*) sob os auspícios da seção teatral (TEO) do Narkompros, em 1918 (Zabolockaja 1996; CGA 2551/1/129/11-12), e havia trabalhado com Iakubinski no Instituto da Palavra Viva (*Institut živogo slova*), que tinha sido estabelecido dentro da TEO, em 1918 (Zapiski, 1919), e em seus sucessores: os Cursos Estatais de Agitação e Técnicas Discursivas (*Goskursy agitacii i techniki rei*) e o Instituto Comunista de Agitação Volodarski (*Institut agitacii im. Volodarskogo*). Kreps era aluno de pós-graduação do primeiro instituto e da faculdade de direito da Universidade de Petersburgo, e instrutor da seção de política do instituto naval antes de trabalhar no *Goskursy* e suceder Iakubinski como diretor, em 1926 (RGALI 2889/1/197/3). Sjunnerberg também trabalhou nesses institutos, como professor e reitor da seção de oratória (CGAIPD 8720/1/3). O objetivo inicial do LPD, de modo geral, estava de acordo com o trabalho inicial do instituto: "a definição dos termos e a classificação dos conceitos dentro do campo do discurso público" e a "compilação de uma bibliografia sobre questões de discurso público em russo e línguas estrangeiras". Entretanto, Kreps assegurou que tal pesquisa permanecesse ligada às tarefas práticas de agitação, do tipo seguido no Instituto de Agitação do qual era diretor, e, no ano seguinte ele se tornou diretor do Laboratório, quando Iakubinski cedeu o controle para se tornar diretor do recém-estabelecido departamento de língua russa contemporânea (GARF A-4655/1/275/22, 104-105ob).

A Associação Russa dos Institutos de Pesquisa Científica em Ciências Sociais (RANION)

Essas reorganizações do ILIaZV ocorreram quando o instituto ficou formalmente sob o controle administrativo e orçamentário da Associação Russa dos Institutos de Pesquisa Científica em Ciências Sociais (*Rossijskaja associacija naunoissledovatel'skich institutov obšestvennych nauk*, RANION), em maio de 1927, mas, na prática, em maior extensão, a partir de 1925. No início, A RANION havia sido formada em outubro de 1921 para administrar os institutos de história, filosofia científica, economia, direito soviético, linguística e história da literatura, arqueologia e estudos das artes, e psicologia experimental, dentro da Universidade Estatal de Moscou (*Moskovskij gosudarstvennyj universitet*, MGU). Em 1924, a RANION e os institutos que ela coordenava foram separados da Faculdade de Ciências Sociais da MGU e gradualmente ela incorporou diversos outros institutos científicos de Moscou e Leningrado, incluindo os institutos para o estudo das culturas étnica e nacional do leste da URSS, cultura material (GAIMK), marxismo e estudos artísticos (GAChN). Em março de 1926, o *presidium* da RANION instruiu o ILIaZV a desenvolver um seminário marxista para pós-graduandos, a ligar mais firmemente seu trabalho linguístico com minorias nacionais e produção literária às exigências da vida prática (CGALI 288/1/15/49-49b). A partir de maio de 1927, o plano de produção do instituto e a composição de seu colegiado administrativo tinham de ser aprovados pela RANION. O plano e o trabalho do instituto deveriam ser refletidos na produção de todas as seções, membros e temas que deveriam ter "um caráter científico-tópico, tanto do ponto de vista da teoria e metodologia da ciência como dos interesses da construção socialista" (GARF A-4655/1/94/5-7b). Em dezembro de 1927, a RANION exigiu que a estrutura do instituto fosse simplificada em: "a) uma seção de linguagem com uma subseção de linguística geral, laboratórios de discurso público e fisiologia da fala, e um departamento de língua russa contemporânea; b) uma seção literária com uma subseção de metodologia da literatura e um departamento bibliográfico". O *presidium* de cada seção podia organizar comissões e grupos de trabalho, de acordo com projetos concretos (CGALI 288/2/21/16).

As medidas administrativas tomadas pela RANION colaboraram muito para transformar o ILIaZV em um instituto de pesquisa eficiente, com foco nos problemas contemporâneos e em pesquisa científica de ponta. A RANION administrava concessões para promover o estudo e desenvolver formas escritas para as línguas das antigas colônias do Império Russo, desenvolver métodos de ensino de línguas estrangeiras e estudar a estratificação social da língua, ao mesmo tempo difundindo a instrução básica entre as massas. Sua influência também pode ser vista no trabalho de outros institutos, como o Instituto de Língua e Literatura (IJaL), onde Evgenij Polivanov (1891-1938) conduzia estudos em dialetos sociais e o desenvolvimento dos alfabetos latinos para as minorias nacionais (GARF A-4655/1/324/16), e o Instituto de Psicologia Experimental em Moscou. Aqui, não apenas encontramos o bem conhecido trabalho de Vygotsky, Aleksandr Luria (1902-1977) e outros sobre o desenvolvimento das capacidades linguísticas em crianças, mas também a pioneira pesquisa sociolinguística empírica na linguagem de recrutas do exército e as determinantes sociais do gosto linguístico na forma da psicotécnica de I. N. Spil'rejn (1891-1937) (Spil'rejn; Rejtynbarg; Neckij, 1928 e Spil'rejn, 1929; GARF A-4655/1/94/152-3). No ILIaZV, foram seguidos três temas em ambas as seções do instituto: 1) questões de metodologia da língua e literatura; 2) questões de troca linguística e literária internacional e inter-nacional na base das interações socioeconômicas, políticas e geral-cultural de povos e países; 3) estudo das línguas e criação oral da cidade, vila e minorias nacionais contemporâneas da URSS e também dos povos mistos do ocidente e oriente na base de seu desenvolvimento socioeconômico, político e geral-cultural. Isso teve o efeito de criar certo paralelismo entre o trabalho de cada seção: o estudo da "paleontologia do discurso" encontrou um paralelo na paleontologia dos temas e esquemas literários; "o estudo da interação das unidades linguísticas (línguas nacionais e linguagem de classe, dialetos étnicos e sociais etc.)" encontrou um paralelo no estudo da "troca literária internacional em conexão com o desenvolvimento de povos e países, encontrada na interação literária"; o estudo da linguagem da cidade e do campo, dialetos e discurso público encontrou paralelos no folclore rural e urbano e o surgimento de literaturas nacionais (CGALI 288/1/39/1).

Como consequência dessas reformas, as linhas gerais dos projetos de pesquisa coletivos tiveram aspectos linguísticos e literários, o que se adaptou bem aos perfis de muitos membros do *staff*. Isso foi particularmente verdadeiro no caso de Zhirmunski e Shishmarev que trabalharam respectivamente com as línguas e literaturas românicas e alemãs. Zhirmunski visitou a Alemanha por quatro meses na primavera e verão de 1927 para se familiarizar com as últimas técnicas de coleta de material dialetológico e folclórico, e para dar prosseguimento à pesquisa em arquivos e bibliotecas. Suas visitas a Bonn, Marburg, Freiberg e Berlim forneceram muito material e ele pôde usar sua experiência na condução de um projeto para estudar a língua e a cultura das colônias alemãs na Ucrânia e no Volga e Swedes, na região de Leningrado da URSS (TsGALI 288/1/29/83). Entretanto, Zhirmunski simultaneamente trabalhou no romance da Europa Ocidental, especificamente na morfologia comparativa do romance alemão e inglês (CGALI 288/1/39/73). Similarmente, Shishmarev estudou os moldávios e remanescentes dos colonizadores italianos no sul da URSS, ao mesmo tempo em que trabalhava na publicação dos estudos de Veselovski e pesquisava literatura francesa dos séculos XVIII e XIX (CGALI 288/1/39/73/92). A formação das línguas nacionais a partir de dialetos regionais e o crescimento das literaturas nacionais a partir do mito e do folclore tornaram-se aspectos de um único problema e as conclusões teóricas do estudo apareceram impressas no início da década de 1930. Talvez a mais avançada versão seja o artigo de Zhirmunski de 1932 "The Method of Social Geography" (Dialectology and Folklore in the Light of Geographical Research), que apareceu na edição final da publicação *Iakyk i literatura* do ILIaZV, em 1932. O trabalho de geógrafos linguistas alemães e franceses, como Jules Gilliéron (1854-1926), Ferdinand Wrede (1863-1934) e Theodor Frings (1886-1968) foram combinados com a teoria social e a sociologia da literatura e folclore que haviam sido desenvolvidas no ILIaZV na década de 1920.

DOIS PÓS-GRADUANDOS: V. N. VOLOSHINOV E V. A. GOFMAN

Nesse ambiente, alunos de pós-graduação não ficavam restritos dentro de disciplinas compartimentadas. Isso pode ser observado nas carreiras de dois alunos que se matricularam no programa de História da Literatura Russa do instituto, em 1º de janeiro de 1927: Valentin Nikolaevich Voloshinov e Viktor Abramovich Gofman (1899-1942) (CGALI 288/2/14/76). Voloshinov trabalhou como secretário da subseção de metodologia da literatura, dirigida por V. A. Desnickij (1878-1958), mas trabalhou dentro do tema coletivo da teoria da literatura conduzida por Shishmarev e Pavel Medvedev (1891-1938), e dentro da poética sociológica liderada por Medvedev e Ieremija Ioffe (1888-1947). Subsequentemente, a poética sociológica tornou-se o tema individual de Voloshinov e Ioffe adotou a sociologia do estilo, na qual ele buscava a síntese entre as realizações da sociologia da arte e a cultura artística formal germânica (Ioffe, 1927: 44-79). O plano de Voloshinov para um livro sobre a sociologia do estilo, que forma um apêndice a este artigo, mostra como ele recorreu a vários outros projetos seguidos dentro do instituto e como o artigo de Voloshinov, de 1926, "Sobre o discurso na vida e na poesia", emergiu a partir desse projeto. Isso também antecipa o que constitui a mais madura produção em poética sociológica: o livro de Medvedev, *The Formal Method in Literary Scholarship,* de 1928.

O trabalho de Voloshinov em metodologia dos estudos literários, ao enfocar os padrões do discurso indireto dentro de um paradigma sociológico, levou-o a produzir o que é hoje o estudo mais conhecido de teoria da linguagem a emergir do instituto: *Marxism and the Philosophy of Language: Basic Problems of the Sociological Method in the Study of Language* (1929) (*Marxismo e filosofia da linguagem:* problemas básicos do método sociológico aplicado ao estudo da linguagem). O subtítulo raramente citado torna explícita a ligação com o projeto coletivo e a comparação entre os esboços do livro publicado (Voloshinov, 1995) e então traduzido (Voloshinov, 2004), e a versão final mostra a passagem, de um enfoque literário para um linguístico. No início da década de 1930, Voloshinov estava publicando artigos sobre teoria da linguagem ao lado dos de Iakubinski, mas, estava ainda envolvido com os estudos literários, coeditando dois volumes planejados e editados do instituto: *Classics of Aesthetics* (com o linguista marrista Aleksandr Cholodovich (1906-77)) e *Contemporary Western-European Literary-Aesthetic Theories* (com os estudiosos marristas Cholodovich, Izrail' Frank-Kameneckij (1880-1937), Mark Azadovskij (1888-1954) e Ol'ga Frejdenberg (1890-1955) (CGALI 288/1/41), e falava sobre "The Genre and Style of the Artistic Utterance" (ARAN SPb 827/3/93/50). Bem menos conhecida é a mudança paralela de Gofman, dos problemas literários para os linguísticos. O estudioso trabalhava sob a supervisão de Boris Eichenbaum, estudando a poesia política russa do início do século XIX (GARF A-4655/2/478/ 13-14) e publicando artigos sobre a *skaz* (Gofman, 1926) e os "princípios de construção" fundamentais, nos quais a semântica política e os gêneros de poesia política na época da guerra de 1812 e dos dezembristas eram discutidos (GARF A-4655/2/478/5; Gofman, 1929). Gofman, contudo, estudou a história da língua russa e linguística geral, e buscou uma segunda especialização no Laboratório de Discurso Público e no Instituto de Agitação, com Kreps e Sjunnerberg, o que resultou em trabalhos sobre "The Problem of Agitational Oratiorical Discourse" e "The Problem of Socio-Historical Analysis of Oratorical Discourse" no ILIaZV (GARF A-4655/2/478/6-8ob). Esse trabalho continuou no início da década de 1930 (ARAN SPb 302/2/67/19-21ob), resultando em artigo numa coletânea publicada pelo laboratório (1931) e, no ano seguinte, uma monografia sobre a história e teoria do discurso oratório (1932). Se examinarmos conjuntamente o trabalho de Gofman e o dos dois membros do Círculo de Bakhtin, fica visível em que medida a pauta desse grupo de pensadores e muito de sua abordagem teórica derivaram dos projetos do ILIaZV. Embora ostensivamente trabalhando em questões literárias, tanto Voloshinov como Gofman movem-se para as questões de teoria linguística e tipologia histórica do discurso, sem abandonar inteiramente a análise ou categorias literárias. De fato, em uma carta enviada à Academia de Ciências, em outubro de 1929, Iakubinski observou que o trabalho de Voloshinov em poética sociológica "reúne ambas as linhas fundamentais de pesquisa do instituto: literária e linguística" (ARAN SPb 302/2/51/23). Ambos também recorreram extensamente ao trabalho de Iakubinski sobre o discurso dialógico e os gêneros do discurso público. Na verdade, o desenvolvimento que Gofman dá ao monólogo e ao diálogo como categorias analíticas, em seus trabalhos de 1931 e 1932, antecipa as principais linhas do uso do próprio Bakhtin em meados da década de 1930. Assim, Gofman defende que a adoção e o uso da retórica clássica no mundo medieval tinham um caráter "monológico" que se tornou cada vez mais separado tanto da linguagem das ruas quanto do discurso verdadeiramente científico. Isso tinha ficado especialmente visível no início da Renascença, levando finalmente às paródias de Rabelais (GARF A-4655/2/478/7). No mundo contemporâneo, a burguesia, de forma semelhante, veste seu discurso público político e jurídico com as formas monológicas da retórica do mundo clássico para mascarar seus próprios interesses, distintos dos do proletariado e até mesmo antagônicos a eles. O proletariado gradualmente aprende a se opor a isso por meio do desenvolvimento de seus próprios oradores, tornando dialógicas as formas monológicas e rompendo as barreiras entre a linguagem conversacional, o discurso científico e o discurso oratório. Um aspecto da revolução social é, assim, uma revolução nas funções sociais da linguagem, o que Gofman habilmente analisa entrelaçando os estudos da retórica clássica, a teoria literária formalista, a análise de Iakubinski sobre as funções dialógicas da linguagem e os estudos empíricos de oratória e discurso público, então desenvolvidos no Laboratório de Discurso Público no ILIaZV. Nesse meio tempo, Voloshinov incorporou algumas das mesmas fontes com os *insights* da psicologia brentaniana encontrados nos trabalhos dos estudiosos austríacos Anton Marty e Karl Bühler.

Tanto Voloshinov como Gofman são ainda enumerados entre o *staff* pago do GIRK em janeiro de 1932, tendo ambos alcançado a posição de pesquisador sênior (ARAN SPb 827/3/94/45ob).

O ESTUDO FUNCIONAL E GENÉTICO

No final da década de 1920, o estudo da linguagem no ILIaZV foi variado, em termos de abordagem, e produziu alguns resultados impressionantes que somente nos dias de hoje são, mais uma vez, vistos com seriedade. As duas principais tendências podem ser descritas como funcional e genética.

A primeira estudava as funções literárias, oratórias, científicas, conversacionais, jurídicas e psicológicas do uso da linguagem dentro de uma estrutura sociológica geral que, de acordo com a teoria marxista, via as relações de produção como tendo primazia explanatória. Aí encontramos diversas variantes, incluindo as investigações de Zhirmunski e Larin sobre as variadas funções da linguagem nacional e dialetos sociais, as investigações de Iakubinski sobre as funções dialógicas do discurso, as análises de Kreps e Erberg sobre as diferentes funções do discurso público, o estudo histórico de Gofman sobre as funções em mudança do discurso oratório e a análise de Voloshinov da constituição dialógica da linguagem e consciência social. Havia ainda muito mais. Essa tendência tinha raízes no trabalho de Baudouin de Courtenay sobre dialetologia e jargão, e no trabalho de Vladimir Dal, cujo *Dictionary of the Living Russian Language* (1863-66) Baudouin havia editado. O próprio Lênin era um admirador do dicionário de Dal e havia pressionado para que fosse composto um novo dicionário de russo contemporâneo, tarefa que foi assumida por eruditos do IJaL, instituto irmão do ILIaZV em Moscou (Lênin, 1983: 258-9; GARF A-4655/1/324/9). Embora os alunos de Baudouin fossem figuras proeminentes no ILIaZV (sendo particularmente notáveis Shcherba e Iakubinski), o fato de diversas personalidades terem passado pelo Instituto da Palavra Viva tornou as questões das funções sociais da oratória centrais em suas considerações. Em face de um novo e desafiante ambiente político, no qual as massas até então sem voz e ignorantes assumiriam um papel de liderança e expostos a novas ideias linguísticas, psicológicas e sociológicas, esses linguistas buscaram análises em que o antigo *"genera dicendi* ou *orationis"* pudesse ser "reinstituído em um horizonte expandido" (Bühler, 1990: 65).[10]

Naquele momento, a tendência genética era dominada por Marr e sua muito desacreditada "Nova Teoria da Linguagem", de acordo com a qual as línguas se desenvolvem independentemente a partir de uma linguagem gestual primordial, por meio de uma série de estágios, com todas elas se cruzando até que um tipo unitário e qualitativamente diferente de linguagem seria alcançado em escala global. Como já defendi em outro trabalho (Brandist, 2005), embora a teoria de Marr fosse internamente contraditória e eclética, suas principais características derivavam dos princípios centrais da *Völkerpsychologie*, com cada língua constituindo uma manifestação da psicologia coletiva. No final da década de 1920, contudo, Marr uniu suas ideias a certos princípios marxistas, argumentando que os estágios do desenvolvimento da linguagem correspondem aos estágios no desenvolvimento de forças e relações de produção, e como estas têm primazia explanatória, pois as diferentes classes falam diferentes linguagens. No ILIaZV, tal processo resultou em projetos de pesquisa como a análise paleontológica dos termos numéricos e os nomes dos animais em línguas que se considerava não terem relações familiais. É notável que a análise funcional do uso da linguagem fosse quase totalmente estranha ao marrismo que não apenas adotou uma análise genética unilateral, mas também focou sua atenção no passado remoto e não em períodos históricos mais recentes (Kacnel'son, 2001: 807). O marrismo, sem dúvida, representou a tendência linguística dominante no ILIaZV, com o próprio Marr sendo um membro sênior do colégio administrativo e uma figura com influência significativa no Comissariado da Educação. Uma reunião do colegiado do ILIaZV, em outubro de 1926, parece ter sido tomada por algo próximo do pânico, quando Marr comunicou sua intenção de deixar a faculdade devido ao excesso de trabalho em diversas instituições. Lev Shcherba, uma figura muito hostil ao marrismo, sugeriu abordar Marr com a proposta de diminuir sua carga de trabalho, o não marrista Shishmarev observou que a saída de Marr poderia mostrar-se muito difícil para o instituto (CGALI 299/1/25/ 3-4) e um grupo de alunos de pós-graduação preparou uma declaração observando que a perda de Marr colocaria o instituto ideologicamente em uma posição perigosa (CGALI 288/1/24/54-55). Para sorte de todos os envolvidos, Marr retirou seu pedido de demissão. Apesar da estatura de Marr, entretanto, os linguistas nãomarristas floresceram, com a análise funcional, dialetologia social e fonética experimental, mostrando-se particularmente frutíferas.

O CAMPO COMPROMETIDO

As relações entre a autoridade científica e estatutária dentro do instituto mudaram fundamentalmente durante o assim chamado "Grande Salto" ou "Revolução Cultural" de 1928-31. A lealdade da *intelligentsia* ao regime abriu-se para sérias questões após o julgamento dos engenheiros de Shakhty na primavera de 1928 e o dualismo entre as instituições do partido e do estado foi reconfigurado, à medida que posições do "partido" dentro da burocracia cultural avançavam. As fronteiras e zonas especiais que tinham existido até então foram subitamente solapadas (David-Fox, 1999: 19).[11] A relação entre a *Glavnauka,* a administração de ciência do Comissariado da Educação, e os institutos que estavam dentro de sua órbita mudou abruptamente e instituições que estavam sob a cobertura da RANION e envolviam muitos pesquisadores não marxistas começaram a sofrer a crescente pressão da Academia Comunista. Essa pressão foi forte o suficiente para fazer com que o presidente da RANION, M.N. Pokrovskij (1868-1932), concordasse com o fechamento do Instituto de História da RANION e o substituísse por um novo instituto sob a direção da Academia Comunista (Enteen, 1976: 105). Foi pedida a admissão de proletários e membros do partido, e foi exigida uma orientação de seu trabalho voltada para os objetivos imediatos de industrialização e coletivização. No verão de 1929, as comissões de expurgo estavam ativas em todo o "aparato soviético" e procuravam elementos ideologicamente hostis dentro do *staff* e corpo discente dos institutos. Essas atividades foram intensificadas quando a OGPU tornou-se envolvida em extensos expurgos na Academia de Ciências de Leningrado, no outono do mesmo ano (Levin, 1988). Naquela época, dois centros de autoridade emergiram dentro da seção de linguística do ILIaZV, correspondendo às tendências genética e funcional: um foi o centro marrista e o outro o Laboratório de Discurso Público, então dirigido por Kreps. É interessante notar, contudo, que os adeptos de orientações diferentes evitavam a concorrência direta no ILIaZV e os aspectos genético e funcional do estudo da linguagem, de modo geral, corriam paralelamente.

A posição do marrismo dentro do instituto foi consolidada imediatamente após a notória discussão na Academia Comunista, em Moscou, em fevereiro de 1929, quando o brilhante linguista marxista Evgenij Polivanov, sem sucesso, contestou a reivindicação marrista de que o marrismo fosse reconhecido como o "marxismo em linguística". Polivanov, antigo aluno de Baudouin, não teve muita dificuldade em expor as falhas do trabalho de Marr, mostrando, contra ele, que não havia conexão direta entre o formato concreto de uma forma linguística e seu "substrato social", e o fez dando como prova línguas semelhantes faladas por povos em níveis radicalmente diferentes de desenvolvimento social e econômico. Polivanov, contudo, não havia levado em conta o fato de que o campo científico já não era tão autônomo. As armas que ele usou, aprovadas pelo campo linguístico, já não eram tão eficazes como o apelo à autoridade estatutária. A sessão da Academia Comunista foi pouco mais do que um embate ideológico para o qual os seguidores de Marr estavam preparados, mas não Polivanov (1991 [1929]). Como observa Smith (1998: 88), seus seguidores e o próprio Marr deliberadamente ecoavam a política nacionalista de Stalin, promovendo a tese de que as línguas nacionais na União Soviética estavam conduzindo o mundo, em uma fórmula espiralada de "convergência e fusão", em direção à união proletária. Todas as línguas foram trancadas na "corrente ascendente da época histórica" e, embora Marr considerasse todas as línguas iguais, na prática, uma língua, o russo, era mais igual do que as outras. Como se supunha que a língua se desenvolvesse por meio de estágios, refletindo os níveis de desenvolvimento econômico e sujeita a um contínuo "cruzamento", a língua russa assumiu um papel de liderança, forjando a unidade e propósito a partir da multiplicidade e desordem. O marrismo tornou-se a teoria linguística do socialismo em um país e da construção socialista, e, em uma reunião do *presidium* da RANION, em outubro de 1929, foi proposto que o ILIaZV passasse a ser chamado de "Instituto N. Ja. Marr de Cultura Discursiva" (*Institut reevoj kul'tury im. N. Ja. Marra*; GARF A-4655/1/278/1ob). Nesse ínterim, a seção de linguística do IJaL, que Polivanov havia dirigido, foi transformado em ramificação do GIRK (GARF A-4655/1/389/64-8). Entretanto, a autoridade de Marr dentro do instituto não era ilimitada e fica claro que a proposta da RANION enfrentou alguma resistência vinda de dentro do instituto, pois, embora o novo nome tenha sido prontamente aceito, o nome de Marr nunca foi acrescentado. Em contatos com a RANION, Derzhavin entusiasticamente adotou o novo nome do instituto, já que a pauta comparativista sugerida pelo ILIaZV não mais correspondia ao trabalho do instituto, conforme detalhado em seu mais recente plano de produção, mas insistiu para que isso fosse separado da questão de adotar o nome de Marr (GARF A-4655/1/129/49-49ob). Além disso, é surpreendente o quanto os mesmos projetos de pesquisa não marristas sobre questões como dialetologia social e regional e a linguagem da cidade continuaram quase inalterados até o fechamento do instituto, em 1933 (GARF 827/3/97/62-68).

O desafio seguinte ao domínio do marrismo foi lançado pelo grupo Jazykfront na Academia Comunista, em Moscou, outubro de 1930, com intervenções de G. K. Danilov (1896-1937) e T. P. Lomtev (1906-72), do IJaL, que enfrentaram V. B. Aptekar (1899-1937) e outros marristas. O debate logo chegou ao GIRK onde, como Derzhavin explicou em uma "nota explanatória", o setor de linguística como um todo adotava uma "atitude fortemente negativa" ao desafio, e a resolução de Aptekar foi aceita. Uma indicação da seriedade com que a ameaça ao marrismo foi vista no instituto e a medida em que a autoridade estatutária havia usurpado a autoridade científica, tanto no instituto como fora dele, é o envolvimento de uma figura da estatura de Iakubinski no assalto ideológico coletivo ao Jazykfront intitulado *Against Bourgeois Contraband in Linguistics* (Bykovskij, 1932). Entre os pós-graduandos houve apoio ao Jazykfront, especialmente por parte de Jan Loja (1896-1969) que, como resultado, foi transferido para outro instituto, mas a defesa declarada não se propagou muito mais. Tanto Danilov como Aptekar falaram no Laboratório de Discurso Público (ARAN SPb 827/3/93/32), mas a política do instituto já havia sido estabelecida. Parece que membros do Jazykfront reconheciam a contradição essencial entre o marrismo e a análise funcional, e Danilov havia escrito um bem conhecido livro sobre questões de oratória e discurso público que era central para o trabalho do Laboratório (Danilov et al., 1928). Em maio de 1934, o grupo ainda nutria alguma esperança de que Kreps apoiasse sua causa, quando lhe pediram que escrevesse um artigo sobre "Discurso Público" para seu periódico *Revoljucija i jazyk* (RGALI 288/1/196/15). Nunca esse artigo (nem a edição do periódico) foi publicado. Kreps, ao que parece, foi cuidadoso ao não colocar as linhas funcional e genética em conflito aberto e Marr reconheceu esse fato, recomendando Kreps para promoção em 1934: "Não há dúvida de que, em seu campo, o camarada Kreps é a pessoa mais competente que conheço, compreendendo, como ele compreende, que a pesquisa sobre os problemas de sua especialidade não é o ápice da teoria, diferentemente daquela desculpa para um 'teórico' desses problemas, Danilov" (RGALI 288/1/218/11).

Como a determinação para a reorientação da atividade científica de modo a servir às demandas da industrialização e coletivização exigia uma súbita reorientação da atividade de pesquisa, o Laboratório de Discurso Público e seu diretor, Kreps, que havia se filiado ao partido comunista em 1927[12] e era também diretor do Instituto Comunista de Agitação, estavam especialmente bem colocados para servir de mediadores entre o instituto e a RANION. Foi, portanto, Kreps quem apresentou o relatório das atividades do Instituto ao *presidium* da RANION em 1929 e foi elogiado por conectar o trabalho do laboratório com a "construção cultural prática e o trabalho entre as massas" (GARF A-4655/1/278/1). Kreps estava tirando o foco do Laboratório das questões teóricas gerais sobre as categorias e história do discurso público, que funcionava em uníssono com os métodos do laboratório, mudando-o para um enfoque muito mais estreito, voltado para as técnicas de agitação entre as massas. Isso fica bastante claro se compararmos os relatórios do trabalho do Laboratório em 1927-28 e em 1930-31 respectivamente.

No primeiro período, Kreps e Erberg seguem direções bem distintas, o primeiro trabalhando com questões de "métodos de trabalho com agitadores do Partido Comunista (de acordo com materiais das escolas de agitação)" e "trabalho experimental sobre o estudo do discurso político de massas", enquanto o último trabalhava no "estabelecimento da terminologia e classificação dos conceitos no campo do discurso público" (cujo sentido pode ser percebido em Erberg (1929), embora seu artigo mais definitivo "Sobre as fronteiras do discurso oratório" ainda não tenha sido publicado (IRLI 474/1/21)), e em uma monografia sobre a "teoria do discurso oratório", bem como em uma série de monografias sobre os "oradores da revolução" que abrangia de Robespierre a Lênin.[13] Embora o trabalho prático do laboratório entre as "escolas de agitação" e organizações regionais do partido fosse significativo, a abordagem teórica mais ampla não era menos proeminente

(GARF A-4655/1/275/116-116ob). Em 1930-31, entretanto, as questões teóricas mais amplas foram reduzidas diante do trabalho prático, agora realizado por duas "brigadas", uma que lidava com "métodos de agitação verbal" e a outra com "história da agitação". O remanescente do trabalho anterior, teoricamente inspirado, foi conduzido pela segunda "brigada", a qual seguia um projeto coletivo sobre o "estilo oratório proletário" e retratava o trabalho de Gofman (na época, Pesquisador Adjunto Sênior) sobre as "táticas oratórias discursivas de Lasalle". A primeira "brigada", conduzida pelo próprio Kreps, seguia o tema da "agitação oral para a produção" [*proizvodstvennaja ustnaja agitacija*] e agora, de forma significativa, ofuscava a segunda (ARAN SPb 872/3/97/70-71).

O trabalho que Kreps dirigia no GIRK espelhava proximamente o do Instituto de Agitação, mas "agitação" agora significava algo bem diferente do que havia significado para Plechanov e Lênin.[14] No período pré-revolucionário (e imediatamente pós-revolucionário), agitação tinha significado a tentativa predominantemente oral de "apresentar uma *única ideia* às 'massas'" por meio da apresentação de "um fato que seja muito óbvio e bem conhecido pela audiência" e, ao fazê-lo, "despertar descontentamento e indignação entre as massas" contra alguma "injustiça clamorosa". Uma "explanação mais completa" é deixada para o "propagandista" que opera principalmente por meio da palavra escrita (Lênin, 1975 [1902]: 143). A propaganda e a agitação eram projetadas como aspectos duplos de uma intervenção estratégica e tática discursiva em assembleias livres (tais como reuniões de sindicatos, reuniões de campanha soviéticas etc.), onde várias perspectivas competiam para ganhar a liderança em lutas específicas (geralmente limitadas) e para realçar a natureza dessa luta como parte de uma luta sociopolítica mais ampla. Para isso, o agitador precisava se engajar com a ideia dos que estavam sendo persuadidos, para aqueles que eles, após ouvir todos os lados, mudassem de opinião, fossem votar e tomar decisões.[15] A audiência é, portanto, envolvida em um processo de aprendizado coletivo chamado luta de classes, no qual os indivíduos tornam-se conscientes de seus interesses e responsáveis por suas decisões.

A "agitação para a produção" era muito diferente na Rússia do Primeiro Plano Quinquenal e depois, lembrando mais de perto técnicas de gerenciamento nas quais os trabalhadores são persuadidos a tomar decisões que já assumidas de antemão e disciplinados, caso não o façam. Isso é particularmente verdadeiro após a campanha para "enriquecer a disciplina do trabalho" que começou em janeiro de 1929, quando o último vestígio da tomada de decisão pelos trabalhadores em empreendimentos, a assim chamada "troika", foi abolido em favor da "administração por um só homem" (*edinonaalie*) (Reiman, 1987: 110-2).[16] Tendo isso em mente, um olhar sobre as informações dos cursos do Instituto de Agitação para 1931-32 mostra uma série muito moderna de cursos sobre técnicas de gerenciamento e estudos da comunicação projetados para o serviço civil e indústrias manufatureiras. A terminologia pode parecer estranha às escolas de administração atuais, mas não há engano quanto à natureza dessas disciplinas nesse contexto, tais como "A prática da agitação e propaganda em empresas" e "Técnicas de trabalho mental" (*Institut agitacii,* 1931: 13-15)*. Um trabalho intensivo, com registros sólidos, e os métodos e técnicas do discurso oral, juntamente com trabalho de laboratório em técnicas de persuasão, também antecipavam a sistematização das técnicas de propaganda e "incentivização" atuais.

O FIM DO ILIaZV-GIRK

No início da década de 1930, portanto, torna-se visível uma divisão totalmente reconhecida entre a orientação aplicada e acadêmica. A primeira empurra na direção do treinamento vocacional e cursos de gerenciamento, e a segunda luta para manter uma perspectiva teórica mais universal. A orientação marrista da política nacionalista de Stalin e o trabalho de personalidades como Iakubinski que participou do projeto para forjar uma língua russa nova, unitária e soviética mostram, entretanto, que essa não era uma simples divisão entre teoria e prática. O aspecto mais decisivo para fazer o instituto desmoronar foi a maneira pela qual as pressões políticas passaram a operar na divisão. Quando Stalin encorajou belicosos defensores da cultura proletária a intimidar a *intelligentsia* e agir contra seus oponentes no partido e no governo, surgiu uma situação em que um apelo à autoridade estatutária, em lugar da autoridade científica, podia ser decisivo. Kreps compreendeu muito bem tudo isso e, no final da década de 1930, enviou uma carta assinada por alguns membros sênior do *staff*[17] à Comissão de Expurgo (*Komissija RKI po istke apparata IRK*), que havia apenas começado a operar dentro do instituto (ARAN SPb 302/1/48), reclamando da fraca liderança ideológica do instituto e pedindo que a seção de literatura e a subseção marrista da seção linguística do GIRK fossem desligadas e passassem para o ramo de Leningrado da Academia Comunista, LOKA. O que permaneceria seria

> Um instituto [que] realiza trabalho de pesquisa científica e pesquisa científico-prática no campo da linguística aplicada, servindo diretamente às exigências do

---

* N. O.: Esta citação não está discriminada pelo autor nas Referências.

trabalho de massa-cultural (trabalho estabelecido pelo Partido e organizações sociais, dando assistência ao trabalho prático de agitadores, propagandistas, trabalhadores em jornais e revistas, correspondentes dos trabalhadores [rabkory], pedagogos e palestrantes, trabalhadores em órgãos jurídico-punitivos, trabalhadores na reestruturação da vida cotidiana etc.). (ARAN SPb 827/3/101/1-3)

Derzhavin estava disposto a aceitar a perda da seção literária, mas queria reter um instituto de linguística integral, no qual "os problemas da linguística teórica e aplicada devem ocupar um mesmo lugar dominante e reforçar-se mutuamente" (ARAN SPb 827/3/101/4-7ob). A comissão decidiu transferir a seção literária, conforme recomendado, repetindo a transferência da seção de literatura, do IJaL para a Academia Comunista, em 1929 (GARF A-4655/1/389/64-8), e transferir os dois laboratórios para o Instituto de Agitação (ARAN SPb 827/3/101/11-12). Entretanto, após apelos e negociações, incluindo uma impressionante petição de Zhirmunski a Glavnauka (ARAN SPb 1001/2/112/51-3ob), um GIRK remanescente sobreviveu até o outono de 1933, incorporando tanto as seções reduzidas de literatura e linguística, lideradas por Desnickij e Iakubinski respectivamente, antes de ser absorvido pelo Instituto de História, Filosofia, Literatura e Linguística de Leningrado (*Leningradskij institut istorii, filosofii, literatury i lingvistiki*, LIFLI), cuja seção semiautônoma de linguística era o Instituto Estatal de Linguística de Leningrado (*Leningradskij gosudarstvennyj lingvistieskij institut*, LGLI), dirigido por Iakubinski (ARAN SPb 302/1/91/45). Em agosto de 1937, as faculdades de literatura e linguística do LIFLI foram fundidas à faculdade de filologia da Universidade Estatal de Leningrado (CGALI 328/1/71/12).

Conclusão

No último ano da existência independente do GIRK, a continuação de projetos cientificamente valiosos, como a pesquisa dos dialetos regionais e sociais, foi confrontada com o trabalho em projetos estreitamente ideológicos, como uma coletânea que seria chamada de *Against the Theory and Practice of Trotskiism in Language* (*Protiv teorii i praktiki trockizma v jazyke*), diretamente "conectada com uma carta do camarada Stalin" (ARAN SPb 827/3/97/82). A autonomia relativa de um campo científico remanescente em uma área da linguística, no qual tinham sido construídos consideráveis "bens", foi tomada por seu completo colapso em outra área do estudo linguístico. A luta dentro do Partido veio para dentro do Instituto e, naquele momento, determinava diretamente a posição adotada pelos pesquisadores.

A partir de 1932, Stalin levou a "Revolução Cultural" ao fim e certa calma reinou na esfera da linguística, mas muito dano já havia sido causado, muito da *intelligentsia* tinham sido fragmentada e certas rotas de estudo tinham sido retiradas do escrutínio científico e colocadas no reino do dogmatismo estreito. Quando a seção de linguística do GIRK foi reorganizada como LGLI e absorvida pelo LIFLI, todo o trabalho sobre dialetos sociais foi excluído,[18] com a numericamente poderosa faculdade de linguística dividida de acordo com, de um lado, grupos de linguagem tradicionalmente definidos e, de outro, o Laboratório de Fonética Experimental de Shcherba (CGALI 328/1/71/25). A "gaiola dourada" do formalismo, juntamente com o trabalho prático no ensino da língua, a compilação de dicionários e a codificação das línguas nacionais da URSS forneceram um refúgio atrativo para aqueles que não desejavam sucumbir ao domínio sufocante do marrismo na teoria linguística. O *Instituto de Linguagem e Pensamento* de Marr (*Institut jazyka i myšlenija*) era naquele momento a única instituição capaz de lidar diretamente com questões gerais de linguística e nos estudos das línguas da URSS isso significava que o estudo da estratificação social das línguas soviéticas só podia pertencer ao passado (Alpatov, 2004: 107-11). A teoria linguística foi separada de qualquer prática linguística aplicada, viável, e a característica central que havia gerado um trabalho tão valioso e inovador no ILIaZV-GIRK perdeu-se por pelo menos mais de 30 anos.

SUPLEMENTO

O texto a seguir é um plano sobre um livro não publicado, encontrado no arquivo pessoal de Voloshinov da época em que ele era pesquisador e aluno de pós-graduação no ILIaZV, mantido no ramo de São Petersburgo do arquivo da Academia Russa de Ciências. Ele complementa o material de um arquivo similar publicado em *Dialog Karnaval Chronotop* (Voloshinov, 1995: 70-99) e traduzido em Brandist et al. (2004). Ele é precedido por um desdobramento similar de *Frejdizm: kritieskij oerk (Freudianism: A Critical Sketch*, 1927) e um breve relato de sua atividade pedagógica no ano acadêmico de 1925-26, incluindo dois trabalhos sobre "The Thematic Structure of Lomonosov's Odes" e "Pushkin's Lenskii as a Parody of Sentimental Romanticism" que ele apresentou, como pesquisador júnior, em seminários. O texto tem interesse por diversas razões. Ele antecipa o trabalho mais tarde desenvolvido por Medvedev em *Formal'nyj metod v literaturovedenii*

(The Formal Method in Literary Scholarship, 1928) e Bakhtin em seu posterior trabalho sobre o romance, bem como a obra subsequente do próprio Voloshinov sobre a linguagem. Esse material também mostra como todos esses temas eram aspectos importantes do projeto coletivo em poética social, no qual, *inter alia*, as preocupações fenomenológicas da estética inicial de Bakhtin foram reformuladas e colocadas em termos discursivos. A esse respeito, é preciso observar o uso dos termos "arquitetônica", "autor" e "herói", que têm aqui uma ressonância diferente da encontrada no trabalho inicial de Bakhtin. É significativa a presença de preocupações centrais aos projetos marristas do ILIaZV, mas que não encontram um desenvolvimento subsequente no trabalho posterior do Círculo de Bakhtin, tais como as peculiaridades dos gestos, metáforas e línguas aborígenes.

Material posterior mantido no mesmo arquivo inclui breves comunicações de Iakubinski e Desnicki testemunhando a posição de Voloshinov como um aluno de pós-graduação particularmente talentoso, que sabe bem francês e alemão, e é um marxista maduro.

ARAN (SPb) f. 302, Leningradskoe otdelenie central'nogo instituta jazyka
i pis'mennosti narodov SSSR (LOCIIaP), op.1, ed. cap.51,
V.N. Voloshinov (1925-1930), ll. 14-15*

Relatório sobre o trabalho no Instituto de Pesquisa da Universidade 1925-1926[19]
Um ensaio em poética sociológica
I
A sociologia do estilo

Capítulo I. *Pesquisa sobre as tendências contemporâneas na cultura artística geral e poética na Europa Ocidental*

Pluralismo metodológico. A separação das disciplinas teóricas e históricas – deficiências fundamentais dessas tendências. Reavaliação da importância do material – viés formalista. Reavaliação do momento psicológico subjetivo.

---

* N. O.: O original deste arquivo em russo encontra-se no artigo em inglês, p. 190-2.

Capítulo II. *O estado contemporâneo da poética na* URSS

Crítica da orientação psicológica em poética (Potebnia e sua escola).
Crítica da orientação linguística (de variedades do método formal).
Crítica do método histórico-cultural (os epígonos de Veselovski). Crítica das visões do Prof. Sakulin.

Capítulo III. *A palavra na vida*

O enunciado real na vida como um fenômeno sócio-histórico concreto. O fenômeno da linguagem como uma abstração linguística. A necessidade de aplicar categorias sociais e históricas para compreender os aspectos formais do enunciado real. O contexto extradiscursivo e a situação do enunciado determinam sua forma e significado.

Capítulo IV. *Análise do enunciado*

A parte não verbal ("implícita") do enunciado. O âmbito social unitário do enunciado. Os componentes espaciais, temporais e axiológicos desse âmbito. O enunciado como um produto da interação social dos falantes na base de um âmbito comum. O "autor" do enunciado; "coautoria" do interlocutor-ouvinte, postulando o "herói".

Capítulo V. *A palavra como avaliação social*

O conceito de entonação expressiva. Entonação e avaliação. Metáforas entonacionais e gesticulatórias. A condição secundária da metáfora semântica. Mito e metáfora entonacional. A atmosfera social da metáfora. A palavra como avaliação social. A condensação das avaliações no aspecto artístico-formal do enunciado.

Capítulo VI. *O reflexo do âmbito social nas formas de linguagem e na estrutura da imagem*

O reflexo das relações sociais entre falantes na morfologia e sintaxe de linguagens primitivas e as formas excepcionais do plural nas línguas australianas. Os diferentes significados das palavras "nós", "outro" e assim por diante, e seu reflexo na linguagem. Diferentes formas das formas optativas e imperativas. A posição social do orador e a posição do ouvinte determinam a escolha da construção. A imagem e sua orientação social. A imagem como animação ou renovação da avaliação social na palavra.

Capítulo VII. *O conceito de estilo*

Estilo como agregado de avaliações verbais. Análise sociológica dos motivos fundamentais do estilo. O reflexo da hierarquia social na estática e dinâmica dessa hierarquia – no léxico, na epitetologia, nas mudanças semânticas (metafóricas, metonímicas e outras). Unidade do estilo como unidade e coerência da posição social avaliativa do orador.

Capítulo VIII. *Sociologia do gênero*

Classificação da forma genérica do ponto de vista da colocação dos participantes fundamentais no evento da criação – autor, ouvinte, herói. Fatores material-técnicos e sociológicos do gênero. A amplitude do âmbito social que determina o gênero. Gêneros maiores e menores ("câmara"). Amplitude do âmbito social e seu reflexo na estrutura de um gênero. A arquitetônica do gênero e a arquitetônica sociopolítica. A evolução do gênero poético, do século XVII ao século XX. A evolução do romance nos séculos XVII e XIX. A evolução dos gêneros líricos.

Capítulo IX. *Sumariando a análise sociológica da forma*

A forma artística como um sistema de avaliações sociais. Formas de avaliação social que moldam e não moldam a forma. A técnica da forma condicionada pela natureza do material linguístico. Os fatores homológicos da forma (ritmo). O problema da interrelação entre forma e conteúdo. Formas como avaliação do conteúdo. Métodos sociológicos de análise do conteúdo.

Capítulo X. *O caráter de classe de avaliações que moldam a forma*

A avaliação que molda a forma como uma avaliação constante, fundamental. Agrupamentos acidentais não possuem poderes artístico-criativos. O caráter superficial e absoluto de todas as avaliações interclasses e não classes. Arte "nacional" e arte de classe.

NOTAS

[1] Texto escrito como parte do projeto *O surgimento da linguística sociológica na União Soviética, instituições, ideias e agendas*, financiado pelo Conselho Britânico de Pesquisa em Arte e Humanidades, e conduzido no Bakhtin Centre e Departamento de Estudos Russos e Eslavônicos da Universidade de Sheffield, Reino Unido.

[2] Sobre os princípios que estão sendo invocados aqui, conferir Bourdieu (1981).

[3] Sobre a estrutura geral da educação superior nos anos em questão, seguindo Bourdieu, estou chamando de "campo científico" o que existiu como zona protegida, conferir David-Fox (1997).

[4] O relatório das atividades do instituto em 1922-1923 menciona que seu diretor era D. K. Petrov, substituindo N. Ja. Marr que estava no exterior (GARF A-2307/9/231/38).

[5] Sobre a complexa relação entre Voloshinov e o marrismo, conferir Lähteenmäki e Vasilev (2005).

[6] Isso explica de certo modo a produtividade relativa do trabalho de eruditos literários que trabalhavam dentro do paradigma marrista, tais como Izrail' Frank-Kamenecki e Ol'ga Freidenberg. Sobre a complexa relação entre Freidenberg e o marrismo, conferir Moss (1994).

[7] No arquivo pessoal de Dobrogaev são mantidas informações detalhadas sobre o trabalho do laboratório (ARAN SPb 829/2/9: 829/2/10).

[8] O Partido Comunista de toda a União (Bolcheviques).

[9] Isso nunca foi publicado. Entretanto, o trabalho foi completado e uma cópia é mantida no arquivo pessoal de Sjunnerberg (IRLI f.474/d.19/l.l. 95, 131,132).

[10] A ligação com a oratória clássica foi especialmente enfatizada por Faddej Zelinskij, classicista e paladino do movimento da "terceira Renascença", que enfatizou a ligação entre as tarefas do Instituto da Palavra Viva e a tradição clássica em seu discurso na abertura do instituto (Zapiski, 1919: 6-9) e subsequentemente (Zelinskij, 1922). Quando isso foi elaborado por estudiosos no ILIaZV, porém, a retórica aristotélica foi combinada com duas formas contemporâneas de aristotelismo, a fenomenologia dos atos linguísticos (da qual Bühler foi um proeminente e influente representante) e o marxismo. Sobre o primeiro, conferir Smith (1994) e sobre o segundo, conferir McCarthy (1992).

[11] Sobre as implicações mais amplas do julgamento de Shakhty e seu lugar na transformação das relações entre a classe trabalhadora e a burocracia nessa época, conferir Reiman (1987). Sobre suas reverberações dentro do Instituto de História da RANION, conferir Enteen (1976).

[12] Documentos arquivais mostram que Kreps se voluntariou para o Exército Vermelho com 17 anos, em 1920, conduziu tarefas do Komsomol e do partido a partir dessa época, filiou-se ao Komsomol em 1922 e tornou-se candidato a membro do partido em 1925 (RGALI 2889/1/197/3).

[13] Um exemplo inicial desse trabalho é Derzhavin (1927), embora o trabalho abranja os primeiros estudos da linguagem de Lênin feitos por Iakubinski e outros.

[14] A mudança teórica no uso da palavra "agitação" ocorreu em uma resolução sobre agitação e propaganda do 13º congresso do partido, em 1924 (KPSS, 1984: 261-3), e coincidiu com as novas funções do partido resultantes da "Lênin Levy". Sobre a importância disso, conferir Carr (1970: 193-246).

[15] Embora a distinção inicial entre agitação e propaganda tenha sido desenvolvida por Plechanov, a noção de agitação foi plenamente desenvolvida em um panfleto de socialista judeus na Polônia, *Sobre a agitação* (*Ob agitacii*), antes de ser assumida por Lênin no livro *What is to be Done?*, de 1902. Sobre isso, conferir Cliff (1986: 45-50).

[16] É notável que a "administração por um só homem" tenha sido também introduzida no GIRK em 1931, quando o colegiado dirigente foi abolido (ARAN SPb 827/3/97/79).

[17] Não está claro quem assinou essa carta, mas Derzhavin estava confiante de que incluía Iakubinski, que havia sido o primeiro diretor do Instituto de Agitação (ARAN SPb 827/3/101/4).

[18] Embora Zhirmunskij (1936) ainda publicasse um importante livro sobre a questão em meados da década de 1930, isso só foi possível porque a obra lidava principalmente com material alemão e não tratava da questão da estratificação de classes da linguagem na URSS.

[19] Traduzido por Craig Brandist. Agradecimento pela ajuda de David Shepherd.

REFERÊNCIAS

ALPATOV, V. M. *Istoriia odnogo mifa:* Marr i marrizm. 2. ed. Moskva: Nauka, 2004.

BOURDIEU, P. The Specificity of the Scientific Field. In: LEMERT, C. C. (ed.). *French Sociology:* Rupture and Renewal Since 1968. New York: Columbia University Press, 1981, pp. 255-92.

_____. *Pascalian Meditations.* Trad. Richard Nice. Stanford: Stanford University Press, 2000.

BRANDIST, C. Le marrisme et l'héritage de la Völkerpsychologie dans la linguistique soviétique. *Cahiers de l'ILSL*, n. 20, 2005, pp. 39-56.

BRANDIST, C. et al. (ed.). *The Bakhtin Circle*: In the Master's Absence. Manchester: Manchester University Press, 2004, pp. 223-50.

BÜHLER, K. *Theory of Language*: The Representational Function of Language. Trad. D. F. Goodwin. Amsterdam: John Benjamin, 1990 [1934].

BYKOVSKIJ, S. N. *Protiv buržuaznoj kontrabandy v jazykoznanii.* Leningrad, 1932.

CARR, E. H. *Socialism in One Country 1924-1926*, v. 2, Harmondsworth: The Macmillan Company, 1970.

CLIFF, T. *Lenin:* Building the Party 1893-1914. London: Bookmarks, 1986.

DANILOV, G. K. et al. *Technika oratorskoj rei.* Moskva, 1928.

DAVID-FOX, M. *Revolution of the Mind*: Higher Learning Among the Bolsheviks, 1918-1929. Ithaca/London: Cornell University Press, 1997.

_____. What is Cultural Revolution? *Russian Review*, v. 58, n. 2, 1999, pp. 181-201.

DERŽAVIN, K. Bor'ba klassov i partii v jazyke Velikoj Francuzskoj Revoljucii. *Jazyk i literatura*, v. 2, n. 1, 1927, pp. 1-62.

ENTEEN, G. M. Marxists versus Non-Marxists: Soviet Historiography in the 1920s. *Slavic Review*, v. 35, n. 1, 1976, pp. 91-110.

ERBERG, K. O formach reevoj kommunikacii (k voprosu o jazykovych funkcijach). *Jazyk i literatura*, n. 3, 1929, pp. 156-79.

GOFMAN, V. A. Fol'klornyj skaz Dalja. In: EJCHENBAUM, B. M. (ed.). *Russkaja proza.* Leningrad: Academia, 1926, pp. 232-61.

_____. Ryleev – pot. In: EJCHENBAUM, B. M.; TYNJANOV, Ju. N. (ed.). *Russkaja po zija XIX veka.* Leningrad, 1929, pp. 1-73.

_____. Analiz oratorskich obrazcov. In: KREPS, V. M.; ERBERG, K. A. (ed.), *Praktika oratorskoj rei.* Leningrad: Institut agitatsii im. Volodarskogo, 1931, pp. 98-126.

_____. *Slovo oratora (ritorika i politika).* Leningrad: Izdatel'stvo pisatelei v Leningrade, 1932.

_____. *Jazyk literatury.* Leningrad: Goslitizdat, 1936.

HUTTON, C. *Linguistics and the Third Reich*: Mother-Tongue Fascism, Race, and the Science of Language. London/ New York: Routledge, 1999.

IOFFE, I. I. *Kul'tura i stil'*: Sistema i principy sociologii iskusstv. Leningrad, 1927.

KACNEL'SON, S. D. Istorija tipologieskich uenij. *Kategorii jazyka i myšlenija*: iz naunogo nasledija. Moskva, 2001, pp. 757-815.

KPSS. *KPSS v rezoljucijach i rešenijach s"ezdov, konferencij, plenumov CK*, tom 3, 1922-25. Moscow, 1984.

Lähteenmäki, M.; Vasil'ev, N.L. Recepcija "novogo uenija o jazyke" N. Ja. Marra v rabotach V. N. Vološinova: iskrennost' ili kon"junktura?. *Russian Linguistics*, v. 29, n. 1, 2005, pp. 71-94.

Lênin V. I. What is to be Done? In: *Selected Works in Three Volumes*, v. 1. Moskow: Raduga, 1975, pp. 92-241.

_____. *Lenin on Language.* Moskow: Raduga, 1983.

Levin, A. E. Expedient Catastrophe: A Reconsideration of the 1929 Crisis at the Soviet Academy of Science. *Slavic Review*, v. 47, n. 2, 1988, pp. 261-79.

McCarthy, G. E. (ed.). *Marx and Aristotle:* Nineteenth-Century German Social Theory and Classical Antiquity. Savage, Md., 1992.

Medvedev, P. N. *Formal'nyj metod v literaturovedenii:* kritieskoe vvedenie v sociologi eskuju poetiku. Leningrad: Priboi, 1928. 1984

Moss, K. Byla li Ol'ga Frejdenberg Marristkoj? *Voprosy jazykoznanija*, n. 5, 1994, pp. 98-106.

Polivanov, E. D. Iz materialov "Polivanovskoj" diskussii v kommunistieskoj akademii. Fevral, 1929 g. Archivnaja publikacija. *Trudy po vosto-nomu i obšemu jazykoznaniju*. Moskva, 1991 [1929], pp. 508-86.

Reiman, M. *The Birth of Stalinism*: The ussr on the Eve of the "Second Revolution". Trad. George Sanders. London: I. B. Tautis & Co, 1987.

Šišmarev, V. F. N. Ja. Marr i A.N. Veselovskij. *Jazyk i myšlenie*, n. 8, 1937, pp. 321-43.

Smith, B. *Austrian Philosophy:* The Legacy of Franz Brentano. Chicago: Open Court Publishing Co., 1994.

Smith, M. *Language and Power in the Creation of the ussr 1917-1953*. Berlin/New York: Mouton de Gruyter, 1998.

Špil'rejn, I. N. O peremene imen i familij. *Psichotechnika i psichologija truda*, n. 4, 1929, pp. 281-6.

Špil'rejn, I. N.; Rejtynbarg, D. I.; Neckij, G. O. *Jazyk krasnoarmejca:* opyt issledovanija slovarja krasnoarmejca moskovskogo garnizona. Moskva, 1928.

Thomas, L. *The Linguistic Theories of N. Ia. Marr.* Berkeley/Los Angeles: University of California Press, 1957.

Vološinov, V. N. Linoe delo V. N. Vološinova. *Dialog. Karnaval. Chronotop*, n. 2, 1995, pp. 70-99.

_____. Archival Materials. In: Brandist, C. et al. (ed.). *The Bakhtin Circle*: In the Master's Absence. Manchester: Manchester University Press, 2004, pp. 223-50.

Zabolockaja, A. E. Konst. Erberg v nauno-teoretieskoj sekcii teo Narkomprosa (1918-1919). *Minuvšee*, n. 20. Moskva-Sankt-Peterburg, 1996, pp. 389-403.

Zapiski. *Zapiski instituta živogo slova*, 1. Petrograd, 1919.

Zelinskij, F. F. Znaenie oratorskogo iskusstva. In: Erberg, K. (ed.). *Iskusstvo i narod*. Petrograd, 1922, pp. 169-76.

Žirmunskij, V. M. Metodika social'noj geografii (dialektologija i fol'klor v svete geografieskogo issledovanija). *Jazyk i literatura*, n. 8, 1932, pp. 83-117.

FONTES ARQUIVAIS*
(Referências a fond/opis'/delo/list)

ARAN SPb: Archiv rossijskoj akademii nauk (St. Petersburg):
f. 302   Leningradskoe otdelenie central'nogo instituta jazyka i pis'mennosti narodov SSSR (LOCIJaP);
f. 829   S.M. Dobrogaev;
f. 872   N.F. Deržavin;
f. 1001   V.M. Žirmunskij.
GARF: Gosudarstvennyj archiv rossijskoj federacii (Moscow):
f. A-2307   Glavnauka Narkomprosa;
f. A-4655   Rossijskaja associacija nauno-issledovatel'skich institutov bšestvennych nauk.

IRLI: Institut russkoj literatury (Puškinskij dom), (St. Petersburg):
f. 474   K.A. Sjunnerberg (Erberg).

RGALI: Rossijskij gosudarstvennyj archiv literatury i iskusstv (Moscow):
f. 2889   V.M. Kreps.
CGAIPD: Central'nyj gosudarstvennyj archiv istoriko-politieskich dokumentov (St. Petersburg):
f. 8720   Institut agitacii im. Volodarskogo.

CGALI: Central'nyj gosudarstvennyj archiv literatury i iskusstv (St. Petersburg):
f. 288   Nauno-issledovatel'skij institut sravnitel'noj istorii literatur i jazykov Zapada i Vostoka;
f. 328   Leningradskij institut istorii, filosofii, literatury i lingvistiki.

---

* N. O.: As fontes arquivais em russo foram traduzidas pela Profª Drª Denise Sales.
ARAN SPb: Arquivo da Academia Russa de Ciências (São Petersburgo): http://www.arran.ru/
fundo 302 Seção de Leningrado do Instituto Central de Língua e Literatura dos Povos da URSS (LO TSIAP)
fundo 829 S. M. Dobrogaiev/fundo 872 N. F. Dierjávin/fundo 1001 V. M. Jirmunski
GARF: Arquivo Estatal da Federação Russa (Moscou)
fundo A-2307 Seção Científica Principal do Comissariado do Povo para a Instrução/fundo A-4655 Associação Russa dos Institutos de Científico-Investigativo das Ciências Sociais
IRLI: Instituto de Literatura Russa (Casa de Púchkin), (São Petersburgo)
fundo 474 K. A. Siunnerberg (Erberg)
RGALI: Arquivo Estatal Russo de Literatura e Arte (Moscou)
fundo 2889 V. M. Krieps
CGAIPD: Arquivo Estatal Central de Documentos Histórico-Políticos (São Petersburgo)
fundo 8720 Instituto de Propaganda Política Volodarski.
CGALI: Arquivo Estatal Central de Literatura e Arte (São Petersburgo)
fundo 288 Instituto Científico-Investigativo de História Comparada das Literaturas e Línguas do Ocidente e do Oriente /fundo 328 Instituto de Leningrado de História, Filosofia, Literatura e Linguística.

O AUTOR

Craig Brandist é especialista em teoria cultural e história de intelectuais russos e soviéticos, reconhecido internacionalmente por suas reflexões em torno do chamado Círculo de Bakhtin. Diretor do *Bakhtin Centre* e professor do Departamento de Russo e Estudos Eslavos da Universidade de Sheffield, no Reino Unido. Seu trabalho encontra-se numa extensa publicação de livros, capítulos e vários artigos em periódicos, resultado de mais de dez anos de estudo na Universidade de São Petersburgo, na Rússia, e também na Universidade de Jyväskylä, na Finlândia.

O autor prioriza várias questões como a relevância da sociologia da linguagem desenvolvida na União Soviética e suas fontes intelectuais, o estudo das intervenções nos conflitos linguísticos e projetos em instituições acadêmicas, a importância da Rússia pré-revolucionária e as ciências da linguagem europeia para os pensadores soviéticos; por fim, estuda a natureza dos engajamentos de linguistas soviéticos com ideias de outras tradições.

AS ORGANIZADORAS

Maria Inês Campos é professora da Universidade de São Paulo, na área de Língua Portuguesa, do departamento de Letras Clássicas e Vernáculas onde orienta pesquisas de graduação e pós-graduação. Graduou-se em Letras Português-Alemão pela Universidade Mackenzie e, pela puc-sp, graduou-se em Filosofia, fez mestrado em Língua Portuguesa, doutorado e pós-doutorado em Linguística Aplicada e Estudos da Linguagem (lael), tendo realizado estágio de bolsa sanduíche na Universidade de Provence, França. Suas pesquisas dedicam-se aos seguintes temas: a obra de Mikhail Bakhtin e o Círculo, A Ciência da Linguagem de Bakhtin e o Círculo, análise dialógica do discurso, ensino de língua portuguesa e livros didáticos de português.

Rosemary H. Schettini é psicóloga, doutora em Linguística Aplicada pela puc-sp no Programa de Estudos Pós-Graduados em Linguística Aplicada e Estudos da Linguagem e mestre em Psicologia pela puc-rj. Diretora do Instituto de Idiomas University Language System (uls Idiomas), coordena vários cursos de formação de professores de línguas estrangeiras. Suas ações baseiam-se na Teoria da atividade sócio-histórico-cultural e na Formação crítica de educadores.

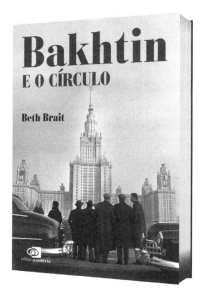

BAKHTIN E O CÍRCULO
Beth Brait (org.)

O pensamento bakhtiniano não é constituído apenas pelos escritos do filósofo da linguagem Mikhail Mikhalovich Bakhtin (1895-1975), mas também pela produção de intelectuais de diferentes áreas que com ele participaram, nas Rússias compreendidas entre os anos 1920 e 1970, de vários e produtivos Círculos de discussão e construção de uma postura singular em relação à linguagem e seus estudos.

Dessa forma, *Bakhtin e o Círculo* apresenta as especificidades pelo ângulo da rede de textos com dupla assinatura, que, dependendo da época e/ou da tradução, privilegiam uma delas ou ambas. O livro fornece, junto com *Bakhtin, dialogismo e polifonia*, análises essenciais para se compreender o pensamento bakhtiniano.

Além dos ensaios escritos por pesquisadores renomados, o fechamento da obra é um presente inédito ao leitor: "O vitalismo contemporâneo", de I. Kanaev (M. Bakhtin). Esse é mais um dos textos em que a autoria é discutida e que não tinha, até o momento, tradução para o Ocidente. Livro imperdível para pesquisadores, professores e estudantes de Letras e Linguística.

LEIA TAMBÉM

DICIONÁRIO DE SEMIÓTICA

A. J. Greimas e J. Courtés

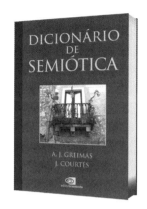

Clássico. Obrigatório. Atual. O *Dicionário de semiótica* de Greimas e Courtés desperta adjetivos como esses por parte dos mais importantes especialistas em semiótica e linguística de todo o mundo. Pois aí está ele, em excelente tradução, edição bem cuidada e prefácio de José Luiz Fiorin.

A obra permite três percursos de leitura: a leitura alfabética, a leitura do verbete e daqueles que têm como entrada os termos indicados ao final e a leitura do verbete e daqueles que se referem a vocábulos indicados com asterisco. Cabe ao leitor percorrer o dicionário como quiser. É um verdadeiro hipertexto, indispensável para todos os interessados nas ciências da linguagem.

DICIONÁRIO DE LINGUAGEM E LINGUÍSTICA

R. L. Trask (org.)

Qual o sentido, para o leitor brasileiro, de um *Dicionário de linguagem e linguística* escrito por um especialista em língua inglesa? O que poderia soar como um aparente contrassenso revela-se, neste livro, uma preciosa contribuição aos estudos linguísticos no país. Isso porque, mais do que uma simples tradução, Rodolfo Ilari nos oferece aqui uma rigorosa e criativa adaptação da obra original escrita por R. L. Trask. Ele adequou o universo de referência tipicamente britânico do autor e as construções próprias da língua inglesa às referências culturais e à estrutura do português falado no Brasil. Obra indispensável para estudantes e professores, de graduação e pós-graduação, dos cursos de Letras e áreas afins.

CADASTRE-SE no site da Editora Contexto para receber nosso boletim eletrônico *circulando o saber* na sua área de interesse e também para acessar os conteúdos exclusivos preparados especialmente para você. **www.editoracontexto.com.br**

- HISTÓRIA
- LÍNGUA PORTUGUESA
- GEOGRAFIA
- FORMAÇÃO DE PROFESSORES
- MEIO AMBIENTE
- INTERESSE GERAL
- EDUCAÇÃO
- JORNALISMO
- FUTEBOL
- ECONOMIA
- TURISMO
- SAÚDE

CONHEÇA os canais de comunicação da Contexto na web e faça parte de nossa rede
twitter **YouTube** **flickr** **facebook** **orkut** **www.editoracontexto.com.br/redes/**

editora contexto
Promovendo a Circulação do Saber

GRÁFICA PAYM
Tel. (011) 4392-3344
paym@terra.com.br